柏拉图全集

PLATONIS OPERA

增订版

10

[古希腊]柏拉图◎著
王晓朝◎译

人民出版社

责任编辑：张伟珍
封面设计：吴燕妮

图书在版编目（CIP）数据

柏拉图全集 .10 / ［古希腊］柏拉图 著；王晓朝 译 .– 增订本 .—北京：人民出版社，2017.9

ISBN 978 – 7 – 01 – 017872 – 1

I. ①柏… II. ①柏…②王… III. ①柏拉图（前 427~ 前 347）– 全集 IV. ① B502.232-52

中国版本图书馆 CIP 数据核字（2017）第 150950 号

柏拉图全集［增订版］10

BOLATU QUANJI

［古希腊］柏拉图 著 王晓朝 译

人民出版社 出版发行

（100706 北京市东城区隆福寺街 99 号）

北京汇林印务有限公司印刷 新华书店经销

2017 年 9 月第 1 版 2017 年 9 月北京第 1 次印刷

开本：710 毫米 ×1000 毫米 1/16 印张：22.75

字数：314 千字 印数：0,001–3,000 册

ISBN 978 – 7 – 01 – 017872 – 1 定价：55.00 元

邮购地址 100706 北京市东城区隆福寺街 99 号

人民东方图书销售中心 电话（010）65250042 65289539

目　录

增订版译者前言 …… 001

伊庇诺米篇 …… 001
大希庇亚篇 …… 022
阿尔基比亚德（上篇） …… 056
阿尔基比亚德（下篇） …… 109
希帕库斯篇 …… 126
克利托丰篇 …… 138
塞亚革斯篇 …… 144
弥诺斯篇 …… 159
德谟多库篇 …… 174
西绪福斯篇 …… 184
厄里西亚篇 …… 192
阿西俄库篇 …… 212
情敌篇 …… 223
论公正 …… 234
论美德 …… 243
神翠鸟 …… 250

定义集......254
书信......265
诗句集......320

索　引......327

增订版译者前言

拙译中文版《柏拉图全集》自2003年开始出版以来，十来个年头匆匆而过。应社会大众的阅读需要，全集多次重印。期间，译者也在不断地听取和收集各方面的批评意见，并在教学和科研间隙对全集进行增订。最近几年，译者承担的教学和研究工作相对较少，有了对全集进行全面增订的充裕时间，遂有这个全集增订版的问世。

译者除了对原版译文进行逐字逐句的修订外，还做了以下工作：

（1）原版中各篇对话的提要译自伊迪丝·汉密尔顿所撰写的各篇对话短序。本次修订，所有提要均由译者本人撰写，内中包含译者自身的阅读心得，写出来供读者参考。

（2）考虑到研究的需要，也考虑到柏拉图的疑伪之作至今尚无最终定论，因此借修订之机，补译柏拉图伪作十六种。它们是：《阿尔基比亚德上篇》（Alcibiades I）、《阿尔基比亚德下篇》（Alcibiades II）、《希帕库斯篇》（Hipparchus）、《克利托丰篇》（Clitophon）、《塞亚革斯篇》（Theages）、《弥诺斯篇》（Minos）、《德谟多库篇》（Demodocus）、《西绪福斯篇》（Sisyphus）、《厄里西亚篇》（Eryxias）、《阿西俄库篇》（Axiochus）、《情敌篇》（Rival Lovers）、《论公正》（On Justice）、《论美德》（On Virtue）、《神翠鸟》（Halcyon）、《定义集》（Definitions）、《诗句集》（Epigrams）。

（3）专有名词（人名、地名、族名、神名）有少量改动和增添；哲学概念和术语的译名结合近年来的研究动态有改动，并以注释的方式说明旧译和新译的基本情况。

（4）文中注释有较多修改和增添。所有注释均由译者参照已有版本的注释加以取舍、改写、综合、添加。

（5）柏拉图著作标准页在原版中在页边标注，考虑到中国人的阅读习惯，修订版改为在文间标注。

（6）除原版中列举的参考资料外，本次增订着重参考了下列图书：

J.Burnet，Platonis Opera，5 vols，Oxford，Clarendon Press，1900—1907.

Plato，Complete Works，ed.By John M.Cooper，Hackett Publishing Company，Indianapolis，Cambridge，1997.

（7）参考 John M.Cooper 编辑的英文版柏拉图全集中的索引，重编修订版索引，并增加希腊文对照。

近年来，中国高校大力推广人文素质教育，阅读经典著作成为素质教育的重要内容。为适应这种社会需要，译者将增订版的《柏拉图全集》分为十册出版，以解决全集篇幅过大，一般学生和社会读者难以全部购买的问题。待各分册出版完成以后，再视社会需要，出版完整的《柏拉图全集》[增订版]。

增订版各分册内容如下：

第一册：申辩篇、克里托篇、斐多篇

第二册：卡尔米德篇、拉凯斯篇、吕西斯篇、欧绪弗洛篇

第三册：美涅克塞努篇、小希庇亚篇、伊安篇、高尔吉亚篇

第四册：普罗泰戈拉篇、美诺篇、欧绪德谟篇

第五册：克拉底鲁篇、斐德罗篇、会饮篇

第六册：国家篇（10 卷）

第七册：泰阿泰德篇、巴门尼德篇、智者篇

第八册：政治家篇、斐莱布篇、蒂迈欧篇、克里底亚篇

第九册：法篇（12 卷）

第十册：伊庇诺米篇、大希庇亚篇、阿尔基比亚德上篇、阿尔基比亚德下篇、希帕库斯篇、克利托丰篇、塞亚革斯篇、弥诺斯篇、德谟多库篇、西绪福斯篇、厄里西亚篇、阿西俄库篇、情敌篇、论公正、论美德、神翠鸟、定义集、书信、诗句集

借《柏拉图全集》增订出版之机，重复译者在原版“中译者导言”

中说过的话："译作的完成之日，就是接受批评的开始。敬请读者在发现错误的时候发表批评意见，并与译者取得联系（通信地址：100084 清华大学人文学院哲学系；电子邮件：xiaochao@tsinghua.edu.cn），以便译者在有需要再版时予以修正。"

感谢学界前辈、同行、朋友的教诲、建议和批评！

感谢人民出版社为出版中文版《柏拉图全集》所付出的巨大努力！

感谢中文版《柏拉图全集》出版以来阅读过该书的所有读者！感谢中文版《柏拉图全集》出版以来，对该书作出评价和提出批评意见的所有人！

王晓朝

于北京清华园

2014 年 6 月 1 日

伊庇诺米篇

提　要

本篇希腊文篇名是Ἐπίνομις，意思是“附录”或“续卷”，中文篇名按音译，译为“伊庇诺米篇”。本篇被许多学者视为伪作，并有学者认为它的作者是奥普斯 Opus 的菲力浦（Philip），他曾抄写过《法篇》。亚里士多德和西塞罗曾把本篇当作柏拉图的真作来引用。《法篇》第 12 卷提出午夜议事会成员必须学习哪些学问的问题。(937b）本篇就是对这个问题的讨论。

本篇对话人与《法篇》相同，主要由匿名雅典人和克里特人克利尼亚谈话，麦吉卢仍旧在场，但没有说话。公元 1 世纪的塞拉绪罗在编定柏拉图作品篇目时，将本篇列为第九组四联剧的第三篇，称其性质是“政治性的”，称其主题是“午夜议事会”或“哲学家”。① 谈话篇幅不长，译成中文约 1 万 5 千字。

本篇主要内容可分为两个部分：

第一部分（973a—979e)，考察哪些知识或技艺不能使人成为有智慧的。克利尼亚指出，尽管《法篇》已经讨论了有关立法的方方面面，但没有讨论“为了成为一个有智慧的人，凡人必须学习什么”这个重要的问题。雅典人指出：我们必须检视其他所有那些被称作知识、但并不能使那些理解和拥有它们的人变得聪明的科目。狩猎、耕种、建筑、铜作、造房、制陶、纺织，工具制造对民众有实际用处，但不能提供美

① 参阅第欧根尼·拉尔修：《名哲言行录》3：60。

德，战争、医疗、法庭上的辩论依赖一些技艺，也没有一样可以称得上是真正的智慧。数学和天文有密切的关系，对人类思想的发展产生重要的影响。在具体的理智或技艺部门中，人们要想回答这个问题会感到困惑。这些东西与其说依赖于知识，倒不如说是人的一种天然本能。有些人把这些能力说成是天赋，有些人说成是智慧，还有人称之为天生的洞察力，但是拥有正确判断力的人没有一个会同意把依赖天赋才能的人称作聪明人。因此要能够找到一种能使人聪明的学问，并藉此获得幸福。

第二部分（980a—992e），确认学习天文学能使人拥有智慧。雅典人指出：灵魂比肉体年长，灵魂与身体结合，成为"生灵"；火、水、气、土、以太是事物生成的五种基本元素；生灵有两类，属土的一类生灵以无序的方式运动，属火一类生灵的运动方式井然有序；实体有两类，即灵魂和物体，此外在任何事物中都找不到第三种实体。灵魂优于物体，灵魂是一切事物生成的原因。天体都是神圣的，要么它们本身就是神，要么是与众神相似的东西，是众神的影像。天体有八条轨道，日月星辰在各自的轨道上运行。对大多数人来说，要想获得圆满幸福是不可能的，只有少数人才能做到。只有少数人才能变得像神一样，拥有节制的灵魂，拥有各种美德，掌握这门天文学，获得和拥有神的所有恩赐。我们可以敦促所有午夜议事会的成员参与这种学习。

正　文

谈话人：克利尼亚、雅典人、麦吉卢

克　【973】我的朋友，我们仨都到了——你、我、麦吉卢[①]，来做原先同意要做的事：考虑一下我们应当为智慧的本性提供什么样的解释，以及讨论我们说的使人在一名凡人力所能及的范围内进行思想的学习过程。【b】这样做是对的，因为尽管我们已经讨论了有关立法的方方面面，但我们既没有陈述也没有发现这件最重要的事情：为了成为一个

① 麦吉卢（Μέγιλλως），人名，《法篇》对话人。

有智慧的人，凡人必须学习什么。我们一定不要放弃这一讨论，否则就有违初衷，不能实现我们的目标，把一切都弄明白。

雅 这是一个好主意，克利尼亚[①]，然而我担心你会听到一个奇怪的解释，【c】尽管从一个方面来看算不上奇怪：作为一条普遍规则，人类既不能得到赐福，又不是幸福的。许多人通过他们的生活经验提供了这种相同的解释。所以，请密切注意，仔细考虑我附和他们的这种意见对不对。我宣布，人们不可能变得既有赐福，又是幸福的；只有少数人例外（我把这个说法限制在我们的今生。那些努力尽可能高尚地生活的人，在今世生活结束时高尚地死去的人，才有希望在他们死后获得他们努力追求的一切）。【d】我不是在说什么深奥的事情，而只是我们大家都以某种方式知道的事情，希腊人也好，外国人也罢：对任何生灵来说，生活从一开始就是一种痛苦的经历。首先，我们不得不经历在母腹中这个阶段。然后，我们不得不出生、成长，接受教育，【974】我们全都同意这些过程的每一个阶段都有无数的痛苦。事实上，要是我们不提艰辛，只提每个人都认为可以忍受的时期，那么这样的生活就变得相当短暂了——一般认为人的中年可以算得上这样的时期，人们可以喘口气。然后，老年接踵而至，控制了我们，使每个人都不愿再过这样的一生，除非他的思想像儿童那么幼稚。

【b】对此我必须作出证明吗？我们正在进行的考察就在朝着这个方向前进。我们正在考察如何变得聪明，就好像在每个人那里都能找到这种能力。然而一旦转向任何理智的部门，包括所谓的技艺、理智的形式，或其他诸如此类的想象的知识时，我们就感到困惑了——这就表明这些东西没有一样配得上人关注的智慧的头衔。【c】然而人的灵魂却对此充满信心，抱有一种先知般的预见，深信自己拥有这样一种天生智慧的本性，尽管几乎无法发现它是什么，什么时候，如何才能获得。在这样的处境史，我们在智慧问题上遇到的困惑，以及我们相关的考察碰到难处，不是完全意料之中的事情吗？这样一来，考察智慧就成了一个更

① 克利尼亚（Κλεινίας），人名，《法篇》对话人。

大的工程，超出我们这些人的预期，我们自认为能够用各种方式进行考察，还有人自认为能够理智地、前后一贯地使用所有种类的论证。事情就是这样的，我们不同意吗？

克 【d】我们也许应当同意，先生，因为我们一直分享你的希望，认为对这些事情我们能够抵达圆满的真理。

雅 首先，我们必须检视其他所有那些被称作知识，但并不能使那些理解和拥有它们的人变得聪明的科目。检视完这些科目以后，我们会试着确认我们需要的科目，然后学习这些科目。

我们现在就开始，让我们考虑这些知识如何与一个可朽的种族最初的需要相关联，【e】这些需要是必须的，不可或缺的，也是最初的需要；我们还要考虑这种事情是怎么发生的，那些拥有这种知识的人，尽管很早就被称作聪明人，如今并不享有智慧的名声，而是由于拥有这样的知识而遭受谴责。【975】我们要识别它们，并且指出几乎每一个有雄心做一个好人的人要尽可能回避它们，以便获得智慧并实践智慧。

首先，有一种知识必定与吃动物有关。故事说，这是一种习俗，可以吃一些种类的动物，但是禁止吃其他种类的动物。早先时代的人对我们可能相当仁慈，他们确实很仁慈；但是让我们把最初的人搁在一边，【b】让他们当我们刚才提到的这种知识的专家。其次，生产大麦粉和小麦粉以及与如何使用它们更有营养的相关知识相结合，尽管是一种高尚的、卓越的职业，但这种技艺决不能成功地使任何人全智，因为这件事情——把生产当作智慧——反而会使人厌恶产品本身。在田野里耕种也不能使任何人全智，它显然不是一种技艺，而只是神赋予我们的一种能力，我们全都能用我们的双手在田野里劳动。还有，把住所“安排”在一起，或者整个建筑，或者制造所有各种家俱和工具的技艺，也不能使任何人全智，【c】包括铜作、造房、制陶、纺织，以及制造所有工具。这种知识对民众来说有实际的用处，但这不是因为人们以为它们能提供那种被称作知识的美德。各种形式的狩猎的技艺也不能使任何人高尚和智慧，尽管狩猎有许多形式，包括许多大的技巧。预言家的激励或者解释神谕的能力具有的这种效果很少。预言家只知道他说了什么，他不明白他说的是否真的。

【d】我们现在看到这些技艺使我们能够获得生活必需品，但它们没有一样能使任何人聪明。就其地位而言，它是一种游戏，大部分是模仿性的，而不是严肃的。它的实践者使用许多工具，使用许多身体姿势，但并没有真正成为他们模仿的对象。这种模仿包括许多运用语言的技巧，包括缪斯的全部技艺，包括各种形象的再现，由此在许多艺术门类中创造了众多的人物，流动的或者固定的。但是模仿的技艺在任何这些事情中不能使任何人明智，哪怕他们以最严肃的态度实践他们的技艺。

【e】现在，这些主题已经处理过了，下面要处理的主题是防卫，防卫也有许多不同的形式，会给许多人带来好处。这些形式中最主要、最广泛的就是战争的技艺，人们称之为军事战略，在有用性方面名声最高，但是要想取胜却极大地依赖好运，【976】实施这种技艺与其说取决于勇敢，不如说取决于智慧。至于所谓的医学技艺，它当然也是一种保护的形式，可以用来抵御严寒酷暑给生命有机体带来的伤害。但医学的技艺没有一样可以称得上是真正的智慧，医生治病就好像在大海中凭借想象与猜测行驰航船，毫无定规。我们也可以把船长和水手称作保护者，但我完全没有勇气希望能在他们中间找到有智慧的人。【b】他们中没有一个人能完全“知道”海风的暴虐与温和，这是每一位水手都渴望得到的知识。我们也不能把雄辩者称作聪明的，因为他们虽然在法庭上保护我们，并依据记忆和经验热衷于对人性的研究，但却误入歧途，不能真正地理解什么是真正的正义。

肯定还有一种奇怪的能力我们没有提到，可以享有智慧的名望，许多人不把它称作智慧，而是称作天赋。有些人学习任何东西都很快，【c】能够学习任何知识，有着可靠的记忆力，能在各种情景下回忆起相关的适当步骤，并及时加以运用，决不拖延。我们注意到了这样的人，有些人会把这些能力说成是天赋，有些人会把这些能力说成是智慧，还有一些人称之为天生的洞察力。但是，没有一个理智的人会愿意把依赖天赋才能的人称作真正有智慧的人。

然而，肯定还有某些知识，拥有它们就能使一个聪明人真正地明智，而非仅有智慧的名望。所以，让我们来看。【d】这是我们现在正在进入的一个最难的论证——在我们上面已经讨论过的智慧之外去发现智慧，寻找真正配得上智慧名称的智慧。能得到这种智慧的既非弄虚作假之人，又非轻佻无聊之人，这种智慧一定能使他成为他的国家的完全意义上的聪明而又善良的公民，既作为一名公正的统治者，又作为一名公正的被统治者，协调他自己和整个世界。让我们先来确定这种知识。在现今存在的所有知识中，哪一种知识要是从人类中消除，或者从来没有出现过，人类就会变得毫无思想，成为愚蠢的生灵。【e】要找到这个问题的答案似乎并不十分困难。也就是说，如果我们一门学问一门学问地数下去，我们会看到，那种有关数的知识的学问会对整个可朽的种族产生这样的影响。

我相信，是神本身，而非由于某些好运，使我们有了这种天赋。在此我必须说一下我指的是哪一位神，尽管这样说似乎很奇怪，但从另一个角度看倒也没什么可奇怪的。【977】我们为什么只能相信我们享有的一切幸福的原因就是一切原因中最伟大的理智呢？麦吉卢和克利尼亚，我以这种庄严的方式叙说的这位神是谁呢？呃，当然了，他就是乌拉诺斯[①]，我们有义务荣耀他，就像荣耀所有神灵和天神一样，我们尤其要向他祈祷。我们全都承认他是我们所享有的其他一切好事物的源泉，我们更要承认以各种方式把数赐予我们的就是他，【b】只要听从他的引导，人们的天资就会得到更新。只要对他进行正确的思考，那么用科斯摩斯[②]、奥林普斯[③]或乌拉诺斯等不同的名字称呼他是无所谓的。天神使苍穹闪闪发光，使星辰沿着自己的轨道行进，为我们提供季节和日常食物，所以每个人都要追随他。是的，他把整个系列的数字作为礼物赐给我们，所以我们也要假定把其他理智和一切好东西赐给我们的也是他。一个人要是接受了他恩赐的数字，能用心叙述整个天穹的运行，那么这

① 乌拉诺斯（Οὐρανός），天神。

② 科斯摩斯（Κόσμος），宇宙。

③ 奥林普斯（Ὀλύμπους），天神。

就是一切恩赐中最伟大的福分。

下面，让我们返回前不久的一个要点，回想一下，我们非常正确地观察到，【c】如果把数从人类中驱逐出去，我们就决不可能在任何事情上变得聪明起来。生灵若无理性的讨论，如果不认识二和三、奇数和偶数，对数完全不熟悉，对事物只有感觉和记忆，但却不能理智地解释它们，那么这个生灵的灵魂就决不可能获得圆满的美德，尽管并没有任何东西在阻止它获得其他美德，【d】比如勇敢和节制。若无真正的推理能力，人就决不会发生改变，智慧是这种圆满美德的最主要的组成部分，如果没有智慧，人就决不可能成为全善的，因此也不会幸福。因此，以数为基础是绝对有必要的，尽管要解释这一点需要比先前更长的讨论。然而，仅就刚才列举过的这些技艺来说，我们这样说也是正确的，【e】因为我们既然已经承认了这些技艺的存在，那么一旦数的技艺被摧毁，其他所有技艺也都被抽空，全都不存在了。

如果我们对这些技艺进行反思，我们可以很好地假设人类之所以需要数只是为了很少的目的——尽管这种让步也是重要的。再说，要是我们沉思这个生成的世界中的神圣的成分和凡俗的成分，我们就会发现对神的敬畏，也能发现数的真正性质。即使我们对数的整个领域非常熟悉，【978】但并非任何人或每个人都能认识神赐予我们的威力无比的数。呃，举例来说，所有音乐方面的影响显然取决于运动和音调的读数，或者拣最重要的来讲，数是一切美好事物的源泉，但我们也应当明白，数不是可能会降临在我们身上的邪恶事物的源泉。不是！无规范、无秩序、笨拙、无节奏、不和谐，以及其他一切分有恶的东西都是因为缺乏数，【b】想要幸福安详地死亡的人对此必须信服。至于正义、善良、高尚，以及其他相类似的东西，没有一个对它们抱有真正的信念但却没有关于它们的知识的人会以一种令他自己和别人信服的方式列举它们。

嗯，让我们继续谈论数这个主题。我们是怎样学会计数的？我要问你们，我们拥有的“一”和“二”的观念是怎么来的，【c】是宇宙的构造把一种天然能力赋予我们，从而使我们能够拥有这些观念吗？其他有许多生灵并不拥有可以向我们的天父学习计数的能力。但是我们不一样，神首先把我们造得具有这种理智能力，使我们可以理解向我们显示的东西，然后再把后续的景象显示给我们。如果拿两样东西作比较，在这些景象中还有什么能够比白天的景象更美好，【d】人在白天看到的景象可以持续到夜晚，而夜晚的一切又会显得与白天极为不同！现在，就好像乌拉诺斯从不停止使一切物体旋转，昼夜不息一样，他也不会停止把关于一和二的知识教给人们，直到最笨拙的学生也已经充分掌握计数为止。我们中的任何人只要看到这种景象都会继续形成“三”、“四”、“多”的观念。在神塑造的这些天体中有一个天体按照它自己的轨道前进，逐日变盈或变亏，【e】十五个昼夜后变化朝一个方向达到极点，由此构成了一个周期，如果有人能把它的整个轨道当作一个整体，那么哪怕是最迟钝的生灵，只要拥有了神赐予的学习能力，也能学会它。在此范围和限度内，能够拥有这些必要能力的生灵都可以通过对这些物体的观察来学会计数。【979】但考虑到所有这些生灵总是在相互交往时才计数，所以我认为计数还有某些更加重大的用途，我们已经说过，出于这个目的，神在天空中创造了月亮，盈亏圆缺，再把月份结合成年，使所有生灵凭借神的幸福旨意，开始对数之间的关系具有一个总的看法。【b】如果风调雨顺，大地就会孕育和产出丰盛的果实，为一切生灵提供食粮；如果有什么事情不顺，那么该遭谴责的不是神灵，而是我们人类自己，应当怪我们自己没有正确地把生活安排好。

嗯，在我们考察法律的时候，我们发现其他对人来说是最好的东西容易认识，我们全都能够理解我们得知的事情，也能据此采取行动，只要我们知道怎么做像是有益的，怎么做像是无益的。我们确实有了这种发现，【c】我们仍旧认为，其他方面的追求并没有什么特别困难的地方，而要懂得如何成为好人是一个格外困难的问题。还有，要获得其他一切善物——恰当数量的财产和正确种类的身体——如俗话所说，既是可能的，又不困难。进一步说，每个人都认可灵魂应当是善的，至于它应当如何成为善的，每个人都说它必须公正、节制、勇敢，以及聪明。但论及灵魂必须拥有的智慧形式时，【d】如我们最近已经详细说明了的那样，人们众说纷纭、莫衷一是，至少在许多人中间是这样。事实上，我们刚才发现，在前面所有种类的智慧之上，有一种智慧非同小可，至少它在掌握了我们列举的这些材料的人中间拥有智慧的名声。但是，知道这些事情的人真的是聪明的和好的吗？这一点确实需要一个满意的解释。

克 你说得对极了，我的朋友，你试图说出重大主题的重要事情！

雅 【e】确实，克利尼亚，它们不是微不足道的。但是——要做到这一点更加困难——我试图说出来的事情是完全真实的。

克 我完全同意。但即便如此，也请你在讲述你的想法时不要过于疲劳。

雅 当然，你们俩在听我讲话时也不要过于疲劳。

克 别为我们担心——我讲话代表我们俩。

雅 【980】很好。我们必须从头开始。首先，我们必须找到一个单一名称来指称我们认为是智慧的这样东西。如果我们做不到这一点，那么我们第二个目标将是，按照我们的解释，为了成为一个聪明人，一个人必须知道哪些智慧或多少种智慧。

克 请继续说。

雅 下一个要点是，无人可以责备立法者把众神塑造得比以往更精美，更优秀，也就是说，在高尚的戏剧中塑造众神，【b】荣耀众神，对他来说，他会终生用幸福的颂歌赞美众神。

克 说得好，我的朋友！我希望这是你们立法的目标，民众将赞颂众神，过着一种纯洁的生活，最终抵达至善。

雅 嗯，我们在说些什么，克利尼亚？通过向众神唱颂歌，极大地荣耀众神，祈祷我们将被引向至善吗？你是这个意思吗，或者是别的意思？

克 【c】我就是这个意思。但是要带着自信向众神祈祷，叙说你碰到的事情，向男女众神奉献善物。

雅 如果神自己来引导我，我会这样做的。只是请你们和我一起祈祷。

克 请说下一个要点。

雅 由于过去的人没有很好地描述众神和生灵的生成，所以我的当务之急延续我前面的解释，再次反对那些不虔诚的解释[1]，【d】然后宣布众神是存在的，他们关心大大小小的一切事务，尤其关注正义。我想你还记得这些话，克利尼亚，你们俩实际上还作过记录。我们当时说的话相当正确。其中的要点是：作为一个整体，灵魂比肉体年长。你能想起来吗？你们肯定还记得。【e】因为比较优秀、比较年长、比较像神的东西显然与比较卑贱、比较年轻、比较凡俗的东西相关，统治或领导在各方面都要早于被统治和被领导。所以，让我们接受这一点，灵魂比肉体年长。【981】如果事情是这样的，那么我们对生成的最初解释的第一步将会更加有理。让我们就这样做，讲述众神的生成，让我们朝着智慧的最重要部分迈出正确的步伐。

克 任何人都必须承认我们在尽力叙述这些事情。

雅 下面，当一个灵魂和一个身体来到一起，形成一个结构，产生一种形式，我们断定这就是一个生灵吗，就其本性而言？

克 对。

雅 【b】所以，这种东西应当最正确地被称作生灵吗？

克 确实如此。

雅 我们必须认定，按照最合理的解释，有五种立体，最适宜用来塑造最精美、最优秀的事物。其余种类的实体，全都只有一种形式，而灵魂确实是最神圣的实体，是唯一可以没有身体的事物，甚至根本没有任何颜色。这是唯一天然适宜塑造和创造的实体，【c】而物体，我们认为，适宜用来被塑造，适宜变化和被看见。前一种类型的实体（让我们再说一遍，因为这话不能只说一遍）当然适宜是不可见的，是理智的，是有理智的，享有记忆和计算，包括奇数和偶数变化。所以有五种元素，我们宣称它们是火、水、气、土、以太，这些元素中的某一种发挥主要作用，从而使每一事物和各种生灵趋于圆满的生成。

但是我们需要个别了解如下的每一种元素。作为讨论的第一种元素，【d】让我们先说一下土元素。属于这种类型的事物包括全体人类，

---

① 参阅《法篇》10，819e 以下，896a 以下。

以及各种多脚或无脚的动物，也包括所有从一处向另一处移动的动物和那些被它们的根所牢牢固定在某一处的生物。因此我们应当认为，尽管在这些事物的结构中都可以找到物体的五种元素，但它们的主要成分是最坚硬、最有抵抗力的土元素。

我们必须进一步设定有第二类不同的生灵生成，它们同样也是可见的。它们主要由火元素组成，但也包括少量的土元素、气元素，以及其他元素。【e】由于这个原因，我们应当宣布，从这些元素中产生了所有可见的生灵。我们必须进一步设定天空中的各种生灵——亦即我们说的神圣的星辰——的生成，它们拥有最美丽的身体和最幸福、最美好的灵魂。关于它们的命运，也许有两种类型的，我们必须允许这样一种看法。它们要么全都是绝对不可毁灭的、【982】不朽的、神圣的，要么各自有自己确定的寿限，尽管它们的寿命非常漫长。

重复一下，让我们首先设定有两类生灵，二者都是可见的，一类似乎完全由火构成，另一类则由土构成，属土的一类生灵以无序的方式运动，而属火一类生灵的运动方式井然有序。既然包括我们人类自身在内的这类生灵的运动是无序的，【b】因此与那些拥有确定轨道的天体相比，我们是无理智的。天体轨道的不间断性和规则性，以及天体的所作所为，都是这种理智生活令人信服的证据，我们应当以此为天体拥有理智的充分证明。而来自有理智的灵魂的一切必要性乃是最伟大的，【c】因为她把自己的法则确定为至高无上的，无需服从任何人，一旦灵魂用它完美的智慧确定了什么是最好的，那么她的心灵是完全不可逆转的。这是一条真理，连金刚石都不会比它更加坚硬，也不会比它更加确定，命运三女神在监视着一切事物的发展，确保它们的过程得以全部实现，每一位神都有它自己的宿命。对人类来说，这条真理已经证明星辰及其整个运行过程都是有理智的，星辰的运动是不间断的，有规则的，【d】因为它们的运动有计划地在无穷的世代展开，不会产生混乱，也不会改变目的和行踪，发生轨道变化。然而我们大多数人的想法与此正好相反，由于它们的行为具有一致性和规则性，人们就想象它们没有灵魂。而民众也就信从这种愚蠢的想法，以为人有理智和生命，因为人能够说话，而天体没有理智，因为它们保持着相同的运行轨道。然而，【e】人可以选择更好、更受欢迎的解释，人应当明白，由于相同的原因以一种统一的方式永远保持相同的行为完全有理由被视为有理智，而这就是星辰的状况。对眼睛来说，星辰的运行是最美丽的景象，星辰通过最优雅、最辉煌的舞蹈完成它们对一切生灵的义务。

【983】事实上，我们说它们拥有灵魂是对的。首先，考虑一下它们的尺寸。星辰并非如它们所显现的那样微小，任何星辰的体积都是巨大的，我们必须相信这一点，因为相关的证据是令人信服的。我们可以正确地认为整个太阳比整个大地还要大，事实上，每一运动着的星辰都无比巨大。所以我们可以思考一下，究竟有什么东西可以使如此巨大的星球在相同的周期内永远旋转，因为星辰实际上是旋转着的。【b】呃，我要说人们可以发现，这个原因就是神，而其他任何事物都不可能是这个原因，因为你我都已证明灵魂可以由神赋予，也只能由神赋予。神拥有这种力量，因此先把生命赋予某个身体或物体，然后使这个物体按照他所认为最佳的方式进行运动，这对他来说是很容易的。至此，我们可以明确一条关于星辰的真理。如果没有灵魂所起的联连作用或定位作用，【c】那么大地和天空，以及一切星辰和构成星辰的质料，都不可能如此精确地运动，把年、月、日，以及其他一切美好事物赐给我们。

由于人是一种非常可怜的东西，重要的是不要随意胡说，要明白我们说的是什么意思。要是有人把运动中的某些物体认定为原因，那么他不会成功，也说不清楚。至于我们已经提供的解释，【d】我们务必加以重复，看它是否合理，还是完全错误。首先，我们认为有两类实体，灵魂和物体，各自都有无穷多个，相互之间各不相同，两种类型之间也不相同，此外在任何事物中都找不到第三种实体。其次，灵魂优于物体，我们应当认为前者是理智的，后者是非理智的；前者统治，后者被统治；前者是一切事物的原因，后者不是任何事物的原因。所以，【e】说天上的事物之所以产生是通过其他事物的作用，而不是如我们所认为的那样，是灵魂和物体的产物，那就是最大的愚蠢和荒谬绝伦。如果我们关于全部天体的理论占了上风，如果它有说服力，使我们相信天体都是神圣的，我们必须设定它们是下列两种事物之一。要么它们本身就是神，把它们当作真正的神灵来赞颂是正确的，要么我们必须设定它们是与众神相似的东西，是众神的影像，【984】是由众神自己塑造出来的东西，因为天体的创造者不是非理智的，毫无价值的。我们已经说过，我们必须设定它们是两种事物之一,一旦我们这样做了，我们必须荣耀它们，胜过荣耀其他所有影像。我们确实再也找不到比星辰更加美好、更加易于理解的东西了，或者说，我们再也找不到比星辰更加优秀、更加纯洁、【b】更加庄严、更加圆满的生命了，因为它们在所有这些方面都被造得极为优秀。

涉及众神，我们就不要再进一步了。我们已经确认有两类生灵对我们来说是可见的，我们宣称其中有一类是不朽的，另一类是可朽的，也就是属土的那一类，让我们准确地看待这种合理的观点，允许我们描述两种已经讨论过的生灵之外的三种居间的生灵。在火元素之后，让我们来看以太。我们可以设定，【c】灵魂用以太塑造的生灵（就像塑造其他种类的生灵）主要拥有以太这种基质，但也拥有少量的其他基质，为的是能把它们很好地捆绑在一起。在用以太之后，灵魂用气塑造了另外一类不同的生灵，然后又用水塑造了第三类生灵。在把它们全部塑造出来以后，灵魂和所有这些生灵一道充斥整个天空，按照它们的性质来使用它们，因为它们全都是活的。还有第二类、第三类、第四类、第五类生灵，始于可见的众神，而终于我们人类。

【d】关于众神——宙斯、赫拉，以及其他所有神灵——我们可以随我们的意愿来制定规矩，同类同规，我们必须遵循这条确定的原则。至于最初的众神，那些可见的、伟大的、最值得崇拜的、最清晰可见的神灵，我们必须宣称，它们就是星辰以及我们可以察觉的天象。【e】在它们之后，或者按等级来说在它们之下，就是精灵。这一类生灵用气造成，占据第三的位置和居间的等级，起着沟通众神和凡人的作用，在我们的祈祷中应当特别加以荣耀，它们把令我们欢娱的信息传递给我们。这两类生灵——用以太造成的生灵和其后用气造成的生灵——都是完全不可见的。哪怕它们靠近我们，都不能被我们看见。然而，【985】它们拥有神奇的理智，博闻强记，知道我们的所有想法，偏爱善良与高尚，对各种邪恶深恶痛绝，因为它们已经经历过我们讨论过的这些事情，有痛苦的经验（与此相反，神享有充分的神性，完全为智慧所占据，消除了痛苦与快乐）。【b】由于天空充满了生灵，我们应当说它们之间相互沟通，从最高的众神到所有人，以及其他所有事物。它们能够这样做，通过中间等级的生灵的运动，它们能够轻巧地在大地上和在整个天空中飞翔。第五类生灵用水造成，它们是用这种基质造成的半神，它们有时候是可见的，有时候会隐匿而不可见，【c】其模糊形象使我们产生困惑。

这五类存在者确实是生灵，有些种类的生灵会以各种样式与我们凡人交际，人们夜里做梦时看到这种情景，祭司的神谕会讲述这种事情，病人的呓语或者弥留之际的遗言也会提到这种事情。这样的信念对个人和社团都会产生影响，是许多宗教礼仪的起源，今后也会这样。哪怕是最无理智的立法者也不敢擅自虚构，把他自己的城邦引向一种没有确定根基的虔诚。【d】另一方面，他也不会禁止人们从事那些祖传的献祭，因为在这种事情上他没有任何知识，人类要想拥有这种知识确实是不可能的。

出于同样的理由，那些不敢告诉我们众神确实向我们显现的人是最坏的，他们还说众神是一些别的神，没有得到应有的荣耀。【e】然而，这种事情在我们中间确实发生了。例如，假定我们中有人真的看到太阳和月亮的产生，看到它们在俯视着我们，但就是没有能力讲述这件事，也从来没有说过，或者假定这个人看到它们没有得到应有的荣耀就离开了我们，但他并没有紧迫感，想要把它们置于一个极为荣耀的位置，也不急于为它们设立节庆或献祭，【986】或者为它们分别指定一段或长或短的时间，作为它们的“年份”。如果这样的人，以及其他明白这种处境的人，被称作恶人，难道不对吗？

克 绝对如此，我的朋友，这是一种大恶。

雅 但是，我亲爱的克利尼亚，我想要你知道，这就是我当前的处境。

克 你这是什么意思？

雅 天体有八种力量（亦即轨道），它们相互之间是兄弟。我本人观察了它们。这不是什么大不了的成就，【b】其他人也能轻易办到。它们中有三个是我们前不久提到的；[①] 分别属于太阳、月亮和所有星辰。此外还有五样东西。嗯，涉及所有这些轨道，以及在轨道上运行的东西（无论是按照自己的意愿运行，还是乘着马车前进），我们中没有人必须匆忙假定它们中某些是神，某些不是神，或者说有些是合法出生的，有些我们提到它的名字都是错的。【c】倒不如说，我们必须坚定地宣布，它们全都是兄弟，彼此之间有兄弟情谊。我们一定不要把年份归于它们中的一位，把月份归于它们中的另一位，我们在拒绝给其他星辰指定任何份额或任何时间、让它们完成各自的轨道运行的时候，我们要把时间归于这个依据最神圣的法则建立起来的可见的宇宙的圆满完成。

任何一个幸福的人一开始会对这个宇宙留下深刻印象，产生敬畏，然后会产生一种凡人所可能有的学习热情，因为他相信，【d】只有这样他的生活才是最好的，最幸运的，才能在死后去那些美德以之为家的地方。进一步说，他一旦加入了这种真正的秘仪，获得了圆满的合一，拥有了一份真正的智慧，他的余生就是我们的视力所能见的这些最美丽事物的一名观察者。

【e】下面要说的是这样的神有多少，它们是谁。这一点我们必须说清楚，因为我们决不要自食其言。实际上，我对下面这些内容感到非常确定。我重复一下，有八条轨道，在这八条轨道中，三条已经讨论过了，五条还没有讨论。第四条轨道及其运转周期，以及第五条，几乎与太阳的速度相等，既不比太阳慢也不比太阳快。这三样东西中领头的那个必定有充分的理智。这三条轨道属于太阳、晨星[②] 和第三颗我说不出名字来的星辰，因为它的名字是未知的。其未知的原因在于最先观察这些天体的人是一位外国人。【987】埃及和叙利亚的夏季出奇的美丽。因此那里的人最早开始观察天体，思考这些事情，成了一种古老的实践活

① 参阅本篇 978c—979a。

② 亦即金星。

动。他们一年到头都能观看所有星辰，因为在他们那里既没有云彩，也不下雨。他们的观察结果在我们中间以及在其他地方传播，随着岁月的流逝一直经受着数不清的考验。所以我们可以充满自信地在我们的立法中赋予这些天体以恰当的地位，聪明人一定不会荣耀某些神而轻视另一些神，如果这些神还没有名字，【b】那么必须把事实解释清楚，就像我们已经做过的一样。它们至少要被当作某位神灵之星，晨星也就是晚星，通常被当作阿佛洛狄忒之星，这是叙利亚的立法者为它选择的最恰当的名称，与之齐步前进的则有太阳和赫耳墨斯之星。我们要进一步考虑另外三条像月亮和太阳的轨道一样的天体轨道，是向右旋转的。此外还有一条轨道要提到，这就是第八条，在某种特别的意义上可以称之为宇宙，这位神进行一种与其他所有天体相反的运动，携带着其他天体前进，【c】人们只要略微拥有这方面的知识都可以作出这种假设。但在我们明确知道的范围内，我们必须作出肯定，就像我们现在正在做的那样，因为真正的智慧可以被乐意的人所见，但与这些线索相伴并没有多少健全和神圣的启示。剩下来还有三个星辰。一个是所有星辰中走得最慢的，叫作克洛诺斯之星，次一个走得最慢的星辰叫宙斯之星，再次一个走得最慢的星辰叫阿瑞斯之星，这颗星的颜色最红。【d】要是有人对它进行解释，那么这些事都不难理解，但是我们说，一个人一旦学了这些事情，他必须相信它。

每个希腊人都应当记在心上，我们希腊人拥有的地理位置对养成美德是最好的。它的优点是，这里的天气介于冬天和夏天之间。如我们所说，由于我们的夏天比其他区域的夏天要差，所以我们观察这些神[①]的秩序比其他区域的人要晚。【e】但是我们可以肯定，希腊人从外国人那里得到的这些知识最终得以改善，所以我们也可以对这些问题进行讨论。事实上，要确定地发现所有这些事情是困难的，【988】但是大有希望，尽管有关所有这些神的传说，以及对它们的崇拜来自国外，但是希腊人依据他们所接受的各种教育，依据德尔斐神谕，依据它们整个有关

① 指天体。

祭仪的法律，可以更加成功地崇拜它们，在一种真正的意义上更加公正地崇拜它们。

让希腊人再也不要担心，以为作为凡人我们决不要关心神的事务。我们应当拥有相反的想法；神（亦即宇宙）决不是无理智的，对人的本性一无所知，而是知道自己可以教导凡人，凡人会接受他的引导，学习他的教诲。【b】他当然知道他要教给我们和我们要学习的东西就是数。如果不明白这一点，那么他就是最无理智的了。要是神对那些能够学习的人发怒，而不是高兴地看着他在神的帮助下变善，那就不会有“认识你自己”这句箴言了。

【c】嗯，现在说这些事情要有意义得多了，人类什么时候最早思考众神如何生成，它们是什么样子的，它们一旦生成之后有什么样的作为，它们所说的是不可接受的，还是能使聪明人高兴的。后来的解释也是不可接受的，在这些解释中，火元素、水元素，以及其他物体视宣称为最古老的，而神奇的灵魂要年轻得多，这些解释还坚持认为，属于物体的运动更加优越，更有价值，物体在其自身中产生热、冷，以及诸如此类的东西，灵魂不能使物体运动，灵魂也不能使它自身运动。【d】而现在我们说了，如果灵魂在物体中生成，它会使得物体和它本身运动和旋转，这样做并不值得惊讶，我们的灵魂也没有理由不相信灵魂拥有这样的能力，它能使任何重量的物体旋转，无论物体的质料有多么大。因此，由于我们宣称灵魂是整个宇宙的原因，一切善必定引发善物，而恶的事物有不同的原因，这种原因是恶的，【e】所以说灵魂是一切轨道和运动的原因，由最好的灵魂引发的轨道和运动趋向于善，而相反种类的灵魂引发的东西趋向于恶，这样说一点儿也不奇怪。由此可以推论，善过去和现在都必定打败恶。

我们已经说过的这些都是公正的，正义要对邪恶复仇。所以，返回我们考察的对象，【989】我们不得不相信，至少好人是聪明的。至于我们长时间探讨的这种智慧，让我们来看我们能否发现某种学问或技艺会使我们完全不能判断正义。实际上，我认为我们能够发现这种智慧。让我来说这种智慧是什么。我要试着向你们说清楚，当我上下搜寻的时候，它是如何降临于我的。我们刚才犯错误的原因在于，【b】我们没能按照正确的方式实践美德最重要的部分。我刚才所说的话在我看来强烈地表明了这一点。没有人能说服我们，美德有一个比敬畏众神更加重要的部分，尽管我们必须承认，由于难以置信的愚蠢，这种品质在天性最优秀的人身上也没有显现。

这样的天性是很难出现的，而一旦出现，它们就是一种显著的利益。有节制地拥有快捷和迟缓的灵魂会趋向良好的本性。它倾向于勇敢，也打算接受节制，在这种情况下还有最重要的特点，【c】它会擅长学习和记忆，它会乐于参加这些活动，所以也就会爱好学习。这样的品质不容易产生，而一旦产生，并以必然的方式得到训练和培养，它们就使这样的人能够用思想把握其他从属的活动，就不会由于冒犯众神和凡人而去伪善地举行献祭和涤罪仪式，而是真正地荣耀美德。【d】事实上，荣耀美德是整个城邦唯一最重要的事情。嗯，我们认为这个部分的民众就其天性而言最适合统治，他们能够学习最高尚、最优秀的东西，只要有人教他们。但是除了神，没有人能够这样做。确实，如果有人要教他们，但不能用正确的方式，那么他们最好还是不要学了。即便如此，从我们已经说过的话中可以推论，具有这种最优秀天性的民众必须学习这些事情，我必须告诉他们要这样做。

【e】所以，我必须详细解释他们要学习的这些东西是什么，这些东西是什么样的，如何学习它们，假定我有这样说的能力，这些人也有能力听我说：【990】关于敬畏众神一个人要学习什么事情，他应当如何学。当你们听到我说它是什么的时候，你们会感到奇怪。我说它的名称是天文学，要是你们不熟悉这个科目，没有人会期待得到什么回答。人们不知道真正的天文学家必定是最有智慧的人。我指的不是以赫西奥德的方式观察天文的任何人，只观察星辰的升起和降落，而是指观察了八条轨道中的七条轨道的那个人，这些星辰各自按照自己的轨道运行，【b】任何不具有杰出能力的人要想完全理解它们的运行并非易事。我们现在已经说明了我们必须学习什么。下面我们要继续说明我们必须如何学习它。我的第一个要点如下：

月亮在其轨道上的运行最为快捷，它运行一周的时间就是一个月，月是最基本的一个时段。其次，我们必须观察在其轨道上不断转动的太阳，以及伴随太阳运动的其他星辰。【c】我们不需要再重复已经说过的内容，前面已经列举过的运行轨道都是难以理解的，要培养理解它们的能力，需要从儿童和青年时代开始就花费大量的劳动，提供预备性的教育和训练。由于这个原因，他们需要学习数学。

学习数学首先和最重要的是学习数本身，与数本身相对的是拥有物体的数。这就是学习奇数和偶数的整个本性和性质——一切数尽可归于存在的事物的本性。掌握了这些内容以后，【d】接下去就要学习所谓的“几何学”（字义是测量大地），这个名称极为愚蠢。事实上，在这个科目中要学习的主题显然是那些本性不同的数之间的同化，涉及数的平方。这是神创的奇迹，而不是人的创造，能理解它的人显然都能看到这一点。在此之后要学的是有三个向度的数，它的性质与立体相同。另外还有一门把不同的数同化为相同的数的艺术，【e】那些熟悉它的人称它为“测体积术”。那些观察和理解这些事情的人在其中发现的神圣的奇迹是，整个自然按照事物各自的比例塑造出事物的种类，【991】这种比例以二倍和二倍的对立面（一半）为基础。最初按照一比二的比例，形成二倍数的数列，亦即 1，2，4，…，按照数的平方形成这样一个数列，亦即 1，4，16，…，按照数的立方，在从一进到八以后，形成这样一个数列，亦即 1, 8, 64, …，也就进到立体的东西和有形体的事物。在二倍数这个数列中，二倍既表示较大的数是较小的数的二倍，也表示较小的数被较大的数超过相等的量（算术的方式），而按照相同的比例也可使数列中的各项增长（和谐的方式）。【b】（比如 6 和 12 之间的关系是由比例 3 : 2 和 4 : 3 决定的①）。以这两种方法为基础的数列是由缪斯女神保佑的合唱队赐给我们人类的，我们使用这种协和与对称来推进节奏与和音的形式。

① 在数列中，6 和 12 之间的中项用算术的方法是 9，用和谐的方法是 8；9 : 6=3 : 2，8 : 6=4 : 3；还有 12 : 9=4 : 3，12 : 8=3 : 2。

让我们再来考虑一下我们说过的所有这些事情。但是学习它们有什么意义？为了确定这一点，我们必须提及这个生成的世界中的神圣的元素，它是由神允许凡人观赏的、最精美、最神圣种类的可见物构成的。【c】观赏它们的人，无人可以声称能以我刚才描述过的、不包含知识的简易方式学习它们。还有，在我们所有讨论中，我们必须通过提问和驳斥谬误来使每个人掌握这些种类。这种方法是人所能得到的最好的考验，而所有那些并不真实，而只是显得真实的考验，完全是在白费力气。我们也必须对所有天象发生的时间有准确的知识。【d】如果我们这样做了，那么我们学说的每一个信奉者应当相信，灵魂比物体更古老、更神圣，说"万物充满神灵"是完全正确的、自足的，还有，对这些事情我们不会有一丁点儿遗忘，也不会怠慢我们的长者。

在所有这些学习中，下列要点必须牢记在心：运用正确的方法来理解每一个天体确实能够带来很大的好处，否则就只能请神帮忙了。这种正确的方法是这样的【e】——我至少要说这么多。以正确的方式进行学习的人应当掌握数的每一种图形和复杂的系统，要知道星辰旋转的每一种和谐结构和统一类型适用于所有天体。要把这些内容告诉每一个以正确方式进行学习的人，让他的眼睛凝视一个目标。【992】一个以这种方式学习这些科目的人会明白所有这些事情之间都有一种天然联系。任何以其他方式学习这些科目的人则必须"求助于好运"，这一点我们也说了。不学习这些科目，城邦里的人没有一个会成为幸福的。这些学习无论难易，我们都必须行进在这条道路上。

轻视众神是不对的，【b】关于它们的故事显然已经以正确的方式加以讲述，得到了好运的保佑。凡能以这种方式掌握所有这些科目的人，我确实要说他是最有智慧的。我也要大胆地向他肯定——既是开玩笑，又是认真的——当死亡降临时，如果他仍旧能够忍受死亡，那么他就已经不再是大量感觉的奴隶了，他将得到命运赐予他的那一份幸福和智慧，甚至在内心他已经和这些东西融为一体了。【c】无论有福之人死后是否会去"福岛"或某个大陆，他的幸福是永远的，无论他今生今世是公众人物还是默默无闻的公民，来自众神的奖赏对他来说是一样的，不会有什么差别。这样，我们再次回到我们开始时说过的那条真理，对大多数人来说，要想获得圆满幸福是不可能的，只有少数人才能做到。只有少数人才能变得像神一样，拥有节制的灵魂，拥有各种美德，掌握这门赐福的学问（天文学）——【d】我们已经说过它是什么——适度获得和拥有神的所有恩赐。

我们在私下里谈论，并使之成为我们的法律，城邦的最高职位必须由那以正确的方式掌握了这种学问的人来担任，这些人花费了许多劳动，老年时抵达圆满。其他人都必须服从他们，赞颂所有的男女众神。我们已经知道了这种智慧，对它进行了很好的考察，【e】现在，我们可以敦促所有午夜议事会的成员参与这种学习。

大希庇亚篇

提　要

本篇的真伪争议很大。19世纪有许多西方学者通过分析，认为本篇的语言运用比较呆板，因此是柏拉图学园中弟子的作品，甚至有可能是希腊化时代的作品。而20世纪的一些重要西方学者认为《大希庇亚篇》是柏拉图本人的作品，主要理由是亚里士多德在《论题篇》中曾多次引用出现在本篇中的一个美的定义的原文，即“美是由视觉和听觉产生的快感”(《论题篇》102A6,135A13,146A22)，并且和苏格拉底一样，对这种定义进行了批判。公元1世纪的塞拉绪罗在编定柏拉图作品篇目时，将本篇列为第七组四联剧的第一篇，称其性质是“驳斥性的”，称其主题是“论美”。[①] 谈话篇幅较长，译成中文约2万字。

对话采取简单的直接对话的形式，由苏格拉底和来自埃利斯的著名智者希庇亚单独直接谈话。希庇亚第二次访问雅典，夸耀自己是埃利斯城邦推选使节时的第一人选，并说自己后天将会在雅典演讲，谈论特洛伊城失陷后英雄们光荣献身的事迹。苏格拉底对智者进行一番嘲讽，然后说自己最近谴责某些文章中的丑恶，赞扬某些文章中的美好，将话题引入美是什么。在对话中，苏格拉底从哲学的高度探究美的本质，着力批判当时流行的一些审美观念。例如，美的普遍本质与具体事物之美的混同，美即合适、美即有用、美即视听快感的主张，等等。苏格拉底的批判已经涉及美学理论中的一系列重要问题：美是客观的还是主观的、

---

① 参阅第欧根尼·拉尔修：《名哲言行录》3：60。

形式美和实质美的关系、美的本质和美的功用的关系、美与美感、真善美的统一。整篇对话的结论是否定性的：尽管我们总是谈论美好的行为，仿佛我们懂得自己这样说的意思，而实际上我们处于困惑之中，发现自己对这些自认为非常了解的东西全然无知。

本篇是古希腊美学思想的重要文献。希腊人所说的美（καλός）含义广泛，有优良、美好、精致、完善等意，相当于中文的美好。它不仅指艺术作品的美，而且也指生活中一切美好的东西，不仅指身体之美，又表示道德之美，如美的人、美的物，乃至美的习俗制度等。本篇对话虽然没有给出有关美的本质的明确结论，但苏格拉底指出美本身是一种超越现象和感觉的客观真实存在，是使一切美的具体事物成为美的原因。苏格拉底还把美同知识相连，主张智慧是美，无知是丑，美和善本质上是同一的，这就是真善美的统一。这些基本思想在柏拉图的中期对话中有充分的发挥。

正　文

谈话人：苏格拉底、希庇亚

苏　【281】你来了，希庇亚，又漂亮，又聪明！你来雅典多久了，时间够长了吧！

希　我没工夫跟你闲聊，苏格拉底。每逢埃利斯[①]要和其他城邦打交道，他们总是第一个找上我，担当城邦的使节。【b】他们认为我是最能判断和报告其他城邦各种消息的公民。我经常承担这样的使命，造访不同的城邦，但去得最多的地方是拉栖代蒙，那里要处理的事情最多，也最重要。这就是我对你的回答，也是我没有在这些地方出没的原因。

苏　希庇亚，我还有个问题，要是能做一个既完善又聪明的人，那该有多好啊！对个人来说，你的才华使你年轻时就能挣大钱，【c】而你也能给人们提供更大的利益。还有，在公共事务中，你能为你的国家建

---

① 埃利斯（Ἠλεῖος），城邦名。

功立业，这是避免人们的轻视和赢得公众尊敬的正道。然而使我感到奇怪的是，为什么那些古代因其智慧而出名的伟大人物——庇塔库斯[①]、彼亚斯[②]、米利都[③]的泰勒斯[④]学派，还有其他那些与我们时代相近的伟人，一直到阿那克萨戈拉[⑤]为止——他们所有人或大部分人显然都不习惯参与政治活动。

希 【d】除了无能你还能找到什么原因？他们缺乏能力，无法把他们的智慧运用于生活的两个领域，即公共领域和私人领域。

苏 那么我们可以正确地说，正如其他技艺在进步，直到过去的艺人无法与当今的艺人相比为止，所以你的技艺，也就是智者的技艺，也在进步，直到古时候的哲学家无法与你和你的同伴相比为止，这样说对吗？

希 完全正确。

苏 如果彼亚斯为了我们的利益而重新来到这个世上，【282】那么按照你的标准，他会成为一块笑料，就好像雕刻家代达罗斯[⑥]如果生在当今时代，制作出给他带来名声的那些作品，那么他也一定看上去像个傻瓜，是吗？

希 确实如此，苏格拉底。但不管怎么说，我本人还是习惯于赞扬我们从前那些先驱者，因为我在提防活人的妒忌时，也在担心死者的愤怒。

苏 【b】说得好，希庇亚，既有情感，又有格调。我可以用我的证言来支持你的陈述，你的技艺确实在与日俱进，朝着把公共事务和私人追求结合在一起的方向前进。杰出的智者，林地尼[⑦]的高尔吉亚[⑧]从他

---

① 庇塔库斯（Πιττακὸς），人名，希腊七贤之一。

② 彼亚斯（Βίας），人名，希腊七贤之一。

③ 米利都（Μιλήτος），地名。

④ 泰勒斯（Θαλῆς），哲学家，希腊七贤之一。

⑤ 阿那克萨戈拉（Αναξαγόρας），希腊早期哲学家。

⑥ 代达罗斯（Δαιδάλος），希腊神话中的能工巧匠。

⑦ 林地尼（Λεοντῖνος），地名。

⑧ 高尔吉亚（Γοργίας），重要智者，《高尔吉亚篇》对话人。

的家乡来到这里执行一项官方的使命，他被选中乃是因为他是他们城邦最能干的政治家。人们公认他在公民大会上的讲演是最雄辩的，而在私下里他也展现了他的才华，给雅典青年和其他相关的人作演讲示范，赚了一大笔钱。【c】还有普罗狄科[①]，我们杰出的朋友。他经常从开奥斯[②]来雅典履行公务，上次，也就是最近，他来这里执行一桩使命，他的口才在公民大会上受到人们的景仰，在私下里他也给年轻人作示范，并接受他们加入他的团体，挣了一大笔钱。古代的伟人没有一个认为要为自己的智慧收费，【d】或者认为给各种各样的听众讲演要收费，他们头脑太简单，以至于不知道金钱的无比重要。我提到的这两个人用他们的智慧挣的钱比其他任何一个艺人用他的技艺挣的钱还要多，在他们之前，普罗泰戈拉[③]也是这么干的。

希 苏格拉底，你对这种生意的真正魅力一无所知。如果有人告诉你我挣了多少钱，那么你要吓呆了。举例来说吧，我曾经去过西西里，【e】当时普罗泰戈拉也在那里。他的名声很大，但年纪比我大得多，而我在很短时间里就挣了一百五十多明那[④]。呃，仅仅在一个地方，伊尼库斯[⑤]，一个很小的地方，我就挣了二十多明那。当我带着钱回家时，我的父亲和其他乡亲全都惊呆了。我敢肯定，我一个人挣的钱比你提到的任何两名智者挣的钱加在一起还要多。

苏 你智慧的证言确实令人肃然起敬，【283】我们这个时代的智慧确实远远超过古人的智慧！按照你的解释，早先那些思想家确实跌落在无知的陷阱中，据说阿那克萨戈拉的命运和你的命运完全相反，他本来可以继承一大笔财产，但他竟然放弃了，这样做真是太愚蠢了。从前那些伟大人物也有类似的故事。我承认，你获得的成功是最好的证据，

---

① 普罗狄科（Πρόδικος），重要智者，《厄里西亚篇》、《普罗泰戈拉篇》对话人。

② 开奥斯（Χῖος），地名。

③ 普罗泰戈拉（Πρωταγόρας），重要智者，《普罗泰戈拉篇》对话人。

④ 明那（μνᾶ），希腊硬币的名称，亦译“米那”。

⑤ 伊尼库斯（Ἰνυκους），地名。

【b】可以用来说明当今时代的智慧确实可以与从前那些时代的智慧相比，现在人们普遍认为聪明人必须为自己打算，衡量智慧与否的标准则是挣钱的能力。好吧，这一点就说到这里。现在请你告诉我，你在哪个城市挣的钱最多？我想是在拉栖代蒙，因为你去那里的次数最多，是吗？

希　肯定不是，苏格拉底。

苏　真的吗？难道你在那里挣得最少？

希　【c】我在那里什么钱也挣不到。

苏　这太奇怪了！难道你的智慧不适宜用来增进拉栖代蒙人的美德，提高那里的学生和同伴吗？

希　确实如此。

苏　所以你有能力改进伊尼库斯人的儿子，但没有能力改进拉栖代蒙人的儿子？

希　不，这样说是错的。

苏　好吧，那么是西西里人想要成为优秀的人，而拉栖代蒙人不这样想？

希　【d】不对，苏格拉底，拉栖代蒙人无疑也这样想。

苏　那就是因为他们没有钱，所以你的团体也挣不到钱。

希　根本不是这么回事，他们有很多钱。

苏　如果他们想成为优秀的人，同时又有钱，而你又能给他们带来巨大的利益，那么为什么他们没有让你带着金钱上路离开那里呢？噢，我知道了，肯定是这些拉栖代蒙人教育他们自己的子女比你教得好，是吗？我们应当这样想，希庇亚，你同意吗？

希　【e】完全不是这么回事。

苏　那么是因为你不能令拉栖代蒙的青年信服，在美德方面他们在你们的团体里比在他们自己民众的团体中取得更大的进步，是吗？或者换个说法，你无法说服他们的父亲，如果他们关心自己的儿子，那么应当把儿子交给你，而不是留下来自己照料，是吗？我无法想象他们会因为自己的子女有可能获得最高的美德而产生妒忌。

希　对，我也不认为他们会因此而妒忌。

苏 但是拉栖代蒙有良好的法律。

希 没错。

苏 【284】在有着良好法律的国家里，美德具有最高的荣耀，是吗？

希 是这样的。

苏 你比其他任何人都更加在行，知道如何把美德灌输给别人？

希 确实如此。

苏 好吧，帖撒利①这个希腊的部分最推崇骑术，那里的人最懂得如何把骑术教给别人，因此教骑术也能挣大钱，【b】这个道理不也适用于任何热忱地追求某种技艺的外国吗？

希 我认为是这样的。

苏 那么在拉栖代蒙，或者在其他任何有着良好法律的希腊城邦，能够传授对改进德行最有价值的知识的人会受到最高的尊重，只要他愿意，就能挣大钱，是这样吗？你认为西西里和伊尼库斯比拉栖代蒙更好吗？我们要不要相信这一点，希庇亚？如果你说要相信，那么我们必须相信。

希 拉栖代蒙人的祖传习俗禁止他们修改法律，或者用不符合传统的方法教育他们的儿子。

苏 你在说什么！拉栖代蒙人的祖传习俗会要求他们做错事，【c】而不是正确地行事吗？

希 我本人不会这样说，苏格拉底。

苏 他们难道不会尽力给他们的青年以最好的教育，这样做有什么不对吗？

希 这样做当然是对的，但对他们进行一种外国的教育是违法的。你可以肯定，如果有人曾在那里用教育挣钱，那么我会赚得最多，因为他们乐意听我讲课，给我鼓掌。但我说过了，这样做不合法。

苏 【d】你认为法律是对国家的一种伤害，还是一种利益？

---

① 帖撒利（Θετταλία），地名。

希 我认为，制定法律确实是为了某种利益，但若制定得不好，那么它确实会带来伤害。

苏 但立法家们在制定法律时确实假定这样做对国家来说是一种善，没有良好的法律就不可能有一个秩序井然的国家，对吗？

希 对。

苏 因此，当那些想要成为立法家的人忽略了善的时候，他们也就忽略了法律和合法性。对此你有什么要说的吗？

希 【e】你说得很准确，苏格拉底，是这么回事，但人们一般不习惯于这样说。

苏 不习惯这样说的人是懂行的还是不懂行的？

希 我指的是大多数人。

苏 这个大多数是由懂得真理的人组成的吗？

希 肯定不是。

苏 但不管怎么说，我假定那些懂行的人会认为比较有益的东西对所有人来说都比较合法，比较无益的东西对所有人来说都不那么合法，你同意不同意？

希 我同意。确实如此。

苏 那么这些懂行的人的看法才是事实。

希 没错。

苏 你认为拉栖代蒙人在你的教育下成长比在原有的教育下成长更加有益，【285】你的教育对他们来说是一种外国教育，是吗？

希 是的，我这样说是对的。

苏 比较有益的东西是比较合法的，你也同意这种看法，是吗？希庇亚。

希 我是这样说过。

苏 那么按照你的论证，拉栖代蒙人的儿子如果真的从你这里得到更多的好处，那么他们接受希庇亚的教育会更加合法，而由他们的父亲进行教育则不那么合法，是吗？

希 他们肯定能从我这里得到好处。

苏 【b】那么拉栖代蒙人违反了法律，因为他们不把儿子托付给你，不向你支付学费。

希 我同意。你看起来好像是在帮我论证，我看不出自己有什么必要去持相反的观点。

苏 我的朋友，那么我们已经证明了拉栖代蒙人是违法者，他们在最重要的问题上违反了法律，而拉栖代蒙人向来以守法著称。希庇亚，我以上苍的名义起誓，请你告诉我，他们在听你讲什么课程的时候感到快乐，为你鼓掌？【c】是讲星辰和天象吗？在这方面你显然是最大的权威之一。

希 根本不是。这种内容他们是听不进去的。

苏 那么他们喜欢听几何学，是吗？

希 根本不是。他们中有许多人甚至连数都不会数。

苏 那么当你给他们讲算术时，也一定不受欢迎，是吗？

希 确实如此。

苏 【d】那么，讲讲你们这些人最擅长的对字母、音节、节奏、和音的性质的分析，怎么样？

希 我亲爱的先生，你竟然还要我对他们讲和音与字母！

苏 那么听你讲什么内容，他们会感到快乐，给你鼓掌？请你告诉我，我实在不明白！

希 能使他们感到高兴的是英雄和人的谱系、古代城邦建立的故事，简单说来也就是那些古代传说，为了满足他们的要求，【e】我不得不去彻底了解各门学问。

苏 我的天哪，你确实太幸运了！拉栖代蒙人肯定不会想要听你讲述我们的历任执政官，从梭伦① 开始。要掌握它，你肯定会遇到麻烦。

希 为什么？我只要听一遍，就能讲出五十个名字。

苏 对不起，我差点忘了你的记忆术。现在我明白了拉栖代蒙人为什么会喜欢你渊博的知识，【286】他们在利用你讲好听的故事，就像孩

① 梭伦（Σόλωνος），人名。

子们要老奶奶讲故事一样。

希 是的，确实如此。还有呢，苏格拉底，我最近名声更大了，因为我在那里详细地提出了一项青年们必须为之献身的光荣而又美好的工作。我就这个主题创作了一篇讲演辞，文风优雅，格调高尚。【b】它的背景和绪论是这样的：特洛伊[①]城失陷以后，涅俄普托勒摩[②]问涅斯托耳[③]，值得一个人在年轻时就全身心投入以获取最高声望的这项光荣而又美好的工作是什么？轮到涅斯托耳回答的时候，他向涅俄普托勒摩解释了一系列良好的生活规范。这篇讲演辞我是在拉栖代蒙发表的，现在应阿培曼图[④]之子欧狄库[⑤]的邀请，后天我要在本地发表，很值得一听，地点在菲多斯拉图[⑥]的学校。你一定要来，【c】到时候也请你提出批评意见。

苏 我会的，希庇亚，一切都很好。不过现在请回答我一个小问题，你的话提醒了我。我高贵的朋友，前不久我谴责了某些文章中的丑恶，而把文章中的另一些东西说成是美好的，有人听了以后勃然大怒，反问我说：你，苏格拉底，你怎么知道什么事物是美的，什么事物是丑的？说吧，【d】你能告诉我美是什么吗？

由于我的无能，我被问住了，无言以对，于是我只好灰溜溜地离开那里，心里充满着怨恨和自责。我对自己说，一旦碰上像你这样的聪明人，我就要听取教诲，向他学习，等我彻底掌握了这个问题，我会回过头去找那个提问者，与他论战。所以你瞧，你来得正是时候，我请你以恰当的方式教我美本身是什么，【e】尽可能精确地回答我的问题。我不想第二次在另一场盘问中被当作傻瓜。当然了，你是无所不知的，对于你渊博的知识来说，这只是小菜一碟。

---

① 特洛伊（Τϱοία），地名。

② 涅俄普托勒摩（Νεοπτόλεμος），阿喀琉斯和得伊达弥亚之子，又名皮洛斯。

③ 涅斯托耳（Νέστοϱ），人名，特洛伊战争中的名将。

④ 阿培曼图（Ἀπημάντος），人名。

⑤ 欧狄库（Εὔδικυς），人名。

⑥ 菲多斯拉图（Φειδοστϱάτους），人名。

希 苏格拉底，确实是小菜一碟，而且我还要说毫无价值。

苏 那么我无疑能弄明白这个问题了，无人能够再次把我难倒。

希 根本不可能，只要我不是一名粗制滥造的职业家。

苏 【287】好啊，希庇亚，要是我们能打败对手，那真是太好了！如果我扮演他的角色向你提问，你来回答，使我从中得到有效的锻炼，这样做不会有什么危害吧？我对他的反对意见非常熟悉。因此，如果这样做对你没什么区别，那么我想扮演批评者的角色。以这样的方式，我能更加牢固地掌握我要学的东西。

希 可以，把你的批评提出来吧。我刚才说过，这不是什么大不了的问题。【b】我可以教会你如何回答更加困难的问题，而且要有说服力，使人无法反驳。

苏 妙极了！好吧，在你的邀请下，我现在就来扮演这个角色，尽力向你提问。假定你已经对他作了一番讲演，讲的就是你提到过的美的实践，而他从头到尾一直在听，等你停下来以后，他就提出有关美的第一个问题，这样做是他的习惯。他会说，【c】来自埃利斯的客人，公正的事物不是由于公正才成为公正的吗？如果他提出这个问题，希庇亚，你会如何回答？

希 我会回答，是由于公正。

苏 那么这样东西，亦即公正，肯定是某样东西。

希 当然是。

苏 还有，聪明的事物由于拥有智慧才是聪明的，一切事物由于拥有善才是善的，对吗？

希 无疑如此。

苏 也就是说，一切事物之所以如此，乃是由于拥有真正存在的东西，我们几乎不能说，一切事物之所以如此，乃是由于拥有并不真正存在的东西。

希 没错。

苏 那么，一切美的事物之所以美乃是因为拥有美吗？

希 【d】是的，因为拥有美。

苏 美是真正存在的吗？

希 是的，否则你会怎么想？

苏 他会说，客人，请你告诉我，美这样东西是什么？

希 他提出这个问题只是想要找到美的东西，是吗？

苏 我不这样看，希庇亚。他想知道美是什么。

希 美的东西和美有什么区别？

苏 你认为没区别？

希 没区别。

苏 你显然懂得最多。但是，我亲爱的先生，请再考虑一下，他问你的不是什么是美的，【e】而是美是什么？

希 我明白，先生，我确实会告诉他美是什么，而且不怕任何人反驳。苏格拉底，我向你保证，如果我必须说真话，那么美丽的少女就是美。

苏 哎呀，希庇亚，你回答得真好，非常可信。如果由我来回答问题，那么我要能回答得了这个问题，【288】要能正确地回答问题，这样才不怕任何人的驳斥，是吗？

希 如果每个人都这样想，每个人听了你的话都可以证明你是正确的，怎么还会有什么反驳呢？

苏 是这样的。现在，希庇亚，让我扼要重述一下你的意思。那个人会这样责问我：苏格拉底，给我一个回答。回到你那些美的例子上来，为了解释我们为什么可以把美这个词用于这些事物，你必须告诉我美本身是什么？

你想要我回答，如果美丽的少女就是美，那么我们就要回答她为什么有权被称作美。

希 【b】你是否认为他想要通过证明你没有提到美的事物来驳斥你，或者说如果他试图这样做，就不会被当作傻瓜了？

苏 我高贵的朋友，我肯定他想要驳斥我。事情本身会表明这种尝试是否会使他看起来像个傻瓜。但请你允许我告诉你，他会怎么说。

希 你继续说吧。

苏 他会说，苏格拉底，你真有趣！一匹美丽的牝马不也是美吗，神本身在他的预言中赞扬过的牝马？

【c】对此我们该如何回答，希庇亚？我们不也得说这匹牝马也是美，或者说美的东西就是美，是吗？我们几乎无法如此大胆地否认美是美的。

希 没错，我还要说，这位神讲得对，我们国家饲养的牝马非常美丽。

苏 他会说，很好，但是一把美丽的竖琴怎么样？它不也是美吗？对此我们要表示同意吗，希庇亚？

希 是的。

苏 根据我对他的品性的判断，我感到他肯定还会继续问下去。一只美丽的陶罐怎么样？亲爱的先生，它不也是美吗？

希 【d】这个人到底是谁？真是个乡巴佬，竟敢把如此粗俗的例子引入这场伟大的讨论！

苏 他是这种人，希庇亚，一点儿教养都没有，一个除了真理其他什么都不关心的普通人。他一定要得到答案，而我先要作出回答。如果这只陶罐是一名技艺高超的陶工的作品，表面光滑圆润，烧制得恰到火候，就像我见过的某些非常漂亮的陶罐一样，有两个把手，能盛六"科俄斯"[①]水。如果他问的是这样一只陶罐，那么我们应当承认它是美的。【e】我们又怎能肯定美的东西不是美呢？

希 对，不能。

苏 那么他甚至会说，一只美的陶罐就是美吗？请回答。

希 是的，我想他会这样说。当这种用具制造精良的时候也可以是美的，但人们一般不把它的美与牝马或少女的美，或其他所有美的事物相提并论。

苏 【289】很好，我明白了，希庇亚，当他提出这些问题时我应当回答说：先生，你没有掌握赫拉克利特[②]道出的真理，最美丽的猴子与

---

① "科俄斯"（χοός，χοᾶς），希腊的液体计量单位，一科俄斯约合 3.36 公升。

② 赫拉克利特（Ἡράκλειτος），希腊早期哲学家。

人类比起来也是丑陋的，而聪明的希庇亚说，最美丽的陶罐与少女相比也是丑陋的。对吗？

希 这样回答完全正确。

苏 现在请注意我的话，我肯定他会说，是的，苏格拉底，但若把少女与众神放在一起，所达到的效果不也和把陶罐与少女摆在一起一样吗？【b】最美丽的少女不也会显得丑陋吗？你引证的赫拉克利特不也说过，“最聪明的人和神相比，无论在智慧、美丽和其他方面，都像一只猴子”吗？

希庇亚，我们要不要承认，最美丽的少女与众神的种族相比是丑陋的？

希 无人能够否认这一点，苏格拉底。

苏 【c】如果我们承认了这一点，那么他会笑着说，苏格拉底，你还记得问你的是什么问题吗？

我会回答说，记得，你问我美本身是什么。

他会责备我说，我问你的问题是美，而你作出的回答却是承认自己并不比丑陋的东西更美丽，是吗？

我说，显然如此。你建议我该如何回答？

希 就这样回答，因为他这样说当然是对的，与众神相比，人类不是美丽的。

苏 他会继续说，如果我从一开始问你的就是美和丑，【d】而你对我作了像现在这样的回答，那么你的回答还能不对吗？但若你仍旧还在想着绝对的美，其他一切事物都因此而井然有序，在拥有了外形的时候显得美好，那么你会认为它就是一个少女、一匹牝马、一把竖琴吗？

希 但是，苏格拉底，如果这就是他想要听到的回答，那么告诉他这个使其他一切事物井然有序并在拥有了外形的时候显得美好的东西是什么，这是世上最容易的事。【e】这个家伙一定是个地地道道的傻瓜，对美的事物一无所知。如果你在回答他的问题时说，美无非就是黄金，那么他会不知所措，也不会试图驳斥你。因为我们大家全都知道，任何事物只要用黄金来装饰，就会显得美丽，哪怕它以前显得丑陋。

苏 你不知道这个人有多么无赖。他不会毫无保留地接受你的看法。

希 你这是什么意思？他必须接受一个正确的陈述，【290】无论有多么苦恼。

苏 好吧，我的朋友，你的这个回答他不仅拒绝接受，而且还会恶毒地嘲笑我，说你真是死脑筋！你会把斐狄亚斯① 算作一名拙劣的艺术家吗？

我想我会说，不会，根本不会。

希 你说得对。

苏 我也这样想。但若我同意斐狄亚斯是一名优秀的艺术家，他会说，你认为斐狄亚斯对你们谈论的这种美一无所知吗？

【b】我会回答说，你想说什么？他会说，我想说的是，如果最高的美只能通过使用黄金来获得，那么斐狄亚斯并没有给他的雅典娜制作黄金的眼睛，也没有用黄金制作她的脸、她的手、她的脚，他用的是象牙。他由于无知而犯了这个错误，不知道只有黄金才能给一切事物带来美。

我们该如何回答他，希庇亚？

希 【c】很容易。我们可以回答说，从艺术上来说，斐狄亚斯做得对，因为象牙也是美的。

苏 呃，那么他会说，斐狄亚斯为什么不用象牙制作雅典娜的眼珠呢？他在制作眼珠时用的是石头，像象牙一样的石头。或者说，美的石头本身也是美？

对此我们该怎么说？

希 是的，石头是美的，它至少是适宜的。

苏 那么丑就是不适宜？对此我要表示同意吗？

希 是的，不适宜就是丑。

苏 【d】他会继续说，那么好吧，智慧之人，象牙和黄金在适宜的

---

① 斐狄亚斯（Φειδίας），希腊著名雕刻家。

时候使事物显得美丽，在不适宜的时候使事物显得丑陋，是吗？

对此我们应该加以肯定还是否定？

希　不管怎么说，我们应当承认对某个具体事物适宜的东西使该事物成为美的。

苏　他会继续说，当某人用我们说的这个陶罐煮汤，而这个美丽的陶罐里盛满了美味的汤，这个时候哪样东西对陶罐更适宜，是黄金的长柄勺还是无花果木的长柄勺？

希　苏格拉底，他真是个无赖！告诉我他是谁。

苏　【e】如果我把他的名字告诉你，你也不认识他。

希　但我现在就认识他了，我知道他是个笨蛋。

苏　希庇亚，他是个讨厌的东西。不过，我们该如何回答他呢？对汤和陶罐来说，哪一种长柄勺才是适宜的呢？显然是无花果木的长柄勺。因为它会使汤的味道更鲜美，还有，我的朋友，它不会把我们的陶罐打碎，把汤洒在火堆里，毁掉我们用来款待客人的一道佳肴，而黄金的长柄勺则会这样。因此，如果你不反对，我想我们应该说，【291】木头的长柄勺比黄金的长柄勺更适宜。

希　是的，木头的长柄勺更适宜，但我本人不愿意继续与提这种问题的家伙谈话了。

苏　完全正确，我的朋友。用这样的语言玷污你是不适宜的，你穿得那么美，脚上的鞋子也那么漂亮，你以你的智慧著称于整个希腊世界。【b】如果我被这个家伙搞糊涂了，那么对我来说是无所谓的，因为你可以支援我，为我回答这些问题。

他会说，如果木头的长柄勺比金子的长柄勺更适宜，那么它也更美，因为你，苏格拉底，不是已经承认适宜的东西比不适宜的东西更美吗？

我们能够避免承认木头的长柄勺比金子的长柄勺更适宜吗？

希　你希望我给你提供一个美的定义，这样你就不必拖延这场讨论了？

苏　【c】确实如此，但首先请你告诉我，我刚才提到的两把长柄勺哪一把更适宜，因此更加美？

希 好吧，如果你喜欢，你就回答他无花果木造的长柄勺。

苏 再说一遍前不久你提出来的建议，因为按照你的回答，如果说美就是黄金，那么我显然就要面对这样一个事实，黄金并不比无花果木更美丽。再说一遍，你认为美是什么？

希 【d】你有你的回答。我想你正在寻找这样一个回答，说美是一种在任何人、任何地方都不会表现为丑的性质，是吗？

苏 完全正确。你极好地理解了我的意思。

希 现在请注意。如果有人能从我的话中找到错误，我就给你充分的权利，让你把我叫作低能儿。

苏 我现在如坐针毡。

希 不管在任何地方我总是说，对一个人来说，财富、健康、希腊人的荣誉、长寿、风光地埋葬他的父母、【e】自己死后也能由子女为他举行隆重的葬礼，这些事情是最美的。

苏 哎呀，希庇亚，你的这些话神奇而又精巧、雅致而又高尚，你用你的全部力量帮助了我，我要向你的善意表示最崇高的敬意。不过，我们掷出的标枪并没有命中目标，我要警告你，那个人现在变得比从前更加厉害地嘲笑我们了。

希 苏格拉底，这种嘲笑很可怜，因为他无法反对我们的看法，但却嘲笑我们，因此他是在嘲笑他自己，【292】也会被他的同伴所嘲笑。

苏 也许是这样。但也许当他听到了你所建议的回答时，他就不会仅仅满足于嘲笑我了。所以我有预感。

希 你是什么意思？

苏 如果他手里正好有根棍子，他会毒打我，除非我赶快逃走。

希 什么？难道这个家伙正好是你的主人？他肯定会因为这样的行为而被逮捕，是吗？或者说雅典没有法律体系，【b】竟然允许她的公民错误地相互殴打？

苏 雅典绝对禁止这种行为。

希 那么这个人要为他的错误行为受惩罚。

苏 我不这样认为，希庇亚——他肯定不会受惩罚，如果我对他作出那样的回答，我想他的攻击是公正的。

希 既然你自己都这么认为，那么好吧，我也这样想。

苏 但我要解释一下我的想法，为什么我认为我的回答会引来这种正当的攻击，可以吗？或者说你也会不经审判就殴打我，根本不愿听我的辩解？

希 【c】不会，拒绝听你辩解是野蛮的。但你到底要说什么？

苏 我要继续执行前面的计划，扮演那个家伙，但不对你使用这种他会对我使用的冒犯而又荒唐的字眼。我敢肯定，他会说，苏格拉底，你难道不认为自己应该挨打吗？因为你的颂词完全跑了调，与问题毫不相干。

我会说，你这是什么意思？

我什么意思？你还记得我问的是美本身吗？【d】美本身把美的性质赋予一切事物——石头、木头、人、神、一切行为和一切学问。先生，我要问的是美本身是什么，但不管我怎么叫喊，你就是不听我的话。你就像坐在我身旁的一块石头，一块真正的磨石，既没有耳朵又没有脑子。

希，如果我提心吊胆地作出这种回答，你难道不感到愤慨，【e】而这正是你希庇亚所说的美，我不断地向他提问，就像你向我提问一样，因为美的东西确实始终是美的，对任何人都是美的。

坦白地说吧，这个回答会使你愤慨吗？

希 苏格拉底，我相当肯定，我具体指出的这些东西对一切都是美的，也会这样向所有人显示。

苏 他会回答，这些东西将来也这样吗？因为我认为美始终是美的，对吗？

希 没错。

苏 它在过去也是美的吗？

希 是的。

苏 那么他会继续说，所以这位来自埃利斯的客人会断言，阿喀琉斯在他的父母之后被埋葬是美好的，他的祖父埃阿科斯[①]被埋葬也

① 埃阿科斯（Αἰακος），希腊神话人物。

是美好的，【293】其他众神的子女，以及众神本身被埋葬也是美好的，是吗？

希 这是什么话？告诉他问些体面的问题！他问的这些问题与我们的讨论毫不相干，苏格拉底。

苏 当有人问这些问题时，我们确实无法说这些问题毫不相干，是吗？

希 好吧，就算有点儿关联。

苏 那么假定他会说，是你刚才肯定埋葬父母并被自己的子女埋葬总是美好的，对任何人来说都是美好的。"任何人"，不也包括赫拉克勒斯[①]以及我们刚才提到过的所有人吗？

希 我没有把众神包括在内。

苏 【b】那么显然也不包括英雄。

希 如果他们是众神的子女，那么不包括。

苏 如果他们不是众神的子女呢？

希 肯定包括。

苏 那么根据你自己的论证，对坦塔罗斯[②]、达耳达诺斯[③]、泽苏斯[④]来说是可怕的、不虔敬的、可耻的命运，但对珀罗普斯[⑤]和其他有着同样父母的英雄来说，却是美好的，是吗？

希 我认为是这样的。

苏 他会继续说，这就与你前面说的话有矛盾了，埋葬父母和被子女埋葬，有时候对某些人来说是可耻的，【c】因此这种事情绝不可能是或变得对一切人都美好。把这个界定用于我们已经讨论过的事物——少

① 赫拉克勒斯（Ἡρακλῆς），希腊神话中的大力士。

② 坦塔罗斯（Ταντάλος），吕底亚国王。他把自己的儿子珀罗普斯剁成碎块给神吃，触怒宙斯，死后被罚永远站在水中，但却喝不到水。

③ 达耳达诺斯（Δαρδάνους），宙斯与厄勒克特拉的儿子，特洛伊人的祖先，特洛伊城的创建者。

④ 泽苏斯（Ζῆθος），底比斯国王安菲翁的兄弟。

⑤ 珀罗普斯（Πέλοπες），吕底亚国王坦塔罗斯之子。

女和陶罐——也会遇到同样的命运，甚至会遭到更加可笑的失败。因为它给我们提供的东西对有些人是美好的，但对其他人来说是不美好的。苏格拉底，直到今天你还是不能回答这个问题，美是什么？

如果我向他作出这样的回答，他会公正地向我提出诸如此类的指责。他在大多数情况下都以这种方式与我交谈，【d】但有时候，就好像对我缺乏经验和教育表示遗憾，他本人也会向我提问，问我美是不是某某事物，或是谈论其他讨论时想到的问题。

希 你这样说到底是什么意思，苏格拉底？

苏 我会加以解释。他说，我高贵的苏格拉底，不要作出这种回答，不要以这种方式作答，这样做是愚蠢的，很容易被驳倒，【e】你还是考虑一下我的建议吧。我们在前面作出的回答中有一个是这样说的，黄金美丽与否取决于它是否被用在某个恰当的地方，其他任何事物也一样。现在请你考虑一下这种适宜性，想一想它的一般性质，看它是否就是美。

我本人完全同意这种假设，因为我想不出别的看法，你的观点如何，你认为适宜就是美吗？

希 当然是，苏格拉底。

苏 让我们再慎重考虑一下，确信这样说是正确的。

希 我们必须这样做。

苏 那么来吧。我们可以把适宜定义为因其出现而使事物“显得”美好，【294】或使事物“是”美好的，或使事物既不显得美好又不是美好的那个事物吗？

希 在我看来，适宜就是使事物显得美好的那个东西。举例来说，某个人长得很可笑，但当他穿上适宜的衣服或鞋子的时候，他会显得比较漂亮。

苏 但若适宜确实使事物显得比其本来面目漂亮，那么适宜就是一种与美相关的欺骗，而不是我们正在寻找的东西，是吗？【b】我认为，我们正在寻找的东西是使一切美好的事物美好的美，与此相类似的是大，大使一切大的事物大，大也就是超过，一切大的事物由于超过而成为大的，即使它们并不显得大。美也一样，一切美的事物由于美而成为美的，无论它们是否显得美，是吗？美不可能是适宜，因为按照你自己的看法，适宜使事物显得比它本来面目更美，但却不能使事物按其真实面目显示为美的。如我刚才所说，我们必须认为美使事物是美的，而无论它们是否显得美，【c】我们试图定义它，如果我们正在寻找的东西是美，那么我们就要界定它，看它是否是我们正在寻找的东西。

希 但是，苏格拉底，当适宜出现时，它使事物既是美的，又显得美。

苏 真正美的事物要显得不美是不可能的，因为按照假设，使它们显得美的东西出现在事物之中。

希 是不可能。

苏 所以，希庇亚，我们的结论就是这样：一切真正美的用语和做法会被所有人当作美的，【d】并对所有人始终显得美，是吗？或者说我们的想法正好相反，世上盛行对美的无知，由此引起个人之间和国家之间的争斗，是吗？

希 我想是后者，无知盛行。

苏 如果美的显现是添加于事物的，那么适宜就不是美，如果适宜是美，并能使事物"显得"和"是"美的，那么适宜就是美。由此可以推论，如果适宜使事物是美的，那么它就是我们正在寻找的东西，但它仍旧不可能使事物显得美。【e】另一方面，如果使事物显得美的东西就是适宜，那么它就不是我们正在寻找的美。我们正在寻找的东西使事物成为美的，但同样的原因决不能使事物既显得美又是美的，或既是美的又是别的什么。我们已经有了这些可供选择的答案：适宜使事物显得美，或者适宜使事物是美的，哪一种说法才是对的呢？

希 我想是适宜使事物显得美。

苏 噢，亲爱的！如果是这样的话，我们找到美的机会就从我们手指缝里溜掉了，消失了，因为适宜已被证明是美以外的其他事物。

希 哎呀，苏格拉底，我竟然没有想到这一点！

苏 【295】不过，我的朋友，我们千万别放弃。我仍旧抱着希望，美的本性会显示它自身。

希 美确实很难发现。我敢肯定，如果退隐到某个地方独处一会儿，冥思苦想一番，我就能给你一个最精确的定义。

苏 希庇亚啊希庇亚，你别吹牛。你知道我们要找的美已经给我们添了多少麻烦，我担心它会对我们生气，毅然决然地逃离。噢，我在说什么胡话呀，【b】我想，对你来说，你一旦独处，就能轻易地找到它。但我还是最诚挚地请你和我待在一起，或者说，如果你愿意，我们可以一起寻找，就像我们已经在做的那样。如果我们找到了美，那么万事大吉；如果找不到，那么我会归因于命中注定，而你也可以离开我，自己去轻易地发现它。当然了，如果我们现在就找到了美，那么你就不会因为我要求你这样做，不让你去私自寻觅而恼火了。所以，请注意你关于美本身的观念，请注意我为你的观念所下的定义，【c】如果我在胡说，你要制止我，让我们假定，无论什么东西只要有用，就是美的。这个命题的依据如下：如果眼睛显得没有看的功能，我们不会说眼睛是美的；当眼睛具有这种功能并且在看东西的时候有用，那么我们说眼睛是美的。这样说对吗？

希 对。

苏 同样，我们说整个身体造得很美，有时候可以跑，有时候可以摔跤，我们以同样的方式谈论一切动物。【d】我们实际上全用相同的方式把“美”这个词用于一匹美丽的马、一只美丽的公鸡或鹌鹑，用于所有用具，陆上和海上的交通工具，商船或战船，用于所有乐器和一般的艺术用品，如果你愿意，还可以把这个词用于习俗和法律。在各种情况下，我们用来作为判断天然的或人工制造的事物和人的行为方式的标准就是有用，凡有用的就是美的，所谓事物之美就在于它对某个特定目标的实现在某个时期是有用的，【e】而在这些方面无用的事物则被我们称作丑的。你也是这种看法吗，希庇亚？

希 是的。

苏 那么我们现在可以正确地肯定，有用就是最突出的美。

希 是的。

苏 对于所要实现的具体目标来说，凡有力量实现的就是有用的，凡没有这种力量的就是无用的，是吗？

希 当然是。

苏 那么有力量就是美的，缺乏力量就是丑的，是吗？

希 确实如此。在公共生活和其他领域有大量的证据表明，【296】就一般的政治事务而言，在一个人自己的城邦中，权力是最美好的事物，缺乏权力是最丑陋的、最可耻的事物。

苏 说得好！从中我们马上可以作出推论，智慧是最美的，无知是最可耻的，是吗？

希 你怎么想，苏格拉底？

苏 安静一下，我亲爱的朋友。对刚才这些话，我心中有些不安。

希 【b】怎么又心中不安了？我认为你这一次的论证非常好。

苏 我希望如此，但让我们一起来考虑这个要点。如果一个人既无知识又无任何权力，那么他能做什么事吗？

希 当然不能。他怎么可能做他没有权力做的事情？

苏 那么，那些拥有某些错误推论的人和不自觉地作恶的人，如果他们没有权力做这些事，那么他们肯定不会做这些事，是吗？

希 他们显然不会做。

苏 那些有权力做事并用权力做事的人，【c】当然不会是无权力的，对吗？

希 他们当然不会无权力。

苏 凡做了某些事的人全都有权力做这些事，是吗？

希 是的。

苏 人类从小到大，做的坏事比做的好事还要多，这些罪恶都是不自觉的吗？

希 是的。

苏 那么好，我们可以说这种权力和这些有用的东西——我指的是对作恶有用的东西——都是美的，或者说根本不是这么回事？

希 【d】我认为根本不是这么回事。

苏 那么，权力和有用显然不是我们想要找的美。

希 如果权力是相对于行善而言的，对行善有用，那么它们是我们想要的美。

苏 但是，不加限定地说有权力和有用就是美，这种理论已经消失了。你难道看不到，我们心中真正想说的是，对于某些善的目的来说，美既是有用，又是权力？

希 【e】我认为是这样的。

苏 但这种说法与美就是有益是一回事，对吗？

希 没错。

苏 所以我们得出结论说，美的身体、美的生活守则、智慧，以及我们刚才提到的一切事物，之所以美，乃是因为它们是有益的，是吗？

希 显然如此。

苏 那么看起来，美就是有益，希庇亚。

希 无疑如此。

苏 所谓有益的东西就是产生善的东西吗？

希 是的。

苏 所谓产生也就是原因吗？

希 是这样的。

苏 那么美就是善的原因吗？

希 【297】是的。

苏 但是，希庇亚，原因和原因的原因不是一回事，因为原因几乎不可能是原因的原因。请这样想，原因可以定义为使某事物产生的东西，是吗？

希 没错。

苏 使某事物产生仅仅是使这个事物产生，而不是使该事物因之而产生的东西产生。

希 是这样的。

苏 使事物产生与使事物因之而产生的东西产生是不同的，是吗？

希 是的。

苏 所以原因不是原因的原因，【b】而是事物因之而产生的东西，是吗？

希 没错。

苏 如果美是善的原因，那么善会由于美而产生，看起来，我们之所以献身于寻求智慧，以及其他所有美好的事物，原因就在于它们能产生善，善是值得我们为之献身的。从我们的探索来看，打个比喻来说，美似乎是善的父亲。

希 没错，苏格拉底，你说得很好。

苏 父亲不是儿子，儿子也不是父亲，这样说不也很好吗？

希 【c】很好。

苏 原因不是由它而产生的那个事物，事物也不是使它产生的原因，对吗？

希 对。

苏 那么我的好先生，我们可以十分明确地说，美不是善，善也不是美。根据我们的讨论你认为可以这样说吗？

希 可以，完全可以这样说。

苏 这种说法令我们喜悦，我们愿意说美的东西不是善，善的东西也不是美，是吗？

希 不愿意，我一点儿也不喜欢这种说法。

苏 我完全同意你的看法，希庇亚。【d】我对我们已经讨论过的这些理论一点儿都不喜欢。

希 是啊。

苏 这样看来，那些前不久被当作我们讨论的最佳成果的观点实际上是错误的，亦即认为有益、有用、能产生某种善的力量就是美，它比那些最初的定义而容易受到嘲笑，按照这些最初的定义，少女就是美，以及其他某些事物就是美。

希 显然如此。

苏 对我来说，希庇亚，我不知道该怎么办，完全困惑不解。你有什么要说的吗？

希　我此刻没什么要说的，但我前不久说过，如果让我想一想，【e】我肯定能找到出路。

苏　但我感到自己无法等待你思考的结果。我渴望得到这种知识，我确实认为自己已经找到什么了。如果我们把令自己快乐的东西说出来——我的意思不包括所有快乐，而仅指通过听觉和视觉而感到快乐的东西——如果我们说这就是美的，那么我们在论战中如何能够做到公平呢？美丽的人、【298】一切装饰物、图画、造型艺术，如果它们是美的，我们一看到它们就肯定会感到高兴，美丽的声音、整个音乐和谈话、想象的故事，也有同样的效果，所以，假定我们对那个粗暴的家伙说，我高贵的先生，美就是通过视觉和听觉而来的快感。你难道不认为我们应当制止他的粗暴吗？

希　【b】苏格拉底，我认为我们至少已经有了一个良好的美的定义。

苏　但我们要说那些美好的习俗和法律也是美的，就像那些通过我们的视觉和听觉而产生的快乐一样，或者说它们属于别的范畴？

希　那个家伙也许不会注意这些情况。

苏　不对，希庇亚，被我刻意说成胡说八道的这个人肯定注意到这些情况了。

希　你指的是谁？

苏　索佛隆尼司库[①]之子，【c】当这些个案都还没有进行检验的时候，他不允许我歪曲这些论断，对它们加以肯定，就好像我知道它们似的。

希　好吧，这个问题是你自己提出来的。我也认为这个关于法律的问题属于另一类。

苏　你真好，希庇亚，我们现在可以想象自己已经看清了出路，而前不久我们确实已经陷入困境，不知道该怎么办。

希　你这是什么意思，苏格拉底？

苏　这是令我感到震惊的地方，其中可能有点名堂。【d】我们也许

① 索佛隆尼司库（Σωφρονίσκος），苏格拉底之父。

可以证明法律与习俗也属于视觉和听觉的范围。然而，让我们牢牢抓住这个陈述，能产生这些感觉的快乐是美的，而把法律问题完全撇在一边。但若我刚才提到的这个人或其他人问我们，呃，希庇亚和苏格拉底，你们以某种方式挑选了某一类快乐，然后说它们是美的，但你们不把美这个词用于通过其他感觉所得到的快乐，【e】亦即那些与食物、饮料、性交，以及所有这样的事物相关的感觉，是吗？或者说你们否认这些事情是快乐的，宣称这样的事情无快乐可言，或者说除了看与听之外无快乐可言？对此我们该怎么说？

希 我们显然要说，这些事情也会提供巨大的快乐。

苏 他会说，那么你们为什么不对这些事情使用美这个词，当它们提供的快乐不比其他事情少时，拒绝承认它们是美？

【299】我们回答说，那是因为，要是我们说吃饭不是快乐而是美，滋味不是快乐而是美，性交不是快乐而是美，那么每个人都会嘲笑我们，都会来和我们争辩，说性交是最快乐的，但只能在没有其他人看到的情况下享受这种快乐，因为这是一幅不文雅的、令人反感的图景。

听了这些话，希庇亚，他可能会说，我明白了你们为什么不愿把这些快乐说成美，【b】因为大多数人都不这么想，但我的问题是什么是美，而不是民众对美怎么看。

我想我们应该重述最初的命题，在我们看来，通过视觉和听觉产生的那部分快乐是美的。但你能提出其他处理这些问题的方法吗，或者说对这个回答有补充？

希 论证进到这一步，我们必须回答说，这是唯一的办法。

苏 他会说，好极了。如果视觉和听觉提供的快乐是美的，【c】那么显然除此之外的任何快乐都是不美的，对吗？

对此我们该表示同意吗？

希 是的。

苏 他会继续说，哪一种快乐是美的，通过视觉产生的快乐或通过视觉和听觉产生的快乐呢，还是通过听觉产生的快乐或通过听觉和视觉产生的快乐？

我们会回答说，肯定不是。借助两种感觉产生的快乐肯定不是通过两种感觉产生的快乐，这样说好像是你的意思。我们的说法是，仅靠某种感觉产生的快乐和同时靠两种感觉产生的快乐是美的。

我们可以这样回答吗？

希 【d】当然可以。

苏 他会说，任何一样快乐的事情在其快乐方面会与其他快乐的事情有什么不同吗？这个问题问的不是某一具体快乐是大还是小，是强还是弱，而是问在这个具体的方面快乐之间会有一个是快乐，另一个不是快乐这种差别吗？

我们并不这样看，是吗？

希 是的。

苏 他会继续说，由此可以推论，你们从所有快乐中选出这些快乐乃是由于其他原因，而不是因为它们是快乐。【e】由于它们和其他快乐之间有某些差别，你们就说它们都有某种性质，以此为标准，你们把它们判断为美的，因为我已经指出通过视觉而来的快乐之所以是美的，并非因为它通过视觉而来。如果这就是它之所以美的原因，那么其他快乐，比如通过听觉而来的快乐，就决不可能是美的了，因为它不是通过视觉而来的快乐。

我们要不要承认他的推理是正确的？

希 是的。

苏 【300】还有，通过听觉而产生的快乐之所以美，不是因为这种快乐通过视觉而来，否则的话，通过视觉而来的快乐就决不是美的，因为它显然不是通过听觉而来的快乐。

我们要不要同意他的推理正确？

希 他是正确的。

苏 然而你承认两种快乐都是美的，是吗？

我们确实承认过，是吗？

希 是的。

苏 那么它们拥有某种使之为美的相同的东西，二者显然都具有某种共同的性质，【b】否则它们就不可能分别都是美的了，是吗？请回答，就好像你正在回答他的问题。

希 我的回答是，你的话也表达了我的观点。

苏 如果两种快乐以某种方式作为一对有规定性的事物，但单个地说来它们都没有规定性，那么它们不会由于这些具体的规定而是美的，对吗？

希 这怎么可能，苏格拉底，单个地说来它们都没有规定性——以你喜欢的任何方式——而成对地说来，它们却又以某种方式有规定性？

苏 【c】你认为这是不可能的？

希 不可能，这样说不仅与我们的主题完全不合适，而且与我们当前讨论所用的术语不一致。

苏 很好，希庇亚。你说这是不可能的，尽管实际上我什么也没看到，我仍旧在想象自己也许看到了某个例子。

希 你用不着说什么“也许”，你看到的是错的。

苏 确实有许多这样的例子在我心中浮现，但我不相信它们，因为它们对我来说是可见的，我从来没有用智慧挣到一分钱，【d】而你用智慧挣的钱比世上任何人都要多，但这些例子却不向你显现。我的朋友，我在猜疑你是否在故意作弄我，欺骗我，我确实清清楚楚地看到有许多这样的例子。

希 当你开始描述自己的印象时，没有人比你更清楚我是否在作弄你。你将要作的描述显然是胡说八道。你决不可能发现我们两个一道以某种方式是有规定性的，而分别开来又是无规定性的。

苏 【e】你在说什么，希庇亚？你的话也许有某种意义，但我没有领会。请你允许我解释得更加清楚一些。在我看来，有些属性现在不能分别属于我们俩，但可以由我们共同拥有，反过来说，我们可以共同拥有某些属性，但我们俩都不能单独拥有它们。

希 苏格拉底，这样说比你前面那些回答更加荒唐了。你只要想一想，如果我们俩是正义的，那么我们各自不也是正义的吗？如果我们各自是不正义的，那么我们俩不也是不正义的吗？如果我们俩是好人，那么我们各自不也是好人吗？【301】如果我们分别都感到疲倦，或者受了伤，或者挨了打，或者有了某种规定性，那么我们俩作为一对不也就具有了这些规定性吗？同理，如果我们俩都是用金子做的，或者是用银子、象牙做的，或者无论怎么说，我们俩是高贵的、聪明的、荣耀的、年老的、年轻的，或具有其他任何你喜欢提到的人的属性，那么从中不可避免地可以推论我们各自都有这些属性，是吗？

苏 【b】确实如此。

希 你瞧，苏格拉底，事实上是你自己没有从整体上进行考虑，你习惯上与之交谈的那些人也没有，你们对美的考察，以及对每个一般概念的考察都是分别进行的，你们在思想上把它切割开来了，因此你们无法看到构成整个实在的基质的宏大与连续。现在这个错误越犯越大，使你想象有某种东西，某种属性或基本性质，【c】可以为二者同时拥有，但却不能为它们分别拥有，或者正好相反，可以为二者分别拥有，却不能为二者共有，这就是你和你的朋友们的心灵状态，多么不合理，多么肤浅，多么愚蠢，多么不可理喻啊！

苏 这就是我们这些凡人的宿命，希庇亚，按照人们经常引用的格言，人只能做他能做的事，而不能做他希望做的事。然而，你的连续告诫很有帮助。你指出了我们的愚蠢，在你的告诫下，我对这些事有了某些进一步的想法，我也许可以向你作解释，或者说我应当闭嘴？

希 【d】我知道你会说什么，苏格拉底；我知道每个学派的辩证法家的心灵。但是，如果你愿意，你就说吧。

苏 好吧，我确实愿意。我光荣的朋友，在你说出这番话之前，我们没有得到指点，以至于认为我们俩，你和我，各自是一，但是总起来说，我们不能各自为一，因为我们是二而不是一。这就是我们的愚蠢。【e】然而现在我们接受了你的教导，如果我们俩是二，我们各自也必须是二，如果我们各自是一，我们俩合在一起也必须是一，因为按照希庇亚的实在的连续性理论，结果只能如此——无论两个什么样的物体在一起，各自都是一，它们无论各自是什么，它们俩也都是什么。你的话令我佩服得五体投地，我完全表示信服。但是首先，希庇亚，请你提醒我，你和我都是一，还是你是二，我也是二？

希 你这是什么意思，苏格拉底？

苏 就是我说的意思。你把我吓坏了，使我语无伦次，【302】因为每当你认为自己有了一个好的想法，你就对我表示愤怒。让我进一步问个问题。我们俩各自是二中之一，拥有作为一的属性吗？

希 当然。

苏 如果我们各自为一，那么各自也是一个奇数。你认为一是奇数，是吗？

希 是的。

苏 那么我们俩一道，作为二，都是奇数？

希 不可能。

苏 两人一道就应当是偶数吗？

希 肯定是。

苏 【b】两人一道是偶数，那么从中可以推论，我们各自也是偶数，是吗？

希 肯定不是。

苏 那么，这并非如你刚才所说的那样绝对不可避免，每一个体应当是二者所是，而二者也应当是每一个体所是？

希 在这些例子中不是这样的，但在我较早提到的例子中是这样的。

苏 那就够了，希庇亚。甚至你的回答也可以接受，我可以承认有些时候是这样，有些时候不是这样。如果回忆一下我们讨论的起点，你会记得我正在论证的是：通过视觉和听觉得到的快乐之所以是美的，【c】并非因为它们分别是美的而在一起就不美，亦非因为它们在一起是美的而分别来说就不美；它们之所以是美的，既因为它们一道具有这种规定性，又因为它们分别也具有这种规定性，所以你才同意它们一道是美的，各自也是美的。据此我认为，如果二者一道是美的，那么它们之所以美的原因在于有一种共同具有的基本性质，而不在于这个或那个所缺乏的某个性质，我现在仍旧这样想。再从头开始，如果通过视觉得来的快乐与通过听觉得来的快乐二者一道都是美的，而它们各自也是美的，【d】那么使之美的性质既属于它们二者，也分别属于它们各自吗？

希 没错。

苏 那么它们之所以美的原因是它们一道或各自都是快乐吗？按照这种思路，其他所有快乐不也是美的吗，因为你记得我们承认过它们也都是快乐？

希 是的，我记得。

苏 【e】然而，这些具体的快乐被说成是美的，乃是因为它们通过视觉和听觉而来。

希 是的，是这样说的。

苏 现在请考虑我在这一点上是否正确。按照我的回忆，我们说过快乐中间有一部分是美的，但并非每一“快乐”都是美的，因为只有那些通过听觉和视觉得来的快乐才是美的。

希 对。

苏 这种性质属于二者一道，但并不属于它们各自，不是吗？我们较早时候说过，它们二者通过两种感觉而来，但它们各自并非通过两种感觉而来。是这样吗？

希 是的。

苏 那么它们各自不是美的，因为属于它们二者的东西并不属于它们各自，它们一道拥有的性质并不单独为它们各自所拥有，从中可以推论，根据我们已经同意的命题，我们可以正确地说二者是美的，但我们不可以说它们各自都是美的。这难道不是一个必然的结论吗？

希 【303】似乎如此。

苏 那么我们要说它们一道是美的，但不说它们各自是美的吗？

希 我没有反对意见。

苏 我有反对意见，我的朋友。我们肯定有这样一些属性的例子，这些属性以这样一些方式属于个别的实体，如果它属于二者，它也就属于它们各自，如果它属于它们各自，它也就属于二者。你具体指出的这些属性都是这样的。

希 是的。

苏 但另一方面，我具体指出的属性不是这样的，所谓“各自”和“二者”就是这样的属性。对吗？

希 对。

苏 【b】希庇亚，你认为美属于哪一种范畴？它属于你提到的这类属性吗？如果我是强壮的，你也是强壮的，那么我们俩是强壮的；如果我是正义的，你是正义的，那么我们俩是正义的，既然我们俩是正义的，所以我们各自也是正义的。以同样的方式，如果我是美的，你也是美的，那么我们俩是美的，如果我们俩是美的，我们各自也是美的，是这样的吗？或者说同样的原则也可用于数学，比如偶数的两个组成部分确实可以是奇数，但也可以是偶数，还有，如果单个来看，数可以是无理数，如果一起来看，数可以是无理数，也可以是有理数，是吗？【c】确实像我跟你说过的一样，在我心中浮现的诸如此类的例子多得不胜枚举。你把美算作哪一类？你的看法和我一样吗？在我看来，认为我们俩是美的，我们各自也都是美的，或者认为我们各自是美的，但我们俩不是美的，或者别的什么看法，都是极端荒唐的。在我列举的可供选择的看法中，你选哪一种，或是有别的看法？

希 我选你的看法。

苏 如果我们希望继续进行考察，那么你选得很对，【d】因为美若是包括在这一类别中，那么我们就无法再坚持通过视觉和听觉得到的快乐是美的，“通过视觉和听觉而来的”这个说法使得两种快乐一道是美的，但各自不是美的——我认为这是不可能的，而你也这样认为。

希 对，我们的想法相同。

苏 那么通过视觉和听觉得来的快乐不可能是美的，因为当我们把它等同于美时，就会出现这种不成立的结果。

希 是这样的。

苏 我的提问者会说，那就再从头开始，【e】因为你这次没找准目标。按你的看法，这种“美的”性质属于两种快乐，通过推论你把它们看得比其他快乐更荣耀，称之为“美的”，是这样吗？

我认为，希庇亚，我们必须回答说它们是最无害的快乐，最好的快乐，无论一起看还是分别看。你还能提出其他说明它们优于其他快乐的理由吗？

希 没有了。它们确实是最好的。

苏 他会说，那么这就是你的美的定义——有益的快乐。

我回答道，显然如此。你怎么看？

希 我也同意。

苏 他会继续说，好吧，产生善就是有益，前不久我们指出产生者和被产生者是不同的，所以我们当前的讨论在原先的讨论中找到了结论，不是吗？【304】因为若是二者不能等同，那么善不是美，美也不是善。

我们会回答说，说老实话，没有什么能比这更确定了，我们不能为违反真理的观点进行辩解。

希 但我必须问你，苏格拉底，你作的假定是所有这些事情最后的定论吗？我前不久说过，这只是被切割成碎片的论证片段而已。【b】既美好又珍贵的东西是在法庭、议事会或其他公共场合发表雄辩而又华丽的演说的能力，你要能说服你的听众，最大程度地获得各种奖赏，使自己得到拯救，也使你的朋友和财产得到保全。这些东西才是一个人要紧紧加以把握的，抛弃你那些琐碎的论证吧，除非他愿意被人们当作一个地地道道的傻瓜，就像我们现在一样，醉心于各种浅薄的胡言乱语。

苏 我亲爱的希庇亚，你非常幸运，因为你知道一个人必须遵循什么样的生活道路，【c】并且成功地行进在这条道路上，这是你告诉我的。而我似乎显得格外不幸。我在无穷无尽的困境中漫游，当我把这些困惑摆在你这位聪明人的面前，向你解释我的困境时，你马上对我谩骂和痛打。希庇亚，你全说过了，我醉心于这些事务确实是愚蠢的、渺小的、卑贱的，但当我被你说服，准确地重复你的话，最高的美德就是在法庭或其他任何公民大会上进行雄辩而又华丽的演说的能力时，【d】听众们用各种各样难听的话咒骂我，其中包括总是在对我进行盘问的那个人。他是我的一名近亲，与我住在同一所屋子里，当我回到家里，他听到我说了这些观点，就问我是不是感到羞耻，竟然敢大胆地谈论美好的生活道路，因为我显然还不知道“美”这个词的意思。

他还说，当你还没有美的知识时，你怎么知道这些演说是美的还是不美的，其他任何行为是美的还是不美的？【e】只要你还处在现在这种状态，那么你还不如去死了好？

你瞧，这就是我的命运，被他和你这位绅士谩骂和滥用。然而我想，这些都必须忍受。因为我可以从中得到某些善，这真是突发奇想。希庇亚，我确实认为通过与你们俩的谈话，我得到了某些善。我现在终于明白这句格言的真正含义了，“美的事物是难懂的”。①

① 这句格言（Χαλεπὰ τὰ καλὰ）亦出现于《国家篇》497d，《克拉底鲁篇》384a。朱光潜先生将此句译为“美是难的”。

阿尔基比亚德
（上篇）

提　要

公元1世纪的塞拉绪罗在编定柏拉图作品篇目时，将本篇列为第四组四联剧的第一篇，称其性质是“助产术的”，称其主题是“论人的本性”。[①] 谈话篇幅不长，译成中文约2.6万字。

本篇的对话人是苏格拉底和阿尔基比亚德。历史上的阿尔基比亚德是一位雅典政治家，在伯罗奔尼撒战争中担任将军，受到大罪指控后变节投靠拉栖代蒙，后来又在雅典与波斯的战争中成为双面间谍。

19世纪以前，人们一直把这篇对话视为柏拉图的著作，但是现在已经很少有人这样看了。本篇可能是柏拉图学园的一位成员的作品，约写于公元前350年。在疑伪的柏拉图对话中，本篇可能是最重要的一篇。

作品中的苏格拉底竭力想要获得青年阿尔基比亚德的欢心。他知道阿尔基比亚德雄心勃勃，准备跻身于政治生活，渴望成为首屈一指的政治家。苏格拉底说自己以往只能远远地赞美阿尔基比亚德，而现在神灵允许他当面这样做，只要阿尔基比亚德愿意回答问题，他就能帮助阿尔基比亚德实现他的理想。通过对话，苏格拉底使阿尔基比亚德明白了，要想取得人生的成就，必须有自知之明。

在对话中，苏格拉底与阿尔基比亚德讨论了衡量“好”或“善”的

---

① 参阅第欧根尼·拉尔修：《名哲言行录》3：59。

标准问题，并进一步将其转化为“公正”问题。(109b) 阿尔基比亚德认为政治家不需要知道什么是公正，只需要知道什么是有利。苏格拉底问公正和有利是不是一回事，阿尔基比亚德回答说不是一回事。苏格拉底揭露了阿尔基比亚德所持态度的矛盾，并指出阿尔基比亚德的犹豫不决表明他在最重要的问题上是无知的，在没有接受充分教育的时候就匆忙进入政治领域是极为愚蠢的表现。(117a)

那么阿尔基比亚德需要培养的“自我”是什么呢？这就是他的灵魂。他的灵魂需要获得美德，才能统治身体和其他人。苏格拉底着重谈论了灵魂的培养（132c—133c)，他认为德尔斐神庙的铭文——认识你自己——的意思就好比说用眼睛看眼睛，既能看到别的眼睛，又能在其中看到自己。如果灵魂要认识自己，也必须看别的灵魂，看与灵魂相同的其他东西。灵魂看到神圣的东西，就能更好地把握自身，就能知道属于我们的东西哪些是好的，哪些是坏的。与哲学家结成友谊就好像有了一面认识自我的镜子。阿尔基比亚德非常沮丧，他保证今后要学习有关美德的知识，照亮自己的灵魂，培养公正的美德，并发誓永远忠于苏格拉底。而苏格拉底并不相信他的保证，因为他知道城邦的力量是巨大的，会把阿尔基比亚德引上邪路。(135e)

正　文

谈话人：苏格拉底、阿尔基比亚德

苏 【103】克利尼亚之子，我是头一个爱慕你的人，现在其他人都已经停止对你的追求，我假定你会感到奇怪，为什么只有我到现在还不放弃——还有，为什么其他人都在缠着你说话，而我这些年来一直没有跟你交谈。其原因不是人为的；因为我受到某些神灵的阻拦，你以后会听我说起这件事的后果。【b】但现在神灵不再阻拦我，所以我来了。我充满自信，它以后也不会阻拦我。

我观察你的时间很长，非常了解你如何对待你的那些追求者；他们对你非常尊重，但你相当高傲，乃至于把他们都打发回去。【104】我想要你解释一下，你为什么自视甚高。

你说你不会为了任何事情需要任何人的帮助，因为你自己的品质非常优秀，从你的身体到你的灵魂，完美无缺。首先，你认为自己身材高大，相貌出众——对此你显然没有搞错。其次，你认为你的家族是城邦的首户，而你的城邦又是希腊最伟大的【b】城邦；你的父系亲属中有许多贵族，若有需要，他们就会为你办事；而你的母系亲属也同样显赫。你父亲留有遗嘱，让克珊西普[①]之子伯里克利[②]做你和你兄弟的监护人；你认为他比我提到过的所有支持者加在一起还要有力量——他能做他喜欢做的任何事，不仅在这个城邦，而且在希腊的任何地方，还在许多重要的【c】别的国家。我也会提到你的财富，但我想这是你高傲的最小原因。你喜欢夸耀这些事情，以便战胜你的追求者；而他们不符合你的标准，表现得很差。你知道后来是怎么回事。

所以我肯定你会感到困惑，不知道我心里是怎么想的——我为什么不放弃你？其他人都被打发走了，我还在这里坚持，这样做我想得到什么呢？

阿 是啊，苏格拉底，你也许不明白你正好说出了我想说的话。【d】我已经决定问你这样一个问题：你心里是怎么想的？你不断地骚扰我，我走到哪里你就跟到哪里，你想要得到什么？我确实感到困惑，不知道你想干什么，如果我能知道，那么我会很高兴。

苏 所以你可能会注意我，因为如你所说，你急于知道我心里是怎么想的。我想你会集中精力听我说的，是吗？

阿 是的，当然如此——你就告诉我吧。

苏 【e】注意——如果我发现停止讲话和开始讲话一样难，那么我一点儿也不会感到惊讶。

阿 请你告诉我。我会注意听的。

苏 那么，我必须说了。对一个不屈不挠的男人来说，要扮演一名

① 克珊西普（Ξάνθιππος），人名，伯里克利之父。

② 伯里克利（Περικλέης），雅典大政治家。

追求者的角色真不容易；但无论如何，我必须鼓足勇气，把心里的想法说出来。

阿尔基比亚德，如果我看到你满足于我刚才提到的那些优势，以为自己今后的日子都会在这样的状况下度过【105】，那么我很早以前就抛弃你了；至少我会说服自己这样做。但我要亲自向你证明，你心里实际上有着非常不同的打算。这样你就明白我是如何一刻不停地想着你的了。

假定有神问你："阿尔基比亚德[①]，要是不允许你取得更加伟大的成就，你宁愿像现在这样活着，还是宁可去死？"我想你会选择去死。那么你在生活中的真正雄心是什么呢？让我来告诉你。【b】你认为，一旦通过你的表现，把自己呈现在雅典人民面前——你确实在期待很快就能这样做——那么你会向他们表明你比伯里克利或其他任何人都更有资格获得荣耀。有了这样的表现以后，你会是这个城邦里最有权势的人，如果你成为这个城邦里的最伟大的人，那么你也是整个希腊最伟大的人，不仅在希腊人中间，而且也在与我们居住在同一个大陆的外国人中间。

如果这位神还告诉你，你将在欧罗巴获得绝对的权力，但你不得进入亚细亚【c】，或者掺和那里的事务，那么我想你宁愿去死，也要这么做；也就是说，你想要你的声望和影响传遍全人类。我认为，你会认为没有任何人值得一提，居鲁士[②]和薛西斯[③]也许除外。我不是在这里猜测你的雄心——而是肯定这就是你的雄心。

由于你知道我说得对，所以你也许会说："那么好吧，【d】苏格拉底，但这和你的观点有什么关系？你说你要告诉我你为什么不放弃我的理由。"是的，亲爱的克利尼亚与狄诺玛克[④]之子，我会告诉你的。没

① 阿尔基比亚德（Ἀλκιβιάδης），人名，本篇对话人。

② 居鲁士（Κῦρος），公元前549年推翻米地亚王国，创建波斯王国，征服吕底亚、巴比伦、亚述、叙利亚、巴勒斯坦等地。

③ 薛西斯（Ξέρξης），波斯国王，公元前485—前465年在位。

④ 狄诺玛克（Δεινομάχη），人名。

有我，你的这些想法不可能起作用——我想，这就是说我对你和你的事业将产生巨大影响。我想，正是因为这个原因，神不让我和你交谈，而我一直在等待神允许我这样做的日子。

【e】我希望能从你这里得到的东西和你希望从雅典人那里得到的东西是一样的；通过向你表明我配得上你，我希望对你产生巨大影响，而除了我，其他无人能为你提供你渴望得到的影响，无论是你的监护人，还是你的亲戚，更不是其他任何人——当然了，我要依靠神的帮助。当你还年轻的时候，在你具有这样的雄心之前，我认为神不让我和你交谈，【106】因为这时候交谈是没有意义的。现在神允许我和你交谈了，因为你现在能够注意听我谈话了。

阿 苏格拉底，你现在实际上已经开始和我交谈，在我看来你显得比默默地跟随我还要怪诞，尽管你那个时候看起来就非常怪诞。好吧，关于我有没有雄心的问题你似乎非常肯定，对此我不予否认，也不想说服你改变看法。就算是吧。就算我真的拥有雄心，你会怎样帮我实现呢？为什么你是必不可少的呢？你有什么要说的吗？

苏 【b】你在问我能否发表一篇你曾经听到过的那种长篇讲演吗？不，这样的讲演不适合我。但我确实认为，我能够向你表明我所说的是真的，只要你愿意给我一点帮助。

阿 好吧，只要你所说的帮助并不难，我愿意。

苏 你认为回答问题难吗？

阿 不，我不这样想。

苏 那么你就回答我。

阿 你问吧。

苏 我的问题是，你心里是否有我说的这些想法。

阿 【c】如果你乐意，那么我就说我有，这样的话，我就能发现你下面会说些什么。

苏 好吧，我说过你打算很快就去向雅典人提建议。假定在你要走上讲坛的时候我拦住你，并且问，“阿尔基比亚德，你想要雅典人讨论什么问题？你站起来给他们提建议，因为你在某些事情上懂得比他们多，是吗？”对此你会怎样回答？

阿 【d】是的，我想我会说，在某些事务上我懂得比他们多。

苏 所以，就你所知的这些事务而言，你是一个好的建议者。

阿 当然了。

苏 你知道的这些事情都是你向其他人学来的，或者是你自己想出来的，对吗？

阿 除此之外，我还能知道什么？

苏 你能学到或者发现你不想学的或者你不想发现的事情吗？

阿 不，我不能。

苏 你想学习或者发现的事情是你认为自己已经懂的事情，这样说对吗？

阿 当然不对。

苏 【e】所以在过去某个时候，你不懂你现在懂得的事情。

阿 肯定有这样的时候。

苏 我对你已经学习过的事情非常了解。如果我漏掉了什么，请你告诉我。我记得，你学过写字、弹琴和摔跤，但你不想学吹笛子。这些就是你懂得的事情——除非在我看不见的时候你也许已经学过一些事情；但我不认为你已经学过了，无论是夜晚还是白天，或是在你离开家的时候。

阿 不，这些就是我学过的仅有的功课。

苏 【107】那么好，当雅典人讨论如何正确拼写单词的时候，你会站起来给他们提建议吗？

阿 天哪，我决不会这样做！

苏 那么，当他们在讨论七弦琴的音符时，你会给他们提建议吗？

阿 不，决不会。

苏 但他们肯定不习惯在公民大会上讨论摔跤。

阿 肯定不会。

苏 那么他们讨论什么呢？我假定他们也不会讨论造房子。

阿 当然不会。

苏 因为一名泥瓦匠对这些事情能比你提出更好的建议。

阿 【b】是的。

苏 他们也不会讨论占卜，是吗?

阿 是的。

苏 因为占卜师能比你提出更好的建议。

阿 是的。

苏 无论他是高个子还是矮个子，是英俊的还是丑陋的，甚至是高贵的还是普通的。

阿 当然了。

苏 雅典人在讨论有关公共健康的措施时，【c】给他们提建议的人无论是富裕的还是贫穷的都不会有什么差别，但他们要确定他们的建议者是医生。

阿 当然了。

苏 我假定这是因为对任何事情提建议不是富人的事，而是那些懂行的人的事。

阿 这样说相当合理。

苏 那么当你站起来给他们提建议时，假定你这样做是对的，他们会怎么想?

阿 他们会讨论他们自己的事务，苏格拉底。

苏 你的意思是他们的造船事务——他们要造一条什么样的船?

阿 不，苏格拉底，我不是这个意思。

苏 我假定这是因为你不懂得造船。我说的对吗，或者还有其他原因?

阿 不，你说得对。

苏 【d】那么你认为他们会讨论什么样的“他们自己的事务”呢?

阿 苏格拉底，战争或者和平，或者这个城邦里的其他任何事务。

苏 你的意思是他们会讨论自己应当与谁缔结和平，与谁开战，怎样开战吗?

阿 是的。

苏 但是他们不会与那些更加懂行的人讨论吗？

阿 他们会。

苏 【e】他们会在更好的时间讨论，是吗？

阿 当然了。

苏 讨论这种事情时间越长越好，是吗？

阿 是的。

苏 假定雅典人正在讨论他们应当与谁摔跤，应当与谁争论，怎样争论，那么谁能更好地提出建议，是你还是教练？

阿 我猜是教练。

苏 当教练建议你应当或不应当与谁摔跤，什么时候摔，怎样摔的时候，你能告诉我教练是怎么想的吗？我的意思是，举例来说，一个人应当与那些更加擅长摔跤的人摔跤，这样做不对吗？

阿 这样做是对的。

苏 【108】摔得越多越好，是吗？

阿 是的。

苏 选择一个更好的时候，对吗？

阿 当然了。

苏 让我们再举一个例子，唱歌的时候，有时会伴随琴声和舞蹈。

阿 是的，你会这样做。

苏 你会选一个更好的时候这样做，对吗？

阿 对。

苏 越多越好。

阿 我同意。

苏 【b】真的吗？由于你在两种情况下使用“更好”这个词——摔跤和在唱歌时弹琴——那么你把在弹琴中的“更好”称作什么，就好像我把在摔跤中的“更好”称作“运动员的”？你把它称作什么？

阿 我不明白你的意思？

苏 那么请你试着跟上我举的例子。我的回答是，我在想“在各种情况下都正确的东西”是什么——我假定正确的东西就是按照这种技艺发生的事情，不是吗？

阿 是的。

苏 这种技艺不就是运动员的技艺吗？

阿 当然了。

苏 【c】我说摔跤时“更好”的东西是“运动员的”。

阿 这是你说的。

苏 这样说不是很好吗？

阿 嗯，我也这么想。

苏 那么好，现在轮到你了；我们的交谈要能顺利，部分取决于你。首先请你告诉我，什么技艺能够用来正确地唱歌、跳舞、弹琴。总的说来，你把它称作什么？你能告诉我吗？

阿 不，我不能。

苏 好吧，再试试这种办法。这种技艺属于哪些女神？

阿 苏格拉底，你指的是缪斯吗？

苏 【d】这确实是我的意思。你看不到吗？以她们的名字命名的这种技艺叫什么？

阿 我想你指的是音乐。

苏 是的，我是这么想的。我们现在来说按照这种技艺“正确”发生的事情，这种“正确”是什么？我在其他例子中告诉过你这种“正确”是什么，现在轮到你来说一说这个例子中有什么相同的地方。这种“正确”是怎样产生的？

阿 我想它是“音乐地”产生的。

苏 说得好。现在继续往下说，你把战争与和平中的“更好”的东西称作什么？【e】在最后两个例子中，你说“更好”的东西分别是更加音乐的和更加运动员的。现在请你也试着告诉我这个例子中的“更好”是什么。

阿 我真的无法做到。

苏 然而，如果你在讨论食物并提出建议时——假定某种食物比其他食物更好，在某个时间或某个数量上更好——有人问你，“阿尔基比亚德，你说的‘更好’是什么意思？”那么在这个例子中你会告诉他“更好”就是“更健康”，哪怕你不装成医生，这样的回答肯定也是丢脸的；【109】而在某些情况下，你确实假装自己懂了，并且要站起来提建议，好像你懂行一样；你似乎不能回答这个例子中的问题，如果不能，你不感到窘迫吗？这不是很丢脸吗？

阿 是的，确实丢脸。

苏 那么想一想吧，请你试着告诉我，在与人开战或保持和平时，“更好”意味着什么。

阿 我在想，但我想不出来。

苏 假定我们对某人开战——你肯定知道开战时我们如何指责对方，如何对待对方，我们把这称作什么。

阿 【b】我知道——我们说他们对我们玩弄诡计，攻打我们，或者抢走我们的东西。

苏 等一等——我们如何承受这些对待？请你试着告诉我这些对待在方法上有什么不同。

阿 苏格拉底，你说“方法”的时候，你是指它是“公正的”还是“不公正的”吗？

苏 你说得很准。

阿 但这样说肯定会使世上所有事情都有差别。

苏 真的吗？你会建议雅典人对谁开战？对那些不公正地对待我们的人，还是那些公正地对待我们的人？

阿 【c】你问了一个很难的问题。即使有人认为必须对那些公正地对待我们的人开战，他也不会承认？

苏 因为我想这是不合法的。

阿 这肯定不合法。

苏 人们也不会认为这样做是对的。

阿 不会。

苏 所以你也会用这些术语构成你的讲话。

阿 我不得不这样做。

苏 那么我刚才问你的那种“更好”——问题变成了要不要开战，对谁开战，什么时候开战——变得和“更公正”意思相同了，不是吗？

阿 确实，好像是这样的。

苏 【d】但是，我亲爱的阿尔基比亚德，怎么会这样呢？你不明白这是你不懂的事情吗？或者说，也许在我还没有见到你的时候，你已经遇见了某位老师，他教你如何区分比较公正或较不公正。是这样的吗？好吧，他是谁？请你告诉我他是谁，这样你就能带我去见他，让我也做他的学生。

阿 停止取笑我，苏格拉底。

苏 我没有取笑你——你我的友谊之神[①]在上。我从来不向神发伪誓。所以，要是你能说的话，告诉我他是谁。

阿 【e】要是不能，那该怎么办？你不认为我可以通过其他某种方式懂得公正和不公正吗？

苏 是的，你能——要是你能发现它。

阿 怎么，你认为我发现不了吗？

苏 你当然能发现——要是你考察这件事情。

阿 你认为我不会去考察这件事情？

苏 不，你会去考察——要是你认为自己不懂。

阿 我不是曾经这样想过吗？

苏 答得好。请你告诉我，【110】你什么时候认为自己不懂公正和不公正。是去年吗？当时你认为自己不懂，想要发现它。或者当时你认为自己是懂的？诚实地回答我，否则我们的谈话是在浪费时间。

阿 是的，我当时认为自己是懂的。

苏 两年前，三年前，四年前，你不也这样想吗？

阿 是的。

苏 而在此之前，你还是个小孩子，不是吗？

阿 是的。

---

① 主掌友谊的希腊神灵是宙斯。

苏 好吧，我肯定当时你认为自己是懂的。

阿 你怎么能肯定？

苏 【b】当你还是个孩子的时候，我就经常观察你，在学校里或在其他地方；你在玩羊蹠骨或其他游戏时，你有时会对你的这个或那个玩伴大声地、充满自信地说——根本不像一个对公正和不公正不知所措的人——你是个卑鄙的骗子，不能公平竞赛。是这样的吗？

阿 苏格拉底，有人欺骗我的时候，我能怎么办？

苏 你的意思是，如果你实际上并不知道自己有没有被骗，你该怎么办？

阿 【c】我以宙斯的名义起誓，我确实知道自己被骗了！我看得清清楚楚，他们骗了我。

苏 所以，哪怕看上去还是个孩子，你仍旧认为自己懂得公正和不公正。

阿 是的，我确实懂。

苏 你是在什么时候发现这一点的？我敢肯定不是在你认为自己懂的时候。

阿 当然不是。

苏 那么你认为自己什么时候是不懂的？想一想吧——你找不到这样的时候。

阿 我以宙斯的名义发誓，苏格拉底，我确实说不出来。

苏 【d】所以，你不像是凭着发现才懂的。

阿 一点儿也不像。

苏 所以你肯定只是在巧妙地说你懂得什么并不是因为有人教你，而你实际上是懂的。所以，如果你既没有发现，也没有别人教你，那么你怎么能够懂呢，你是在什么地方懂的？

阿 当我说自己通过发现而懂的时候，我也许给了你一个错误的回答。

苏 那么这种情况是怎么发生的呢？

阿 我假定我像其他人一样，是通过某种相同的方式学来的。

苏 这样说又把我们带回原来的论证：你向谁学的？请你告诉我。

阿 【e】向一般人学的。

苏 你什么时候相信起"一般人"来了，你正在退却，因为你提到那些无用的教师。

阿 你在说什么？他们不能教你什么吗？

苏 不能，他们甚至不能教你怎样玩羊蹠骨。然而我假定，与正义问题相比，玩羊蹠骨是一件微不足道的小事……什么？你不同意？

阿 我同意。

苏 所以，尽管他们连这些微不足道的小事都不能教，而你却说他们能教重要的事情。

阿 我是这样想的；无论如何，他们能教很多比玩羊蹠骨重要的事情。

苏 哪些事情？

阿 【111】好吧，举例来说，我向他们学习如何讲希腊语；我不能告诉你谁是我的老师，但我相信一般人，而你说他们根本不能教。

苏 是的，我高贵的朋友，一般人是这方面的好教师，在这方面赞扬他们是公正的。

阿 为什么？

苏 因为他们拥有使他们成为这方面的好老师的东西。

阿 你这样说是什么意思？

苏 你看不出要教任何事情的人自己必须先懂得吗？这样说对吗？

阿 【b】当然对。

苏 那些懂得某些事情的人之间是一致的还是不一致的？

阿 不一致。

苏 如果人们对某些事情的看法不一致，你会说他们懂吗？

阿 当然不会。

苏 那么他们怎么能够成为这方面的教师？

阿 也许不能。

苏 那么好吧，你认为一般人对什么是木头，什么是石头的意见不一致吗？如果你问他们，他们能作出相同的回答吗？【c】当他们想要得到某些木头或石头的时候，他们去拿来的不是相同的东西吗？在其他所有例子中情况也一样；我假定，这就是你所说的懂希腊文的意思吗？

阿 是的。

苏 所以，如我们所说，他们在这些事情上没有分歧，私下行动时他们意见一致。但是在公共行动中他们的意见也一致吗？不同的城邦总有不同的看法，它们对同样的事情使用不同的语词，是吗？

阿 是的。

苏 所以他们很像是这些事情的好老师。

阿 【d】是的。

苏 所以，如果我们想要某人知道这些事情，我们就让他去向这些人请教，对吗？

阿 没错。

苏 如果我们不仅想要知道人是什么样的，马是什么样的，而是想要知道它们能不能跑，一般人也能教这些吗？

阿 当然不能。

苏 实际上，他们在这些事情上意见也不统一，这岂不【e】足以向你表明他们不懂这些事，他们不是这方面的"可靠的老师"吗？

阿 对，你说得对。

苏 如果我们现在不仅想知道人是什么样的，而且想知道病人和健康人是什么样的，一般人能教我们吗？

阿 当然不能。

苏 如果你看到他们对此有不同意见，这就表明他们是这方面的坏老师。

阿 对，是这样的。

苏 很好，那么——你似乎认为一般人对公正和不公正的人以及他们的行为的看法在他们中间实际上是不一致的，是吗？

阿 【112】很不一致，苏格拉底。

苏 真的吗？对这些事情他们有大量不同意见吗？

阿 确实如此。

苏 人们对什么是健康和不健康有着很不相同的意见，甚至为此相互争吵和杀戮，我认为你没有看到或听说这种事情，对吗？

阿 当然没有。

苏 但是我知道你曾经见过有关公正和不公正这种问题的争论；**【b】**或者说，即使没见过，你至少从其他许多人那里听说过这种事——尤其是荷马，因为你听说过《伊利亚特》[①]和《奥德赛》[②]，是吗？

阿 当然了，苏格拉底，我肯定听说过。

苏 这些诗歌不都是一些有关公正与不公正的不同意见吗？

阿 是的。

苏 正是由于这种意见不同，阿该亚人和特洛伊人打仗、送命，就像奥德修斯[③]和珀涅罗珀[④]的求婚者那样。

阿 **【c】**你说得对。

苏 我假定这对那些死在唐格拉[⑤]和科洛奈[⑥]的雅典人、拉栖代蒙人、波埃提亚人来说也一样，其中包括你的父亲。引发这些战争和死亡的只能是有关公正与不公正的不同意见，不是吗？

阿 你说得对。

苏 如果他们对某件事情的分歧如此之大，**【d】**乃至于在争论中要诉诸极端的手段，那么我们能说他们懂吗？

阿 显然不能。

苏 那么你岂不是要承认，你相信的有关这种事情的老师并没有这方面的知识？

阿 我猜我会承认的。

---

① 《伊利亚特》（Ἰλιάς），荷马史诗之一。

② 《奥德赛》（Ὀδσσεί），荷马史诗之一。

③ 奥德修斯（Ὀδσσεύς），人名，《奥德赛》的主人公。

④ 珀涅罗珀（Πηνελόπη），人名，奥德修斯之妻。

⑤ 唐格拉（Τανάγρα̣），地名。

⑥ 科洛奈（Κορωνεία），地名。

苏　好吧，既然你的意见摇摆不定，你显然既不能有所发现，又不能向其他人学习，那么你对公正与不公正又能懂得多少呢？

阿　根据你的说法，我好像是不大懂。

苏　【e】你瞧，阿尔基比亚德，你又来了，这样说可不太好！

阿　你什么意思？

苏　你说这是我的说法。

阿　什么？你不是在说我不懂公正和不公正吗？

苏　不，我完全不是这个意思。

阿　那么，我懂吗？

苏　是的。

阿　为什么呢？

苏　让我来告诉你为什么？如果我问你，一多还是二多，你会说二多吗？

阿　我会。

苏　多多少？

阿　多一。

苏　那么在我们中间说二比一多一的是谁？

阿　是我。

苏　我在问，你在回答，对吗？

阿　对。

苏　【113】你认为是谁在说这些事情——是我这个提问者，还是你这个回答者？

阿　是我。

苏　如果我问你“苏”怎么写，而你告诉了我，那么我们中间是谁在说这件事？

阿　是我。

苏　那么好，请你告诉我一般的原则。在有问有答的时候，是谁在说这些事——是提问者还是回答者？

阿　苏格拉底，我想是回答者。

苏 【b】在刚才提到的所有事情中，我不都是提问者吗？

阿 是的。

苏 而你不都是回答者吗？

阿 我肯定是。

苏 那么好，是我们中间的哪一位说了我们刚才说的这些事？

阿 根据我们同意的要点，苏格拉底，好像是我说的。

苏 我们刚才说的事情是克利尼亚的英俊儿子阿尔基比亚德不懂得公正和不公正——尽管他认为自己懂——他要去公民大会给雅典人提建议，说一些他根本不懂的事。不是这样吗？

阿 【c】显然是这样的。

苏 那么，阿尔基比亚德，这种情形正像欧里庇得斯[①]剧中所说，"你是从你自己那里听来的，不是从我这里听来的。"[②]我不是说这些事情的人——而你是——请你不要试图责备我。再说，你也相当正确地说是这样的。这是你内心的打算——教你自己不懂的东西，而又不愿尽力去学——我的好伙伴，你的想法是疯狂的。

阿 【d】苏格拉底，我实际上认为雅典人和其他希腊人很少讨论公正或不公正的问题。他们认为这种事情是显而易见的，所以把它忽略掉，而是询问做哪件事情更有利。尽管我认为公正的事情和有利的事情实际上不是一回事；但我想，有许多人通过做许多不公正的事情而获利，而其他人做了正当的事情无利可图。

苏 所以怎么样呢？哪怕公正和有利正好完全不同，【e】你肯定也认为自己不知道什么事情对人民有利，也不知道为什么有利，不是吗？

阿 苏格拉底，你为什么要打断我的话？除非你想再问我一遍，我懂的事情是向谁学来的，或者说我自己是如何发现的？

苏 我们还有什么道路可以继续前行！如果你说了一些错误的观点，先前的论证可以证明它是错的，而你却认为自己必须得到某些新的

① 欧里庇得斯（Εὐριπίδης），希腊著名悲剧家。

② 欧里庇得斯：《希波吕特》，第 350 行。

不同的论证，就好像先前的论证是一件你拒绝再穿的破衣烂衫。不，你想要得到一个完美的、全新的论证。

【114】我会略去你对我的论证的这种预见，我要像原先那样问："你是怎么懂得有利的事情的？谁是你的老师？"我要问我前面问过的这个问题。这样做显然会把你重新置于同样的位置——你不可能证明，通过发现或学习，你懂得了什么是有利的。

由于你有一个精致的胃口，但还没有享受过同一论证的另一番风味，【b】所以我省略这个问题——你懂不懂对雅典人有利的事情。但是，你为什么不证明公正和有利是相同的还是不同的呢？如果你乐意，可以向我提问，就像我向你提问一样——或者你可以自己去证明一番。

阿 不，苏格拉底，我不认为我能在你面前证明它。

苏 那么好吧，我的先生，想象一下我就是公民大会和聚集在那里的民众；即使在那里，你知道，你也必须一个个地说服他们。不是吗？

阿 是的。

苏 如果某人懂得某事，你不认为他能逐个说服他们，【c】乃至于把他们全部说服吗？以学校老师为例，你不认为他能逐个地或集体地教人字母吗？

阿 他能。

苏 同样的人不是能够逐个地或分组地教人数字吗？

阿 是的。

苏 他是一名数学家，一个懂得数的人。

阿 肯定是。

苏 所以，在你能说服一群人的事情上你也能说服一个人吗？

阿 也许吧。

苏 这些事情你显然是懂的。

阿 是的。

苏 一名对公众讲话的演说家【d】与一名在这样的谈话中讲话的演说家，前者说服民众是一道进行的，而后者说服他们是逐个进行的，除此之外还有什么区别吗？

阿 我猜，没有了。

苏 那么好，由于同一个人显然既能说服单个的人，又能说服整群的人，所以请你做给我看，请你试着证明公正的事情有时候是无利的。

阿 苏格拉底，不要随意摆布我！

苏 不，我就是要摆布你，我要说服你，把你不愿意跟我说的事情的反面说出来。

阿 那你就试试看！

苏 只要你愿意回答我的问题。

阿 【e】不，你就自己说吧。

苏 什么？你就不想完全搞懂吗？

阿 确实想，我肯定。

苏 如果你说"是的，就是这样的"，那么你不就完全搞懂了吗？

阿 是的，我是这样想的。

苏 那就回答我的问题吧。如果你不愿意听你自己说公正的事情也是有利的，那么就不要相信我说的其他任何事情。

阿 不，我肯定我不会这样的。但我最好还是回答问题——我认为我不会受到任何伤害。

苏 【115】你真是一名先知。现在告诉我——你说某些公正的事情是有利的，而其他一些公正的事情是无利的，是吗？

阿 是的。

苏 真的吗？它们中有些事情是可敬的，有些事情是不可敬的吗？

阿 你提这个问题是什么意思？

苏 你曾经想过有人做某件事既是公正的又是可鄙的吗？

阿 不，没想过。

苏 所以，所有公正的事情都是可敬的。

阿 是的。

苏 那么什么是可敬的事情？它们都是好的吗，或者有些好，有些不好？

阿 苏格拉底，我的想法是，有些可敬的事情是坏的。

苏 那么有些可鄙的事情是好的吗?

阿 是的。

苏 【b】你是在想这样一种情况吗?许多人在战斗中试图抢救他们的朋友和亲戚，却因此受伤或被杀，而那些本来应当去抢救而不去救的人却安然无恙地逃跑了。你指的是这种事情吗?

阿 就是。

苏 你把这种救人的事称作可敬的，因为这是在试图帮助你应当帮助的人，这是一种勇敢；这不就是你在说的事情吗?

阿 是的。

苏 但你把它称作坏的，因为涉及受伤和死亡，不是吗?

阿 是的。

苏 【c】勇敢是一回事，死亡是另一回事，对吗?

阿 当然。

苏 所以，抢救你的朋友既是可敬的，又是坏的，这样的说法根据不一，是吗?

阿 显然是。

苏 现在让我们来看，这件事就其可敬而言是否也是好的，而这种事确实应当是好的。你同意救人是可敬的，因为它是勇敢的。现在请你考虑——勇敢。它是好的还是坏的?请你换一种方式看待它：你希望有好事还是坏事?

阿 有好事。

苏 【d】这不就是想要获得最大的好处吗?

阿 确实如此。

苏 这样的事物你最不愿意被剥夺，对吗?

阿 当然了。

苏 涉及勇敢你会说什么?如果你被剥夺了勇敢，你会怎么样?

阿 如果我成了胆小鬼，我甚至不会继续活下去。

苏 所以，你认为胆怯是世上最坏的事情?

阿 是的。

苏 它似乎就相当于死亡。

阿 这就是我要说的意思。

苏 生与死、勇敢与胆怯，是绝对相反的吗？

阿 是的。

苏 【e】你最想要前者，最不想要后者，对吗？

阿 对。

苏 这是因为你认为前者是最好的，而后者是最坏的，是吗？

阿 当然是。

苏 你说勇敢属于最好的事物，而死亡属于最坏的事物，是吗？

阿 我会这样说的。

苏 所以你把在战斗中抢救朋友称作可敬的，而它之所以可敬，因为它是件好事，是勇敢。

阿 不管怎么说，我是这么想的。

苏 当某人做了某件致命的坏事时，你称这件事情是坏的。

阿 对。

苏 由于你把产生某种坏结果的行为称作坏的，【116】那么完全公平地说，你不也要把产生某种好结果的行为称作好的吗？

阿 我是这样想的。

苏 如果它是好的，它不也是可敬的吗？如果它是坏的，它不也是可鄙的吗？

阿 是的。

苏 那么，当你说在战斗中抢救朋友是可敬的，但却是坏的，你的意思和你说一样好事物是坏的完全一样。

阿 我想你是对的，苏格拉底。

苏 所以，在可敬的范围内，没有任何事物是坏的，在可鄙的范围内，没有任何事物是好的。

阿 显然如此。

苏 【b】现在，让我们另辟蹊径。做可敬的事情就做好事，不是吗？

阿 是的。

苏 做好事的人能够生活得很好吗？

阿 当然了。

苏 他们的成功不就是因为他们得到了好东西吗？

阿 当然了。

苏 通过恰当而又可敬的行为，他们得到了好东西。

阿 是的。

苏 所以行为恰当是好事情。

阿 当然。

苏 好行为是可敬的。

阿 是的。

苏 【c】所以我们再次看到，可敬的事物也是好的。

阿 显然如此。

苏 所以，如果我们发现某事物是可敬的，那么我们也能看到它是好的——至少，按照刚才这个论证。

阿 我们不得不这样说。

苏 那么好，好事物是有利的还是无利的？

阿 有利的。

苏 你还记得我们对行事公正达成了一致意见吗？

阿 我想我们同意：做事公正的人必定也是在做可敬的事情。

苏 我们同意，做可敬的事情的人也一定是在做好事，是吗？

阿 是的。

苏 【d】所谓好就是有利吗？

阿 是的。

苏 所以，阿尔基比亚德，公正的事情就是有利的。

阿 看起来是这样的。

苏 那么好，我是提问者，而你是回答者，不是吗？

阿 我好像是。

苏 所以，如果某个相信自己懂得什么是公正、什么是不公正的人站起来向雅典人，甚至向培巴累修[①]人提建议，并且说公正的事情有时候是坏的，那么你除了嘲笑他，还能做什么？【e】毕竟你本人说过，同一事物既是公正的，又是有利的。

阿　苏格拉底，我以众神的名义起誓，我不知道自己在说什么——我肯定中了魔障！当你问我问题的时候，我起先在想一件事，然后又在想另一件事。

苏　我亲爱的伙伴，你不明白这种感觉是什么吗？

阿　完全不明白。

苏　好吧，如果有人问你有两只眼还是三只眼、有两只手还是四只手，或者其他类似的问题，你认为自己在不同的时间会作出不同的回答，还是会始终作出相同的回答？

阿　【117】对此我不太确定，但我想我会作出相同的回答。

苏　因为你懂得它——是这个原因吗？

阿　我是这样想的。

苏　所以，如果你对某事物作出相互冲突的回答，而你本不想这样，那么你显然并不懂。

阿　也许吧。

苏　那么好，你对我说，关于公正与不公正、可敬与可鄙、好与坏、有利与无利，你动摇不定。而你动摇的原因显然就是因为你不懂，是吗？

阿　【b】是的，是这样的。

苏　你不也说过，无论什么时候，要是有人不懂得某事，他的灵魂必然动摇不定吗？

阿　当然了。

苏　真的吗？你知道上天的路吗？

阿　我确实不知道。

苏　你对这个问题的看法也是摇摆不定的吗？

阿　当然不是。

---

①　培巴累修（Πεπαρηθίυς），地名，爱琴海上的一个小岛。

苏 你知道原因，或者说要我告诉你？

阿 你告诉我吧。

苏 我的朋友，这是因为你不知道，你认为自己不知道。

阿 【c】你这样说是什么意思？

苏 让我们一起来看。如果知道自己不懂某件事，你会摇摆不定吗？举例来说，我认为你知道自己不懂如何准备一顿丰盛的饭菜，对吗？

阿 很对。

苏 所以，要么是你对如何准备饭菜有自己的想法，并由此产生动摇；要么你会把事情留给某个懂得如何准备饭菜的人？

阿 我想是后一种情况。

苏 好吧，如果你正在驾船，【d】你会对要不要转舵进港感到困惑吗——由于不懂而产生动摇？或者你会把事情留给舵手，而自己去放松放松？

阿 我会把事情留给舵手。

苏 所以，如果你真的知道自己不懂某些事情，那么你不会产生动摇。

阿 显然不会。

苏 如果我们在不懂的时候以为自己是懂的，那么你看不出我们行动中的错误是由这种无知引起的吗？

阿 你这样说是什么意思？

苏 好吧，除非我们知道自己将做些什么，否则我们不会开始做某件事情，对吗？

阿 对。

苏 【e】当人们认为自己不知道如何做某件事情的时候，他们会把它交给其他人，对吗？

阿 当然了。

苏 所以，认为自己不懂得如何做事，这种人在生活中不会犯错误，因为他们会把事情留给其他人。

阿 你说得对。

苏 好吧，那么谁是犯错误的人呢？肯定不是那些知道自己不懂的人，对吗？

阿 当然对。

苏 好吧，既不是知道自己不懂的人，【118】也不是不知道自己不懂的人，那么除了那些不知道自己不懂但认为自己懂的人，还剩下什么人吗？

阿 不，他们是仅有的剩下来的人。

苏 所以，坏事就是源于这种无知；这是一种最可耻的愚蠢。

阿 是的。

苏 对最重要的事情无知岂不是最有害、最可鄙的吗？

阿 确实如此。

苏 你能指出有什么事物比公正的、可敬的、好的、有利的事物更加重要吗？

阿 不，我真的不能。

苏 但是你说过，你对这些事情产生过动摇，是吗？

阿 是的。

苏 所以，从我们已经说过的话来看，要是你动摇了，【b】你显然不仅对最重要的事情无知，而且还认为自己懂得自己不懂的事情。

阿 我猜，你说得对。

苏 天哪，阿尔基比亚德，你陷入了一种多么可悲的境地！我这样说相当犹豫，但因为只有我们俩在一起，所以我必须说出来。我的好伙伴，你实在太愚蠢，愚蠢到了顶点——我们的讨论和你自己的观点已经证明了这一点。这就是你在受教育之前就匆忙进入政治领域的原因。【c】在这个可悲的城邦里，你不是唯一的——你与我们城邦的大多数政治家为伍。他们中也许只有少数人例外，比如你的监护人伯里克利。

阿 是的，苏格拉底，人们确实说过他的知识并非全是凭他自己得来的；他与许多像皮索克勒德[①]、阿那克萨戈拉这样的专家为伍。甚至现

① 皮索克勒德（Πυθοκλείδης），人名。

在，尽管他已经年迈，还是为了同样的目的向达蒙[①]请教。

苏 真的吗？你见过什么专家在他知识的范围内不能让其他人也成为专家吗？那个教你如何阅读和书写的人——他在他的领域里有知识，他使你和他喜欢的其他人成为专家，不是吗？

阿 是的。

苏 【d】你已经向他学习过了，你能教其他人吗？

阿 能。

苏 音乐教师和体育教师的情况不也相同吗？

阿 当然了。

苏 我想我们完全能够确定，当一个人能够表明他能使其他人懂得某件事情时，他确实是懂的。

阿 我同意。

苏 那么好，你能告诉我伯里克利使谁成了专家吗？我们将从他的儿子开始，可以吗？

阿 【e】苏格拉底，不幸的是他的两个儿子都是傻瓜！

苏 你兄弟克利尼亚怎么样？

阿 谈论他没有意义——他是个疯子！

苏 那么好，由于克利尼亚疯了，而伯里克利的儿子傻了，那么伯里克利使你处于现在这种状态的原因是什么呢？

阿 我想这是因为我真的不很专心。

苏 【119】但是你能说出有哪个雅典人或外国人——奴隶或自由人——通过与伯里克利为伍而成为专家的吗？毕竟，我能说出伊索洛库斯[②]之子皮索多鲁[③]、卡里亚德[④]之子卡里亚[⑤]，他们通过与

① 达蒙（Δάμων），人名。

② 伊索洛库斯（Ἰσολόχους），人名。

③ 皮索多鲁（Πυθοδώρυς），公元前5世纪雅典著名政治家，《巴门尼德篇》谈话人。

④ 卡里亚德（Καλλιάδης），人名。

⑤ 卡里亚（Καλλίας），人名，卡里亚德之子。

芝诺[1]的交往而变得聪明；他们每个人付给芝诺一百“明那”，成了著名的专家。

阿 以宙斯的名义起誓，我想不出这样的人来。

苏 很好。你自己有什么打算？你想继续保持当前的状况，还是实施某种自我修养？

阿 【b】我们还是一起讨论吧，苏格拉底。你知道，我确实见过你说的这种事，而且我实际上同意你的看法——在我看来，除了几个人，我们城邦的政治家都没有接受过恰当的教育。

苏 你这是什么意思？

阿 如果他们受过恰当的教育，那么任何想和他们竞争的人不得不去获得知识，接受训练，就像运动员那样。然而，他们进入政治领域是外行，所以我没有必要去训练，去自找麻烦学习。【c】我的天赋能力肯定远远地超过他们。

苏 天啊，我亲爱的孩子，你在说什么——与你的美貌和其他优点完全不配！

阿 苏格拉底，你到底是什么意思？你怎么了？

苏 我对你感到愤怒，带着我对你的迷恋！

阿 为什么？

苏 因为你堕落了，竟然去和这些人竞争。

阿 那么我必须和什么人竞争？

苏 【d】这是个很好的问题，提问者认为自己受到高度尊重！

阿 你这么说是什么意思？他们不是我的竞争者吗？

苏 你瞧，如果你打算驾船投入战斗，你难道不应当是最优秀的舵手吗？假定这是必要的，那么你会不看你的真正对手，而是看着你的战友，就像你现在这样吗？你肯定比他们强，远远超过他们，而他们也乐意在这场战斗中地位比你低，【e】不想和你竞争。我想你真的打算通过一些卓越的行动来出人头地，配得上你自己和你的城邦。

---

① 芝诺（Ζήνω），人名，爱利亚学派哲学家。

阿 是的，我确实打算这样做。

苏 天哪，通过这样的训练和谋略，在某一天变得比这些士兵优秀，对此就感到满足，而不是注意敌军的首领，这对你来说有多么恰当！

阿 【120】你在说谁，苏格拉底？

苏 你不知道我们的城邦一次又一次地与拉栖代蒙人和波斯王国的大王交战吗？

阿 你说得对。

苏 由于你打算成为这个城邦的领袖，所以你想对拉栖代蒙和波斯国王开战，对吗？

阿 你说得很对。

苏 不，先生，你一直关注的是斗鸡者弥狄亚斯[①]这样一类人——【b】他们试图用在他们野蛮的心中仍旧表现出来的“奴仆的发式”（如女人们所说）来管理城邦事务。他们用稀奇古怪的谈话来奉承城邦，而不是治理它。我告诉你，你一直关注的就是这些人。所以，放松一下，不要自找麻烦去学习那些参与伟大斗争所需要学的东西，【c】不要去参加那些必要的训练——还是用你完全充分的准备去参与政治吧。

阿 不，苏格拉底，我想你说得对。但我仍旧不认为拉栖代蒙将领或波斯国王与其他人有什么区别。

苏 这是一种什么样的想法？你好好想一想吧。

阿 关于什么的想法？

苏 首先，你认为自己已经修炼到一个很高的地步：【d】你害怕他们吗，你认为他们是可怕的，还是不可怕的？

阿 我显然认为他们是可怕的。

苏 你确实认为你的修炼不会给你带来任何伤害，是吗？

阿 根本不会。事实上，它是一个巨大的帮助。

苏 所以这是你的这种想法中的一个缺陷，一个大缺陷，不是吗？

---

① 弥狄亚斯（Μειδίας），人名。

阿 你说得对。

苏 第二个缺陷是，依据可能性来判断，这种想法也是虚假的。

阿 你什么意思？

苏 就好像某种天然的才能，在高贵的家族中，还是在其他家族中，它会是最大的？

阿 【e】显然是在高贵的家族中。

苏 那些出身高贵的人，如果得到很好的抚养，会有完善的美德，不是吗？

阿 他们肯定会有完善的美德。

苏 所以让我们来比较一下我们的情形和他们的情形，请你考虑，首先，拉栖代蒙和波斯的国王是否出身卑贱。当然，我们知道拉栖代蒙的国王们是赫拉克勒斯的后裔，波斯国王是亚凯美涅①的后裔，赫拉克勒斯和亚凯美涅的家族可以一直追溯到宙斯之子珀耳修斯②。

阿 【121】我的家族也一样——我的家族可以追溯到欧律萨凯斯③，欧律萨凯斯的家族可以追溯到宙斯。

苏 我的家族也一样，高贵的阿尔基比亚德，我的家族可以追溯到代达罗斯，代达罗斯的家族可以追溯到宙斯之子赫淮斯托斯。从这些国王往上追溯，他们每个人的世系都可以追溯到宙斯——阿耳戈斯的国王、拉栖代蒙的国王、波斯的所有国王，有时候还有亚细亚的国王，就像他们现在这样。但是，你和我是普通的公民，【b】就像我们的父亲一样。如果你要对薛西斯之子阿塔克塞西斯④炫耀你的祖先和欧律萨凯斯的家乡萨拉米⑤——或者对他炫耀伊齐那⑥，欧律萨凯斯的祖先埃阿科斯的家乡——你不明白你有多么可笑吗？但是，你认为我们与这些人在血

① 亚凯美涅（Ἀχαιμένους），人名。

② 珀耳修斯（Περσῶς），人名。

③ 欧律萨凯斯（Εὐρυσάκους），人名。

④ 阿塔克塞西斯（Ἀρταξέξης），波斯国王。

⑤ 萨拉米（Σαλαμῖς），地名。

⑥ 伊齐那（Αἰγίνη），地名。

统上是平等的，我们得到的抚养也是平等的。

你没有注意到拉栖代蒙的国王们享有的统治地位吗？他们的妻子由地方长官警卫，由公家出钱，以此确保王家血统尽可能地纯正，【c】他们的国王只能是赫拉克勒斯的后裔。至于波斯国王，他的地位是至高无上的，没有人会怀疑他的后代血统不纯；由于这个原因，他的王后不需要人警卫，人们对国王抱有恐惧感。当国王的长子和王位继承人诞生的时候，全体臣民都会举行盛宴。到了第二年，整个亚细亚都会庆祝这位未来的国王的生日，这一天还会举行祭祀和宴会。【d】而我们出生的时候，阿尔基比亚德，如那位喜剧诗人所说，"甚至连邻居也不会注意"。[①]

然后王子被抚养成长——不是由某些微不足道的保姆，而是由王家最受尊敬的太监。他们照料着婴儿的所有需要，尤其是使他尽可能变得漂亮，让他的体型和肢体匀称；【e】为此他们受到极大的尊重。到了七岁的时候，王子们开始在教练的指导下学习骑马，玩狩猎的游戏。

到了两个七岁的时候，王子被托付给所谓的"国师"。在波斯有四名最优秀的成年人被挑选出来担任国师：最聪明的人、最公正的人、最有节制的人、最勇敢的人。【122】他们中的第一个是霍洛玛泽[②]之子、佐罗亚斯特[③]教的大祭司，他负责教王子如何崇拜他们的神，以及其他一些国王应当知道的事情。最公正的人教育王子要终生诚实。最有节制的人教育王子不被快乐所支配，哪怕是一丁点快乐，这样他才能习惯于当一名自由人和一名真正的国王，他的第一责任就是统治他自己，而不要成为他自己的奴隶。最勇敢的人训练他英勇无畏、不屈不挠，因为恐惧就是奴役。

【b】但是，阿尔基比亚德，伯里克利从他家中挑选了色雷斯[④]人佐

① 这是喜剧诗人柏拉图的一句诗，参阅《希腊喜剧残篇集》（T.Kock, Comicorum Atticorum Fragmenta, 1880），第 204 节。

② 霍洛玛泽（Ὡρομάζης），人名。

③ 佐罗亚斯特（Ζωροάστρους），人名。

④ 色雷斯（Θρᾴκη），地名。

皮鲁斯[①]当你的老师，他已经老迈，完全无用了。我可以把你所有竞争者如何被抚养和如何受教育的情况都告诉你，但这样一来话就太长了，此外，你也许能够从我已经告诉你的事情中想象后来的情况。但是，阿尔基比亚德，你的出生、抚养和教育——或者其他任何雅典人的出生、抚养和教育——没有人会关心这些事，说真的，没有人，也就是说，除非有某个正好爱你的人才会关心。

【c】还有，如果你仔细考虑一下波斯人的财富、豪华、服饰、拖地长袍、涂脂抹粉、奴仆成群，以及其他各种奢侈行为，你对自己的处境会感到羞愧吗，因为你看到他们有多么卑劣？

还有，如果你仔细考虑一下拉栖代蒙人的自制和礼节、自信和镇定、自尊和纪律、勇敢和坚韧，以及对艰苦、胜利和荣誉的热爱，你会认为自己在所有这些方面仅仅是个儿童。

【d】还有，阿尔基比亚德，如果你能看清自己站在什么地方，那么我们最好讨论一下你的财富。你可以为雅典献身，认为自己值得这样做，但若你仔细看一下拉栖代蒙人的财富，你就会明白他们的财富远远超过我们雅典人的财富。他们有自己的土地，还在墨西涅[②]拥有土地，而我们的土地没有哪一块能与之相比，无论是土地的大小和质量，以及拥有奴隶的数量等方面都比不上他们——【e】尤其是他们有“黑劳士”[③]——甚至在墨西涅放养的马匹和其他家畜方面也比不上他们。但这些细节我都不说了。

在拉栖代蒙，私人手中拥有的金银比希腊其他所有地方拥有的金银加在一起还要多。这些金银是许多代人传下来的，来自所有希腊城邦，也经常来自外国城邦，【123】但它从来没有流出去。就好像伊索寓言中的狐狸对狮子说的那样——你能清楚地看到金钱流入拉栖代蒙的踪迹，却看不到金钱流出拉栖代蒙的迹象。所以，你可以肯定拉栖代蒙人是希

① 佐皮鲁斯（Ζώπυρως），人名。

② 墨西涅（Μεσσήνη），地名。

③ 黑劳士（εἵλως），古代拉栖代蒙人的农奴。

腊人中最富有的，他们拥有的金银是最多的，拉栖代蒙人中间最富有的是国王，因为他们的税收有很大一部分要交到他手里。还有，通过接受贡赋，国王有很多钱。

【b】与其他希腊城邦相比，拉栖代蒙是伟大的，但拉栖代蒙人的幸福无法与波斯人及其国王的幸福相比。我曾经与一位可以信赖的、去过波斯的旅行者交谈，他对我说，他穿越一大片富饶的土地，几乎走了一天的时间，当地人称这片土地为“王后的腰带”。【c】还有一片土地被称作“王后的面纱”，这样的土地还有很多，全都地力肥沃，物产丰富，各以王后衣物的名字命名，因为每块土地的税收都要留下来，为王后置办华丽的服装。

现在假定有人对这位国王的母亲、薛西斯的遗孀亚美忒利丝①说，“狄诺玛克之子打算向你的儿子挑战；但他母亲的全部衣服顶多只值50个明那，而他在厄基亚②拥有的土地少于三百亩③。”我想国王的母亲听了以后会感到困惑，【d】这位阿尔基比亚德凭什么挽起袖子要和阿塔克塞西斯竞争。我想她会说，“除了勤奋和智慧，我看不出这个家伙能凭什么——希腊人没有其他任何东西值得一提。”

如果国王的母亲听说，正在进行这种尝试的阿尔基比亚德，首先他连20岁都还没有到，其次他没有接受过什么教育，还有，当爱他的人告诉他要学习、培养和约束他自己，【e】以便能够与这位国王竞争的时候，他说他不想这么做，他宁愿像现在这个样子混下去——如果国王的母亲听了这些话，我想她会惊讶地问，“这位年轻人到底凭什么？”。假定我们回答，“凭他英俊的相貌、高挑的身材、高贵的出身、庞大的财富、天生的睿智。”那么，阿尔基比亚德，想到他们也拥有这些东西，

① 亚美忒利丝（Ἀμήστρις），人名。

② 厄基亚（Ἐρχια），地名。

③ 普莱松（πλέθον），希腊亩。作长度单位时，1普莱松相当于100希腊尺，1希腊尺约合30.7公分；作面积单位时，1普莱松相当于10000平方希腊尺。在阿提卡地区，一亩为874平方米，所以阿尔基比亚德拥有的土地少于26公顷。

她会得出结论说我们确实是疯了。还有，拉姆披托[1]是拉栖代蒙国王莱奥提基德[2]之女、【124】拉栖代蒙国王阿基达姆[3]之妻、拉栖代蒙国王阿吉斯[4]之母，我想，如果你想挑战她的儿子，那么我认为你的成长环境很差，而她的儿子拥有各种有利条件。

然而，甚至连我们敌人的妻子也对我们想要挑战他们的念头有一个较好的评价，那么你不感到可耻吗？不，我卓越的朋友，请你相信我，相信德尔斐神庙的铭文，【b】"认识你自己"。我们必须打败的人不是你想的这些人，我们没有打败他们的希望，除非我们勤奋而又娴熟地行动。如果你缺乏这些，那么你在希腊以及在国外都不会赢得声望；我认为这是你心里期盼的东西，超过其他人对任何事物的期盼。

阿　好吧，苏格拉底，我需要实践哪一种自我修养？你能告诉我怎么做吗？你说得确实很对。

苏　是的——但还是让我们来一齐讨论，如何才能使我们尽可能变好。【c】你知道，我所说的需要接受教育不仅适用于我，也适用于你——我们处于相同的境况，除了在某个方面。

阿　在什么方面？

苏　我的监护人比你的监护人伯里克利更优秀，更聪明。

阿　苏格拉底，他是谁？

苏　阿尔基比亚德，他是神；他在今天以前阻止我与你交谈。我相信他，我说你的荣耀完全属于我。

阿　【d】你在笑话我，苏格拉底。

苏　也许吧，但我正确地指出我们需要自我修养。实际上，每个人都需要教育自己，尤其是我们俩。

阿　你对我的看法是对的。

---

① 拉姆披托（Λαμπιδώ），人名。

② 莱奥提基德（Λεωτυχίδης），人名。

③ 阿基达姆（Ἀρχιδάμους），人名。

④ 阿吉斯（Ἆγις），人名。

苏 你对我的看法也是对的。

阿 那么，我们该做什么呢？

苏 我的朋友，做事情一定不要放弃，不要逃避。

阿 不，苏格拉底，这种事情是不会发生的。

苏 【e】不会。所以让我们一齐来解决这个问题。告诉我——我们说我们想要使自己尽可能地变好，不是吗？

阿 是的。

苏 在什么方面？

阿 显然是要做一个好人。

苏 好在什么地方？

阿 显然是好在擅长照料。

苏 照料什么？照料马吗？

阿 当然不是。

苏 在这种情况下，我们会请教养马的内行。

阿 是的。

苏 好吧，那么你指的是航海吗？

阿 不是。

苏 在这种情况下，我们会请教一位航海专家。

阿 是的。

苏 那么你要照料什么？它是谁的事？

阿 照料雅典的杰出公民。

苏 【125】“杰出公民”，你指的是能干的人还是愚蠢的人？

阿 能干的人。

苏 在他能干的事情上，不是每个人都是好的吗？

阿 是的。

苏 在他不能干的事情上，不是每个人都是坏的吗？

阿 当然了。

苏 鞋匠不是在制鞋方面很好吗？

阿 当然。

苏 那么他擅长制鞋。

阿 对。

苏 【b】那么好，鞋匠在做衣服方面不是很坏吗？

阿 是很坏。

苏 所以同一个人既好又坏，至少根据这个论证看来是这样。

阿 显然如此。

苏 你的意思是说，好人也是坏的吗？

阿 当然不是。

苏 那么你说什么样的人是好人？

阿 我认为那些有能力统治城邦的人是好人。

苏 我假定，你指的不是那些统治马的人。

阿 当然不是。

苏 是那些统治人的人？

阿 是的。

苏 当这些人生病的时候？

阿 不是。

苏 当他们在海上的时候？

阿 不是。

苏 当他们在收割的时候？

阿 不是。

苏 【c】当他们什么也不做的时候，还是当他们做事情的时候？

阿 做事情的时候。

苏 做什么？请你帮我搞清楚。

阿 当他们相互帮助，相互打交道的时候，就像我们在城市生活中所做的那样。

苏 所以你的意思是统治那些与他们打交道的人。

阿 是的。

苏 统治和桨手打交道的水手长吗？

阿 当然不是。

苏 那是船长擅长的事。

阿 是的。

苏 【d】你指的是统治笛手吗，他负责指挥歌手和舞者？

阿 当然不是。

苏 同理，那是合唱队长擅长的事。

阿 没错。

苏 那么你说的“统治与他们打交道的人”是什么意思？

阿 我指的是统治那些在城邦里参与公民事务，相互之间作出贡献的人。

苏 好吧，这是一种什么样的技艺？假定我问一个相同的问题——什么技艺使人懂得如何统治参加航海的人？

阿 船长的技艺。

苏 【e】我们说什么知识能使人统治参加唱歌的人？

阿 你刚才说过，合唱队队长的技艺。

苏 那么好，你把这种使你能够统治那些参与公民事务的人的知识称作什么？

阿 苏格拉底，我把它称作好建议。

苏 那么，你认为船长的建议是坏建议吗？

阿 当然不是。

苏 那么它是好建议？

阿 【126】我应当这样想；他必须确保他的乘客的安全。

苏 你说得对。那么好，你说的这种好建议的目的是什么？

阿 城邦的安全与较好的治理。

苏 但是当城邦有了安全，治理良好的时候，呈现的是什么，缺乏的是什么？好比说，你问我，“当身体平安和健康的时候，呈现的是什么，缺乏的是什么？”我会回答说，“呈现的是健康，缺乏的是疾病。”你同意我的看法吗？

阿 【b】同意。

苏 如果你再问，“当身体得到更好的照料时，在我们眼中会呈现什么？”我会作出同样的回答，“呈现的是视力，缺乏的是盲目。”还有我们的耳朵，当它们处于较好的境况，得到较好的料理时，缺乏的是耳聋，呈现的是听力。

阿 你说得对。

苏 那么好，一个城邦会怎么样？当它处于较好的境况，得到较好的料理时，呈现的是什么，缺乏的是什么？

阿 【c】苏格拉底，依我看呈现的是相互之间的友谊，缺乏的是仇恨和暴乱。

苏 当你说“友谊”的时候，你指的是意见一致还是不一致？

阿 一致。

苏 使各个城邦对数的看法一致的技艺是什么？

阿 算术。

苏 使公民们对数的看法一致的技艺是什么？是同一种技艺吗？

阿 是的。

苏 它不也使每个人与他自身一致吗？

阿 是的。

苏 什么技艺使我们中的每个人在手的宽度是否大于胳膊的长度的问题上与他自身一致？【d】是测量，对不对？

阿 当然。

苏 它既使城邦之间的意见一致，也使公民之间的意见一致吗？

阿 是的。

苏 它与称重不是一样的吗？

阿 是的。

苏 好吧，你谈论的这种意见一致是什么？它是关于什么的？它提供的是什么技艺？同样的技艺既使城邦意见一致，也使公民意见一致，既使它们对自己意见一致，也使它们对其他城邦意见一致，不是吗？

阿 确实很像是这样的。

苏 【e】那么它是什么？别放弃，请你尽力尝试着告诉我。

阿 我假定，我的意思是，当母亲和父亲对他们热爱的儿子意见一致、一个人与他的兄弟意见一致、一位妇女与她的丈夫意见一致的时候，你会发现某种友谊和一致。

苏 好吧，阿尔基比亚德，当一位丈夫不懂得怎样纺羊毛线，而他妻子懂的时候，他会在纺羊毛的问题上与他的妻子意见一致吗？

阿 当然不会。

苏 他也没有必要懂，因为这是妇女要懂的事情。

阿 你说得对。

苏 【127】当一名妇女没有学过军事的时候，她能在战术问题上与她的丈夫意见一致吗？

阿 当然不能。

苏 我想你会说这是男人要学的东西。

阿 我会的。

苏 所以，按照你的论证，有些事情是女人要学的，有些事情是男人要学的。

阿 当然了。

苏 所以，至少在这些领域，男人和女人没有一致的意见。

阿 没有。

苏 也没有任何友谊，因为友谊就是意见一致。

阿 显然没有。

苏 所以就他们自己的事务而言，男人不爱女人。

阿 【b】好像是不爱。

苏 就她们自己的事务而言，女人也不爱男人。

阿 不爱。

苏 所以，当不同的集团各自做它们自己的工作时，城邦也不能很好地治理。

阿 我认为能，苏格拉底。

苏 你这是什么意思。在这种情况下在城邦里没有友谊，而我们说城邦治理良好时会呈现友谊，而不是另外一种样子。

阿 但我认为每个人都在做他自己的工作的时候相互之间会产生

友谊。

苏 【c】你的想法已经改变了。你现在是什么意思？没有一致的意见能有友谊吗？当有些人知道这件事，而其他人不知道的时候，能有一致意见吗？

阿 不可能有。

苏 当每个人都在做他自己的工作时，他是公正的还是不公正的？

阿 当然是公正的。

苏 所以，当公民们在城邦里做公正的事情时，他们之间没有友谊。

阿 我再说一遍，苏格拉底，我认为一定有友谊。

苏 【d】那么你说的“友谊”和“一致”是什么意思，如果我们要做好人，我们必须既聪明，又是一个好的建议者吗？我想象不出它是什么，或者谁能得到它。按照你的论证，似乎有些时候有些人有，有些时候有些人没有。

阿 好吧，苏格拉底，我对众神发誓，我甚至不知道我说的是什么意思。我想我必定长时间处于某种可怕的状态，但自己却不明白。

苏 【e】别灰心。如果你现在已经五十岁了，那么要进行自我修养就很难了，但你现在正是修养的好时候。

阿 我明白了，苏格拉底，你说我该怎么办？

苏 回答我的问题，阿尔基比亚德。如果你这样做了，那么神——如果我们相信我的征兆——会希望你我处于一种较好的状态。

阿 如果处于较好的状态取决于我的回答，那么我们相信。

苏 【128】那么好，自我修养是什么意思？——我担心，当我们并没有自我修养的时候，我们经常认为自己这样做了。一个人在什么时候进行自我修养？当他在照料他已经拥有的东西时，他在自我修养吗？

阿 我想是的。

苏 真的吗？一个人在什么时候培养或照料他的脚？是在照料属于他的脚的时候吗？

阿 我不明白。

苏 有什么东西你会说它属于一只手的吗？比如说，一枚戒指——它属于一个人的其他任何部位而又属于他的手指吗？

阿 当然不能。

苏 同理，一只鞋不属于其他任何地方，而只属于脚。

阿 是的。

苏 同理，斗篷和被褥属于身体的其他部分。

阿 【b】是的。

苏 所以当我们在料理我们的鞋子时，我们是在照料我们的脚吗？

阿 我真的不明白，苏格拉底。

苏 确实有点难，阿尔基比亚德，你正在谈论如何恰当照料一样事物，不是吗？

阿 是的。

苏 当你说你使某事物变得较好的时候，你说你在恰当地照料它。

阿 是的。

苏 使鞋子变得较好的技艺是什么？

阿 制鞋。

苏 所以制鞋是我们用来料理鞋子的技艺。

阿 【c】是的。

苏 我们也用制鞋来料理我们的脚吗？或者说我们用这种技艺来使我们的脚变得较好？

阿 是后一种情况。

苏 使脚变得较好的技艺与使身体的其他部分变得较好的技艺是同一种技艺吗？

阿 我想是的。

苏 这种技艺不是运动员的吗？

阿 是的，绝对是的。

苏 所以当我们用运动员的技艺料理我们的脚时，我们用制鞋的技艺照料属于我们脚的东西。

阿 确定无疑。

苏 当我们用运动员的技艺照料我们的手时，我们用造戒指的技艺照料属于我们的手的东西。

阿 是的。

苏 当我们用运动员的技艺培养我们的身体时，【d】我们用纺织和其他技艺来照料属于我们身体的东西。

阿 绝对正确。

苏 所以当我们用一种技艺照料一样事物时，我们用另一种技艺照料属于它的东西。

阿 显然如此。

苏 所以当你培养属于你的东西时，你并不是在培养你自己。

阿 根本不是。

苏 培养你自己和料理属于你的东西似乎需要不同的技艺。

阿 显然如此。

苏 那么好，我们用来培养我们自己的技艺是哪一种技艺？

阿 我说不出来。

苏 【e】但是我们对此有过一致的看法，至少——它是一种不能使属于我们的任何东西变得较好，但却能使我们变得较好的技艺。

阿 你说得对。

苏 如果不知道鞋子是什么，我们能知道什么技艺使鞋子变得较好吗？

阿 不能。

苏 如果不知道戒指是什么，我们就不能知道什么技艺使戒指变得较好。

阿 对。

苏 那么好，如果我们不知道我们"是"什么，我们能知道什么技艺使我们变得较好吗？

阿 【129】我们不能。

苏 认识你自己真的是一件容易的事吗？它真的像某些人刻在德尔斐神庙上的铭文那么简洁明了吗？或者说它是困难的，并非对每个人所提的要求？

阿 苏格拉底，我有时候认为任何人都能这样做，有时候认为这样做极为困难。

苏 但是，阿尔基比亚德，无论它是容易的还是困难的，我们都处于这样的境地；如果我们认识了自己，就能知道如何培养自己，如果我们不认识自己，决不可能知道如何培养自己。

阿 我同意。

苏 【b】请你告诉我，我们如何能够发现什么是"自我"，我说的是自我本身？这也许是发现我们自己是什么的方法——也许是唯一可能的方法。

阿 你说得对。

苏 等一下，宙斯啊，你在对谁说话？除了我以外的任何人吗？

阿 不。

苏 我正在和你说话。

阿 是的。

苏 苏格拉底正在谈话，对吗？

阿 肯定是的。

苏 阿尔基比亚德在听吗？

阿 是的。

苏 【c】苏格拉底不是在用话语谈话吗？

阿 当然了。

苏 我假定，你说的谈话和使用话语是一个意思？

阿 当然。

苏 但是被使用的事物和使用该事物的人是不同的，不是吗？

阿 你什么意思？

苏 比如说一名鞋匠，我想他要使用刀子、鞋擦，以及其他工具。

阿 是的。

苏 所以，用这些工具切割的人和他使用的工具是不同的，对吗？

阿 当然不同。

苏 同理，弹琴的人和他弹的琴是不同的。

阿 对。

苏 【d】这正是我刚才的问题：事物的使用者似乎总是与他使用的事物不同，是吗？

阿 似乎如此。

苏 让我们再想一想鞋匠。他只用他的工具切割，还是说他还要用他的手切割？

阿 还要用他的手。

苏 所以他也使用他的手。

阿 是的。

苏 在制鞋过程中，他不是也要使用他的眼睛吗？

阿 是的。

苏 我们不是同意使用事物的人与他使用的事物不同吗？

阿 是的。

苏 所以鞋匠和弹琴者与他们在工作中使用的手和眼睛不同。

阿 【e】似乎如此。

苏 一个人不也要使用他的整个身体吗？

阿 当然了。

苏 我们同意使用者和被使用的事物是不同的。

阿 是的。

苏 所以一个人和他自己的身体不同。

阿 似乎如此。

苏 那么，人“是”什么呢？

阿 我不知道该怎么说。

苏 你应当知道该怎么说——你就说人就是使用这个身体的东西。

阿 是的。

苏 【130】除了灵魂，还有其他什么东西在使用身体吗？

阿 没有了。

苏 灵魂不是在统治身体吗？

阿 是的。

苏 有些事情我想每个人都会同意的。

阿 什么事情？

苏 人是下面这三样事物中的一样。

阿 什么事物？

苏 身体、灵魂，或者二者的结合，这个整体。

阿 当然了。

苏 但是我们同意人是统治身体的那个事物。

阿 【b】是的，我们同意。

苏 身体统治它自身吗？

阿 不能。

苏 因为我们说过它是被统治的。

阿 是的。

苏 所以，它不是我们正在寻找的东西。

阿 不像。

苏 那么好，是二者结合的这个整体在统治身体吗？这就是人吗？

阿 是的，也许是的。

苏 不，一点也不像。如果二者之一不能参与统治，那么二者的结合也不可能统治。

阿 你说得对。

苏 【c】由于人既不是他的身体，也不是他的身体加灵魂，那么剩下的还有什么呢，我想，他要么是无，要么是有，人除了是他的灵魂，不是其他任何东西。

阿 没错。

苏 你还需要任何更加清晰的论证来说明人就是灵魂吗？

阿 不，我以宙斯的名义起誓，我想你已经提供了充分的证明。

苏 好吧，如果说我们已经做了很好的证明，那么它虽然还不太严格，但对我们是有用的。【d】而那些被我们忽略的事情需要长时间的学习，等我们发现了它，我们会有严格的证明。

阿 那是什么?

苏 就是我们刚才提到的事情，我们首先应当考虑在某事物本身中的“自身”是什么。实际上，我们已经考虑的是个别事物自身是什么，而不是什么是“自身”。但这对我们来说已经足够了，因为在我们身上肯定没有任何事物比灵魂更有权威，你同意吗?

阿 我当然同意。

苏 所以，你和我谈话，正确看待这件事情的方式是一个灵魂使用语词对另一个灵魂讲话。

阿 【e】非常正确。

苏 这正是我们前不久说的——苏与阿尔基比亚德交谈，不是对着他的脸说这些语词，而是对着他的灵魂说这些语词。

阿 现在我明白了。

苏 所以，我们应当认识我们自己，这条戒命的意思是：我们应当认识我们的灵魂。

阿 【131】似乎如此。

苏 有些人懂得和他身体有关的事情，他知道属于他的东西，但不知道他自己。

阿 你说得对。

苏 所以医生不认识他自己，就他是一名医生而言，教练也不认识他自己，就他是一名教练而言。

阿 好像不认识。

苏 所以农夫和商人更加不认识他们自己。他们甚至不认识属于他们的东西；【b】他们的技艺所涉及的东西更加远离属于他们的东西。他们只知道属于身体的东西和如何照料它。

阿 你说得对。

苏 如果说自制就是认识你自己，那么他们的技艺不会使他们自制。

阿 不会。

苏 由于这个原因，我们认为这些技艺是低下的，不适合一名绅士去学习。

阿 你说得很对。

苏 再说，如果某人照料他的身体，那么他是在照料某些属于他的东西，而不是在照料他本身，是吗？

阿 好像是的。

苏 某些照料他的财富的人，既不是在照料他自身，【c】又不是在照料属于他的东西，而是在照料某些离得更远的东西，是吗？

阿 我同意。

苏 所以挣钱者实际上不是在做他自己的工作。

阿 对。

苏 如果有人爱阿尔基比亚德的身体，那么他不是在爱阿尔基比亚德，而只是在爱属于阿尔基比亚德的某些东西。

阿 你说得对。

苏 但有些爱你的人会爱你的灵魂。

阿 根据我们的论证，我想他们必须爱我的灵魂。

苏 当你的美貌不复存在时，那些爱你身体的人会离开你吗？

阿 显然会。

苏 【d】而只要你还在进步，那些爱你灵魂的人就不会离开你。

阿 这样说可能是对的。

苏 好吧，我是不会离开你的人之一——我会和你在一起，哪怕你的身体已经不再俊美，其他人都已经离开你。

阿 我很高兴你能和我在一起，我希望你绝对不要离开我。

苏 那么你必须尽可能有吸引力。

阿 我会努力这样做的。

苏 【e】所以，这就是你的处境：阿尔基比亚德、克利尼亚之子，你没有爱人，而且决不会再有，只有一个人除外，他就是你亲爱的苏格拉底，索佛隆尼司库和斐那瑞特[①]之子。

---

① 斐那瑞特（Φαιναρέτη），人名。

阿 对。

苏 还记得我刚开始时跟你说的话吗？你说你正好要说什么事；你想要问我，为什么我是唯一不放弃你的人。

阿 对。

苏 好吧，这就是原因：我是唯一爱你的人——而其他人只是爱你拥有的东西。【132】你拥有的东西当前正处于全盛期，因为你刚刚开始成熟。我决不会放弃你，除非雅典人使你腐败和丑陋。我最大的担心是普通人对你的爱可能会腐蚀你，许多雅典绅士已经遭受这种命运。"心高志大的厄瑞克透斯"① 从外表看起来很吸引人，但你需要仔细观察他们的内里，以便提高警惕，所以你要接受我的敦促。

阿 我要警惕什么？

苏 【b】我亲爱的朋友，你首先要接受训练，学习介入政治之前需要知道的事情。这样做会给你提供一剂解毒药，防止那些可怕的危险。

阿 我想你是对的，苏格拉底。然而，请你试着解释一下我们到底应当如何培养自己。

苏 好吧，不管怎么说我们还是向前迈进了一步——我们已经就我们是什么有了一致的看法；我们担心自己可能会犯错误，无意中培养了其他一些东西，而不是培养我们自己。

阿 你说得对。

苏 【c】下一步就是我们必须培养我们的灵魂，要照料它。

阿 显然如此。

苏 让其他人去照料我们的身体和我们的财产。

阿 没错。

苏 那么我们怎么才能得到有关我们灵魂的最清晰的知识呢？如果我们知道这一点，我们也许能知道我们自己。我以众神的名义起誓——我们刚才提到可敬的德尔斐神庙的铭文——我们不是懂得它的意思吗？

---

① 厄瑞克透斯（Ἐρεχθέως），人名。这句话是希腊人用来贬低人的一个成语。参阅荷马：《伊利亚特》2：547。

阿 重提这一点有什么意义，苏格拉底？

苏 【d】我要告诉你我怎样理解这句铭文的意思，它向我们提出了什么样的建议。除了视力以外，其他能说明它的例子不多。

阿 你这样说是什么意思？

苏 你也要动脑筋想一想。如果这句铭文把我们的眼睛当作人，并且向他们提建议，“看你自己”，我们会怎样理解这样的建议？眼睛会看着某个东西，并且在这个东西中能看见它自己吗？

阿 当然能。

苏 那么让我们想一想，什么东西能让我们在看到它的时候，既能看到它又能看到我们自己。

阿 【e】苏格拉底，你显然是在讲镜子或镜子一类的东西。

苏 你说得很对。有某个东西像我们的眼睛一样能使我们看到自己吗？

阿 肯定有。

苏 【133】我敢断定你已经注意到，当一个人看着一只眼睛的时候，他的脸也在眼睛中显现，就像看着一面镜子。我们称它为“瞳孔”，因为它是看着它的这个人的小模型。

阿 你说得对。

苏 那么当一只眼睛看着另一只眼睛，看着它的最优秀的部分，眼睛凭着这个部分才能看东西，这种时候，眼睛能看见它自身。

阿 好像是这样的。

苏 但若眼睛看着人身上的其他东西，或者看其他任何东西，除非这个东西与眼睛相同，否则眼睛不能看见它本身。

阿 【b】你说得对。

苏 所以，如果一只眼睛要看它自身，它必须看一只眼睛，在这个区域中眼睛的良好活动真的发生了，我假定这就是看见。

阿 你说得对。

苏 那么，阿尔基比亚德，如果灵魂要认识它自己，它必须看着灵魂，尤其是看那个能使灵魂良好地产生智慧的区域，看其他与灵魂相同的东西。

阿 我同意你的看法，苏格拉底。

苏 【c】关于灵魂，我们能说还有其他地方比发生认识和理解的这个地方更神圣吗？

阿 不，我们不能。

苏 那么在灵魂中的这个区域与神圣的东西相似，人看着它，掌握神圣的一切——形象和理解——也能最好地掌握他本身。

阿 似乎如此。

苏 但是我们同意，认识你自己和自制是相同的。

阿 对。

苏 所以，如果我们不认识自己，不自制，我们能够知道哪些属于我们的东西是好的，哪些属于我们的东西是坏的吗？

阿 我们怎么可能知道呢，苏格拉底？

苏 【d】是不能。我假定在你看来，要是不认识阿尔基比亚德，要你认识属于阿尔基比亚德的东西是属于阿尔基比亚德的似乎是不可能的。

阿 我敢断定，不可能。

苏 同理，不认识自己，我们就不能知道属于我们的东西是属于我们的。

阿 我们怎么可能知道呢？

苏 如果我们连属于我们的东西都不知道，我们怎么可能知道属于我们的附属物的东西？

阿 不可能。

苏 那么，就像我们刚才同意的那样，有些人认识属于他们的东西，【e】但不认识他们自己，有些人认识属于他们的附属物的东西。要认识所有这些东西，他本身、他的附属物、他的附属物的附属物，似乎是人的工作和一种技艺。

阿 似乎如此。

苏 由此可以推论，不认识他自己的附属物的人可能也不认识其他人的附属物。

阿 没错。

苏 如果不认识其他人的附属物，他也不认识属于这座城市的东西。

阿 不可能。

苏 所以这样的人不能成为一名政治家。

阿 当然不能。

苏 他甚至也不能管理一个家庭的财产。

阿 当然不能。

苏 【134】他确实也不知道自己在做什么。

阿 肯定不知道。

苏 如果不知道自己在做什么，那么他也会犯错误，不是吗？

阿 是的。

苏 如果他犯了错误，那么在公共和私人事务中他对自己的导引很差，是吗？

阿 当然是。

苏 由于他对自己的导引很差，那么他难道不会失败吗？

阿 绝对会。

苏 他为之工作的那些人会怎么样？

阿 他们也会失败。

苏 那么，除非能够自制和善良，否则任何人都不可能成功。

阿 【b】不可能。

苏 所以，那些失败者是坏人。

阿 绝对如此。

苏 所以，避免失败的方式不是发财致富，而是自我节制。

阿 显然如此。

苏 所以，阿尔基比亚德，如果想要繁荣，城邦不能没有美德，城邦需要的不是城墙、战船、船坞，无论数量多少。

阿 确实如此。

苏 如果你要恰当而又良好地管理城邦的事务，【c】你必须把美德灌输给公民。

阿 当然了。

苏 你有可能把你还没有获得的东西灌输给别人吗？

阿 这怎么可能呢？

苏 那么，你或其他将要担任统治者的人，或者其他受托人，首先要获得美德，这不仅与他本人和他的私人事务有关，而且与城邦和城邦的事务有关。

阿 你说得对。

苏 所以，你要为你自己和城邦获得的东西不是政治权力，也不是做你喜欢做的事情的权威；你需要的是正义和自制。

阿 显然如此。①

苏 【d】如果你和你的城邦行事公正和自制，你和城邦的行为就会令神喜悦。

阿 似乎如此。

苏 如我前述，你也会在行动中趋向神圣与光明。

阿 显然如此。

苏 当然了，如果你记住这一点，那么你会明白我理解你本身和你本身的善。

阿 是的。

苏 你的行为将是恰当的，良好的。

阿 是的。

苏 如果你这样行事，那么我可以保证，你会取得成功。

阿 我相信你的保证。

苏 但若你行事不公，你的眼睛盯着黑暗的东西，不敬神，那么你的行为也是黑暗的，不敬神的，这种事很有可能发生，因为你不认识你自己。

① 有学者认为，134d1–e7 是希腊晚期新柏拉图主义者添加的。

阿 有可能。

苏 【e】我亲爱的阿尔基比亚德，当一个人或一个城邦没有理智，却又任意枉为，你认为会有什么样的结果？举例来说，如果一个人病了，【135】但有力量做他喜欢做的任何事情——他没有任何医学上的见识，只有每个人都会加以批判的独裁者的权力——那么会发生什么事？他的健康难道不会遭到毁灭吗？

阿 你说得对。

苏 在一条船上，如果有人随心所欲地做自己喜欢的事，但却完全缺乏航海的见识和技艺，你看不出这对他和他的同伴水手会发生什么事吗？

阿 我能看出来，他们都会死。

苏 【b】同理，如果一个城邦，或者任何统治者、管理者缺乏美德，那么结果就会产生恶的行为。

阿 必定如此。

苏 那么好，我的好阿尔基比亚德，如果你想要更加成功，你需要为你自己或城邦获得的东西不是最高权力，而是美德。

阿 你说得对。

苏 但在一个人获得美德之前，他最好被某个比他优秀的人统治，而不是去统治；这一条可以适用于男人，也适用于孩子。

阿 似乎如此。

苏 更好不也就是更加可敬吗？

阿 是的。

苏 【c】更加可敬不也就是更加恰当吗？

阿 当然。

苏 邪恶对奴隶来说是恰当的。

阿 显然如此。

苏 美德对自由人来说是恰当的。

阿 是的。

苏 好吧，我的朋友，我们不是应当避免一切对奴隶来说恰当的东西吗？

阿 是的，我们要尽可能这样做，苏格拉底。

苏 你能看到你现在的处境吗？这对一个自由人来说是恰当的还是不恰当的？

阿 我想我看得太清楚了。

苏 那么你知道如何避免你当前的状况吗？——让我们不要用那个名字来称呼一位英俊的年轻人。

阿 【d】我知道。

苏 如何避免？

阿 这要由你来决定，苏格拉底。

苏 这样说不太好，阿尔基比亚德。

阿 那么我该怎么说？

苏 这要由神来决定。

阿 好吧，我就这么说。我还要说：我们的角色可能会改变，苏格拉底。我会扮演你的角色，而你会扮演我的角色，从今以后我决不会忽视你，而你会一直把我当作你的随从。

苏 【e】那么，我卓越的朋友，我对你的爱会像一只鹳，在你那里孵出爱的结晶以后，就会受到关心和回报。

阿 是的，你说得对。我会马上开始在我身上培养公正。

苏 我相信你会坚持不懈的，但是我担心——不是因为我不相信你的本性，而是因为我知道城邦有多么强大——我担心它会战胜我和你。

阿尔基比亚德
（下篇）

提　要

本篇与上篇标题相同，作者在写作时采用了上篇的一些部分(141a—b 约等于 105a—c;145b—c 约等于 107d—108a)。根据本篇的文风、它对上篇的明显模仿、篇中出现了斯多亚学派的观点，学者们认为它不是柏拉图的作品，可能写于公元前 3 世纪斯多亚学派刚出现的时候。也有学者认为上篇与下篇的写作可能有一个共同的来源，但这种假设无法确证。公元 1 世纪的塞拉绪罗在编定柏拉图作品篇目时，将本篇列为第四组四联剧的第二篇，称其性质是“助产术的”，称其主题是“论祈祷”。① 谈话篇幅不长，译成中文约 9 千字。

阿尔基比亚德打算去祈祷，苏格拉底告诉他，向众神祈求，众神有时会同意我们的要求，但不会同意我们的全部要求，众神对有些人说是，对有些人说不。因此一个人应当注意不要向众神祈求对他有害的东西。阿尔基比亚德认为，向众神祈求有害的东西的人是疯子，心智正常的人不会这样做。(138a—140d) 在这里，把人区分为疯子和心智正常的人实际上是后来斯多亚学派的观点。苏格拉底指出：不应当把缺乏明智的判断等同于精神错乱，祈求有害的东西的根源是人的无知。

苏格拉底进一步指出，灵魂或城邦要想走上正道，必须拥抱这种有关“什么是最好的东西”的知识。没有这种真正的知识，幸运使我们

① 参阅第欧根尼·拉尔修：《名哲言行录》3 : 59。

获得的财富、健康、力量越多，这些事物必然导致的错误越大。(147a) 拉栖代蒙人在公共的和私人的祈祷中首先祈求众神赐给他们好的事物，然后祈求众神赐给他们高尚的事物，此外没有更多的祈求，而祈求者能得到什么，要由众神来掌握。(148d) 有着健全心灵的众神和凡人更像是拥有正义和智慧；没有人是聪明的和正义的，除了那些懂得如何对众神和凡人行事和讲话的人。(150b) 最后，阿尔基比亚德表示要推迟祈祷，直到学会如何正确祈祷。苏格拉底愿意教他区别善恶的办法，但说自己需要首先驱除笼罩在阿尔基比亚德灵魂上的雾气。为了表示感谢，阿尔基比亚德向苏格拉底许诺给他戴花冠。(151b)

正　文

谈话人：苏格拉底、阿尔基比亚德

苏　【138】噢，阿尔基比亚德，你要去祈祷吗？

阿　确实是的，苏格拉底。

苏　你看上去神情沮丧，心事重重。

阿　什么事能让我心事重重，苏格拉底？

苏　【b】在我看来是一切问题中最严肃的问题。我以神的名义起誓，请你把你的想法告诉我。在公共和私人祈祷中，我们向众神提出祈求；它们有时会同意某些要求，但不会同意全部要求，它们对有些人说是，对有些人说不，是这样吗？

阿　它们确实如此。

苏　由于担心自己会在完全没有意识到的情况下祈求巨大的恶，却又以为自己是在祈求巨大的善，所以你会赞成必须小心谨慎，不是吗？我们假定众神脾气很好，会赐予人们索要的一切；【c】正如俄狄甫斯[①]

① 俄狄甫斯（Οἰδίπους），希腊神话人物，底比斯国王。对话中苏格拉底提到一首荷马风格的史诗，讲述不幸的俄狄甫斯和他的家庭痛苦。俄狄甫斯的祈求得到满足，他的儿子们相互残杀。

脱口而出的祈祷，请求众神让他的儿子们拿起武器来解决他们的遗产继承问题。而他本来可以祈求众神让他摆脱重病，而无须添加别的祈求！结果，他提出的请求得到了满足，带来许多可怕的后果，在此我不需要列举。

阿 你在谈论一个疯子，苏格拉底。你认为有哪个心智健全的人会这样祈祷吗？

苏 你把疯狂视为智慧的对立面？

阿 是的，确实如此。

苏 【d】你认为有些人是聪明的，有些人是愚蠢的，是吗？

阿 好像是这样的。

苏 好吧，让我们来看这是怎么一回事。我们已经同意有些是人愚蠢的，有些人是聪明的，还有一些人是疯子。

阿 同意。

苏 有些人是健康的吗？

阿 是的。

苏 有些人是有病的吗？

阿 【139】确实。

苏 他们不是同一批人？

阿 当然不是。

苏 会有人既不是这样，又不是那样吗？

阿 不会。

苏 因为一个人要么是有病的，要么是没病的，对吗？

阿 这就是我的想法。

苏 那么好，你对智慧和愚蠢也这么看吗？

阿 你什么意思？

苏 你认为一个人要么是聪明的，要么是愚蠢的，这是唯一的可能，【b】或者说你认为还有介于二者之间的第三种状态，既不聪明，也不愚蠢？

阿 不，不会有。

苏　所以你要么是这样，要么是那样？

阿　我相信是这样的。

苏　你还记得你同意疯狂是智慧的对立面吗？

阿　是的，我记得。

苏　一个人既不聪明又不愚蠢的第三种状态不存在吗？

阿　不存在。

苏　一样事物能有两个不同的对立面吗？

阿　不能。

苏　【c】所以看上去愚蠢和疯狂是同一样事物。

阿　是的。

苏　所以一切愚蠢的人都是疯狂的，这样说正确吗？——不仅包括与你同时代的这些人，他们中有某些人肯定是愚蠢的，而且包括老一辈人。我以神的名义发誓，请你告诉我，你认为在我们的城邦里聪明人是少数，而大部分人是愚蠢的，或者如你会说的那样，大部分人是疯狂的，不是吗？

阿　我是这样认为的。

苏　【d】你认为在一个有着那么多疯子的城邦里我们能舒服地生活吗？我们不会早就遭遇这样的命运，被疯子拳打脚踢和戏弄吗？事情不就像这个样子，不是吗？

阿　不，根本不是；我好像没有把问题搞清楚。

苏　我也这样认为。让我们试着换一个方式。

阿　你指什么方式？

苏　我会告诉你的。我们假定有些是病人，不是吗？

阿　是的，确实是的。

苏　【e】你认为任何病人必定患有痛风、发烧、眼疾吗？或者说一个人能以其他某些方式生病而没有这些疾病吗？除了这些疾病，肯定还有其他许多疾病，不是吗？

阿　确实是的。

苏　你认为眼疾总是一种疾病，不是吗？

阿 是的。

苏 但疾病总是眼疾吗？

阿 不是，但我不太肯定。

苏 【140】如果你注意听我说，那么我们可以有所发现；因为两个脑袋总比一个脑袋强。

阿 我已经非常注意了，苏格拉底。

苏 好吧，我们同意眼疾总是一种疾病，但并非每一种疾病都是眼疾，不是吗？

阿 是的。

苏 那么好。任何人发烧都是生病，【b】但并非每个人生病都发烧——我想对痛风和眼疾也一样。它们都是疾病，但用医生的话来说，它们呈现相当不同的症状。它们完全不一样，它们也不会产生同样的结果；它们各自按其本性发挥作用，但无论如何它们都是疾病。同理，我们也把某些人划分为工匠，不是吗？

阿 当然了。

苏 有鞋匠、木匠、雕刻匠，还有其他一些匠人我们不需要一一列举。【c】他们都有自己的一份工作，他们全都是匠人；但他们并非全都是木匠、鞋匠、雕刻匠，尽管他们全都是匠人。

阿 他们不是。

苏 那么好，以同样的方式，人各自拥有一份愚蠢；那些拥有最大份额的人我们称之为疯子，那些拥有较小份额的人我们称之为傻子或笨蛋。【d】说话婉转一些的人说他们自大、单纯，或者说他们天真、幼稚、木然；如果花力气去寻找，你会找到许多其他名称。但所有这些都是愚蠢，它们之间的差别就像不同的工作和不同的疾病之间的差别。这样说对吗？

阿 绝对正确。

苏 那么，让我们回过头来说。在我们讨论一开始，我们想要发现什么人是聪明的，什么人是愚蠢的，因为我们同意有些人是这样的，有些人是那样的。

阿 我们确实同意。

苏 【e】你认为聪明人就是那些知道应当做什么和说什么的人，是吗？

阿 是的。

苏 谁是愚蠢的？是那些不知道这些事情的人吗？

阿 是的。

苏 还有哪些既不知道他们一定不能说和一定不能做什么，又不知道他们正在说和正在做什么的人吗？

阿 似乎如此。

苏 【141】我要说，俄狄甫斯就是这样的人。在我们这个时代，你会发现这样的人很多——但不像俄狄甫斯那么狂怒——明明是在祈求对他们来说坏的事物，但却相信它们是好的。俄狄甫斯没有这样想，也没有这样祈求，但其他人的情况很不相同。假定你要对之祈祷的神向你显身，在你开始祈祷之前问你是否乐意成为雅典城邦唯一的统治者——或者说，【b】如果这样还显得吝啬和微不足道，那么神把整个希腊也让你统治——或者说如果神看到你认为这也无足轻重，除非整个欧罗巴也归你统治，于是神就把一切都许诺给你，同时要为克利尼亚之子阿尔基比亚德统治全人类向你表示感谢。如果这种事发生了，我想，你会非常高兴地回家，认为自己已经拥有了最大的善。

阿 苏格拉底，我在想，如果神对其他人许下这样的诺言，他们也会高兴的。

苏 【c】但是，你要用你自己的生命来交换疆域，以及你对全体希腊人和野蛮人的唯一统治。

阿 我不这样想，因为他们对我没有用。

苏 但假定你会使用他们，你对他们的使用会是坏的和有害的吗？你还需要他们吗？

阿 不。

苏 所以你瞧，不清楚想要得到什么馈赠就接受是不安全的，【d】也不能祈求将要伤害一个人或完全夺走一个人的生命的东西。我们可以说出许多人的名字，他们一心一意想要获得唯一的统治权，他们努力想要达到这个目标，以之为巨大的善，结果反而被针对他们统治的阴谋夺走生命。我想你并非不明白最近几天发生的事：马其顿的阿凯劳斯[①]爱一个男人，这个男人对阿凯劳斯的王位的爱大于阿凯劳斯对他的爱，这个男人杀了阿凯劳斯，【e】自己当了国王，成了一个幸福的人。但他只统治了三四天，因为他马上又成为一场阴谋的牺牲品，被人杀死。

在我们自己的公民中也一样——我们不仅听说，而且亲眼所见——【142】我们看到某些人想要统率军队，他们得到了想要的东西，但遭到流放，或者彻底葬送性命。甚至连那些似乎统治得很好的人也生活在危险和恐惧之中；不仅在他们举行的战役中，而且在回家的时候也被告密者紧紧包围，就像被他们的敌人包围，所以他们中有些人希望上苍能让他们能过普通公民的生活，【b】而不是当一名将军。当然了，如果这些危险和负担会带来利益，那么自当别论，但事实上结果经常是相反的。

在孩子的问题上你会发现相同的情况：某些人祈求有孩子，而等他们有了孩子以后，孩子给他们带来了巨大的灾难和悲伤。有些人的孩子非常坏，【c】使他们的整个生活成为一场苦难；有些人的孩子很好，但他们在某些灾难中失去孩子，他们最终的痛苦不亚于其他人，所以他们宁愿自己从来没有孩子。

然而，虽然有这些极为相似的可怕的例子，但你很难发现有谁会拒绝馈赠，或者有谁不祈求自己的愿望得到满足。大部分人如果有机会成为一名统治者或将军，【d】或者有机会得到其他任何将会带来的坏处大于好处的东西，会毫不犹豫地抓住机会；他们甚至会在得到提供之前祈求得到这样的东西。然而，过了没多久，他们就会改变腔调，祈求能够放弃他们前面的祈求。

所以我对此感到困惑，因为人不能“凭着自己的假设”，把他们自己的疾病错误地——或者应当说愚蠢地——“归咎于天神”，从而“超

① 阿凯劳斯（Ἀρχέλαος），人名。

越命限遭不幸。”[①]【e】有一位诗人为他所有的朋友创作了一段祈祷词，大意如下：【143】“大王宙斯，无论我们是否祈祷，请把对我们好的东西赐予我们，无论我们如何努力祈祷，请不要把对我们坏的东西赐予我们。”他确实像个聪明人，我料想他要为他的那些愚蠢的朋友祈求一些较好的东西，而无论他们想要什么。这就是他要加以推荐的，在我看来他说得很好；如果你对他的说法有什么反对意见，请你说出来。

阿 苏格拉底，要反对已经说得很好的意见是很难的。我观察到的一件事情是：无知是许多人邪恶的根源，【b】无知会欺骗我们——更加糟糕的是——去祈求最大的恶。然而，没有人会这样想自己；我们每个人都认为自己不会去祈求最坏的东西，而会祈求最好的东西。因为这样的祈祷真的更像是诅咒，而不是祈祷。

苏 说得好！但某些比你我更聪明的人会说我们用这样一般的术语责备无知是错误的，【c】应当具体说明什么是无知。确实，正像对某些人来说无知是一种恶，而对另外一些人来说，在某些境况下，无知是一种善。

阿 你这是什么意思？对人来说，有什么东西对它的无知比对它有知更好，无论这些人处于何种境况？

苏 我认为有，你呢？

阿 不，我不这样认为；你的生活也不是这样。

苏 我当然不是在断定你曾经想要犯下反对你母亲的罪行，【d】就像俄瑞斯忒斯[②]和阿克迈翁[③]这些人，是吗？

阿 天哪，饶了我吧，苏！

苏 你要向他讨饶的不是说你不曾想要犯下这种罪行的人，而是与

① 荷马：《奥德赛》1：32—34。

② 俄瑞斯忒斯（Ὀρέστης），阿伽门农和克吕泰涅斯特拉之子。阿伽门农被克吕泰涅斯特拉及其奸夫谋杀。他长大后杀死母亲及其奸夫为父亲报仇。

③ 阿克迈翁（Ἀλκμαίων），安菲阿拉俄斯和厄里费勒之子。率众攻打底比斯，获胜回来后杀母为父报仇。

自己自相矛盾的人；因为这种行为在你看来如此可怕，哪怕是举例子提到，你也不喜欢听。但你认为，如果俄瑞斯忒斯有健全的心灵，知道做什么对他是最好的，那么他还敢犯下这样的罪行吗？

阿 不，我不这样认为。

苏 【e】我也不这样认为，还有别的人会这样想吗？

阿 肯定没有。

苏 然而，对最好的事物无知，不知道什么是最好的，这似乎是一件坏事。

阿 似乎如此。

苏 不仅对这个人本身，而且也对其他任何人，是吗？

阿 我同意。

苏 让我们考虑下一个观点。假定你心中产生了这样一个想法，杀死你的朋友和老师伯里克利是一件好事，你拿起匕首去他家杀他，【144】你问看门人他是否在家，而看门人说他在家。我的意思不是说你希望做这样的事，而只是假定你认为最坏的事情就是最好的事情——这种想法可以在任何时候发生在不知道什么是真正的最好的事情的人心里——或者你不这样认为？

阿 绝对如此。

苏 【b】那么好，如果你进到里面，见到伯里克利，但是没有认出他来，以为他是另外一个人，那么你还会继续杀他吗？

阿 以神的名义起誓，我不会。

苏 你的意图肯定不是杀死你遇到的任何人，而只是某个具体的人。对吗？

阿 对。

苏 如果尝试了几次，你总是认不出伯里克利，这个时候你不会下手。

阿 肯定不会。

苏 那么好，你认为如果俄瑞斯忒斯认不出他的母亲，会对她下手吗？

阿　【c】我不这样想。

苏　我假定他也没有杀死他遇到的第一位妇女或者任何人的母亲的意图，而只想杀死他自己的母亲。

阿　你说得对。

苏　所以对处于这种状态，有这种意图的人来说，有些事情他们还是不知道为好。

阿　好像是这样的。

苏　所以你瞧，对某些处于某种状态的人来说，对某些事情不知道比知道要好。

阿　似乎如此。

苏　【d】你现在要仔细看从中可以推出什么结论来，你会有惊喜。

阿　什么惊喜，苏格拉底？

苏　我指的是，一般说来，有些人似乎不知道什么是最好的事物，拥有其他技艺对他们的帮助也很小，而在多数情况下则会给技艺的拥有者带来伤害。请你按照下面这种方式思考。要说某事或做某事的时候，我们必须先知道这些事情，【e】或者至少相信我们知道急于要说的和要做的是什么，是吗？

阿　我相信是这样的。

苏　比如，演说家必须知道或者至少认为自己知道如何就各种问题向我们提建议——无论是战争与和平，或是建造城墙，或是海港的设备。【145】总的说来，依照演说家的建议，城邦处理一切对外事务和内部事务。

阿　事情是这样的。

苏　那么我们来看从中可以推出什么结论。

阿　要是我能看到的话。

苏　你说有些人是聪明的，有些人是愚蠢的，是吗？

阿　是的。

苏　你说大部分人是愚蠢的，少数人是聪明的，是吗？

阿　确实如此。

苏 在各种情况下你使用的是一个标准吗？

阿 是的。

苏 【b】那么好，你说知道如何提建议的人是聪明的，但你不会把提出最好建议的人或者在最佳时机提供建议的人称作聪明的，是吗？

阿 肯定不是。

苏 我想，你也不会把一个知道如何发动战争，而不知道何时发动战争最好、战争最好要进行多久的人称作聪明的，是吗？这样说对吗？

阿 对。

苏 你也不会把一个知道如何杀人、偷窃、放逐人，而不知道何时这样做最好、最好对哪些人采取这样的行动的人称作聪明的，是吗？

阿 是的。

苏 【c】所以我们需要的人不仅要知道这些事情，而且也要知道什么是最好的——这无疑也就是有用的知识。

阿 是的。

苏 这就是我们称之为聪明的人，一个可靠的顾问，既为他自己，又为城邦。而某些不这样的人，我们会用聪明的对立面来称呼他。你怎么看？

阿 我同意你的意见。

苏 现在假定我们有一个知道如何骑马、射箭、拳击、摔跤的人，【d】或者参加其他体育竞赛，展示其他技艺的人。知道如何练习某些具体的技艺才是最好的，你把这种人称作什么？如果我们讲的是骑术，我想你会称他为好骑手。

阿 我会。

苏 如果我们讲的是拳击，你会称他为好拳手，如果是吹笛子，你会称他为好笛手，其他情况亦同。或者说你有不同意见？

阿 不，我没有不同意见。

苏 你现在认为知道这些事情足以使一个人成为聪明的，【e】或者还需要更多条件？

阿 需要更多条件，我发誓。

苏 假定有这样一种状况，有好的弓箭手和笛手，有好的运动员和工匠，我们正在谈论的这种人也在其中，他们只知道如何开战，如何杀人，还有知道如何谈论政治的优秀演说家，但他们没有一个人知道什么是最好的，【146】没有一个人知道什么时候练习他们的技艺是最好的，或者对谁使用他们的技艺是最好的——你认为这会是一种什么样的状况？

阿 一种可悲的状况，苏格拉底。

苏 我肯定，如果你看到他们全部都在为了荣誉而相互竞争，"每个人在政治事务中都抢先显示他自己的卓越。"①——我指的是，按照他自己的技艺来确定什么是最好的——而关于什么才对城邦和他自己最好则可能犯错，因为他没有使用他的理智，而只看表面。【b】如果是这种情况，我们把它描述成纠纷的温床和无法无天难道不对吗？

阿 我们确实可以这样说。

苏 我们不是认为，在要说什么或做什么的时候，你首先必须知道，或者至少认为你知道要做什么或说什么吗？

阿 我们是这样认为的。

苏 所以，如果有人做了他知道的或者他认为自己知道的事情，【c】还有其他有用的知识，我们会判断这对城邦和他本人来说都是一项恩惠？

阿 绝对如此。

苏 但若他做了与此相反的事情，那么对城邦和他本人都没有好处。

阿 没有。

苏 那么好，你现在仍旧这样想，或者已经改变了主意？

阿 我仍旧这样想。

苏 你说你把大多数人称作愚蠢的，只有少数人是聪明的，是吗？

阿 是的。

---

① 欧里庇德斯：《安提俄珀》残篇，第183节。

苏 所以，再重复一下，大多数人不知道什么是最好的，因为他们不用他们的理智，而是只看表面。

阿 【d】是的。

苏 所以对大多数人来说，如果他们匆忙去做他们知道或者以为自己知道的事情，而这些事情将会给他们自己带来的损害大于好处，那么既不知道也不认为自己知道这些事情对他们来说是有益的。

阿 你说得很对。

苏 你瞧，我好像说得很对，我说知道或者以为自己知道看上去就像其他技艺，【e】如果不与有关什么是最好的东西的知识相结合，那么对它们的拥有经常是有害的。

阿 我原来没这么想，但我现在知道了，苏格拉底。

苏 所以，如果一个灵魂或城邦的生命要想走上正道，必须满怀信任地拥抱这种有关什么是最好的东西的知识，就好像病人对他的医生，或者航海者对他的好舵手。没有这一条，【147】幸运使我们获得的财富、健康、力量或其他东西越多，这些事物必然导致的错误越大。有些人可能获得许多技艺，堪称知识渊博，但若被一种技艺或另一种技艺引导，而缺乏这种真正的知识，那么如他所应得的那样，【b】他会碰上非常糟糕的天气，“只身处在茫茫大海之中，没有舵手，而他也活不了多久”。有句诗对他的情况很适用，诗人抱怨某人说，“他所知甚多，但都是错的”。

阿 苏格拉底，这句诗和我们说的事情有什么关系？好像一点儿也不搭界。

苏 很有关系，但是你说得对，他说得很隐晦，【c】就像一名诗人。所有诗歌，就其本性而言都是隐晦的，不是每个人都能懂的；然而，如果诗人可悲地想要尽可能隐藏而不是展示他的智慧，那么要看懂它们的意思极为困难。你认为最神圣、最聪明的诗人荷马【d】——他说马吉特斯[①]所知甚多，但都是错的——知道不可能认识一件错事。我想他是

① 马吉特斯（Μαργίτης），人名。

在说谜语；他的意思是，“错”是一个形容词，而不是副词；他的意思是“去知道”而不是“已经知道”。所以，如果我们忘掉原先的诗歌格律，我们可以综合他的意思：他所知甚多，但对他来说这些事情都是错的。很清楚，要是他知道许多错事，那么要是我们相信我们前面的论证，他必定是个坏人。

阿 【e】我同意，苏格拉底；如果我们不能相信这些论证，我真的不知道我们还能相信什么。

苏 你这样想就对了。

阿 但也许我还会有其他想法。

苏 哦，天哪！你瞧，我们陷入了多么可怕的泥潭，一部分是由于你的过错；因为你不停地改变立场。你刚刚相信了某件事情，但马上又放弃，改变主意。【148】好吧，如果你正要接近的神在你开始祈祷之前向你显现，问你是否乐意得到我们早些时候谈论的某种东西，或者问是否应当由你来任意挑，那么你认为怎样做更好：接受神的提供还是由你自己来祈祷。

阿 我以众神的名义起誓，苏格拉底，回答这个问题我必须花很多时间；【b】马上做出反应是愚蠢的。你必须小心谨慎地弄清楚自己真的不是在祈求坏的东西，而自己却不明白，反而相信它是好的，而稍后如你刚才所说，在没有改变你的腔调之前收回你的所有祈祷。

苏 我在讨论开始的时候提到的这位诗人告诉我们，应当祈求恶以外的事物，他比我们聪明，不是吗？

阿 我猜是的。

苏 基于对这位诗人的敬佩，或是由于他们自己的发现，【c】拉栖代蒙人在公共的和私人的祈祷中采用同样的办法。他们首先祈求众神赐给他们好的事物，然后祈求众神赐给他们高尚的事物；无人曾经听到过他们有更多的祈求。尽管如此，他们迄今为止并没有比其他民族更加不幸；即使他们没有能够始终如一地享有好运，【d】但这并不是因为他们的祈祷。赐予我们所祈求的东西，还是赐予我们与我们的祈求相反的东西，要由众神来掌握。

我想告诉你另外一个故事，是从我的某些长者那里听来的。雅典人和拉栖代蒙人之间发生过一场争执，双方开战，无论在陆上还是在海上，我们的城邦总是遭受挫败，从来没有打过胜仗。雅典人耿耿于怀，【e】想尽一切办法摆脱困境。讨论以后，他们决定派代表团去向阿蒙[①]神求教，尤其要问众神为什么把胜利赐给拉栖代蒙人，而不赐给他们。他们说："我们比其他希腊人奉献更多更好的牺牲，我们神庙装饰得比其他希腊人更美，【149】我们每年为众神组织最庄严、最豪华的游行，我们在这方面花费比其他所有希腊人花的钱加在一起还要多。但是拉栖代蒙人从来没有作过这方面的努力，他们对众神非常吝啬，通常只奉献有缺陷的牺牲，他们的供品的质量不如我们，尽管他们并不比我们穷。"说完这些话，他们还问该怎么办才能摆脱当前碰上的邪恶。【b】无疑是受神的指派，先知喊他们过来，简单地对他们说："阿蒙神告知雅典人：我喜欢拉科尼亚人的简洁话语，胜过希腊人的所有献祭"。这就是他的全部讲话，一个词也不会再多。【c】所谓"简洁话语"，我想神的意思是指拉科尼亚人的祈祷，因为他们的祈祷与其他人的祈祷很不相同。其他希腊人向众神献上用金子包了牛角的公牛以及其他供品后，就向神祈求他们心里想要得到的任何东西，而无论善恶。而众神听到他们亵渎神灵的话语以后会嘲笑这些宏大的游行和献祭。我相信，当我们考虑什么应当说，什么不应当说的时候，我们要小心谨慎。

【d】在荷马那里你能看到其他相似的故事。他告诉我们，特洛伊人在扎营的时候，"向永生的神献上完美的百牛祭，风把香味从平原送上天空，但是幸福的众神并没有接受；【e】众神对神圣的伊利昂、普利阿姆[②]，以及他的有 木枪的人民的仇恨该有多么深啊"[③]。

所以，他们不能得到众神的青睐，徒劳地奉献各种牺牲和礼物对他们没有帮助。因为我无法想象这些礼物就能动摇众神，就像某些低劣的

① 阿蒙（Ἄμμων），埃及神灵，在利比亚沙漠设有祭坛。

② 普利亚姆（Πριάμος），最后一位特洛伊国王。

③ 荷马：《伊利亚特》8：548—552。

放债者；当我们吹嘘在这个方面我们比拉栖代蒙人做得好的时候，我们使自己变得非常愚蠢。

如果众神会更多地考虑我们的供奉和牺牲，而不是考虑我们的灵魂，以及在我们的灵魂中能否找到圣洁与公正，那么这是一件非常奇怪的、非常遗憾的事情。【150】是的，我相信，这就是众神在意的事情，远远超过这些一年又一年由城邦和个人提供的豪华的游行和献祭，我们都知道举行献祭的人可以是一些反对众神和凡人的大罪人。众神并不唯利是图，众神会嘲笑这些事情，如阿蒙及其先知告诉我们的那样。【b】有着健全心灵的众神和凡人更像是拥有正义和智慧；没有人是聪明的和正义的，除了那些懂得如何对众神和凡人行事和讲话的人。现在，我想听到你对所有这些事情有什么看法。

阿 苏格拉底，我的看法与你的看法没有什么不同，与众神的看法没有什么不同；我几乎不可能反对众神。

苏 但你说过，你非常担心自己可能会祈求邪恶的东西，【c】但却不知道它是邪恶的，还以为它是好的，你还记得吗？

阿 我记得。

苏 那么你瞧，向神诉祷对你来说有多么危险，神会听到你错误的祈求，完全拒绝你的献祭，也许还会添加某些以后的惩罚。我希望你尽力保持和平，因为我猜你过于热情了【d】（我用这个委婉的说法来代替愚蠢），愿意使用拉科尼亚人的祈祷。学习如何对众神和凡人行事是要花时间的。

阿 要多久，苏格拉底，谁能教我？我非常想见能教我的这个人。

苏 这个人已经看到你了。但你记得荷马是怎么说的，【e】雅典娜驱除狄奥墨德[①]眼中的雾气，“这样他就能清楚地看见神和人”[②]。你也需要驱除笼罩在你灵魂上的雾气，准备接受区别善恶的办法。当前我认为你做不到这一点。

---

① 狄奥墨德（Διομήδης），人名。

② 参阅荷马：《伊利亚特》5：127—128。

阿 让他来给我消除雾气或者其他什么东西；我准备做他要我做的任何事情，无论他是谁，只要能让我变好。

苏 【151】他也急于提供帮助。

阿 那么我想最好现在就停止献祭。

苏 你说得对，这样做比去冒险要安全得多。

阿 我有个想法，苏格拉底，我将把花冠戴在你的头上，因为你给我提供了这么好的建议。【b】不过要等到你说的那一天到来，我们通常会在那一天给众神献祭，献上花冠和其他供品。天哪，这一天不会太远了。

苏 我很高兴接受你的花冠，我期待着收到你的其他礼物。在欧里庇得斯的戏剧中，克瑞翁[①]看见提瑞西亚头戴花冠，知道是他的敌人给他的奖品，用来奖赏他的技艺。他说："你知道，你的胜利者的花冠对我们来说是一个好兆头，因为我们正在经受狂风暴雨的冲击。"[②]【c】正因如此，我把你赋予我的荣誉当作一个好兆头。因为我像克瑞翁一样，正在经历暴风骤雨，我期待着战胜你的其他爱慕者。

---

① 克瑞翁（Κρέον），人名。

② 欧里庇德斯：《腓尼基人》，858—859。

希帕库斯篇

提　要

本篇被一些学者认为是伪作，理由是文中与苏格拉底谈话的人匿名，以及文中还有某些不切题的内容，由此可以推论对话的作者可能是柏拉图早期学园里的一位成员。作者不仅学到了柏拉图的文风，而且有可能让柏拉图看过这篇对话。但是，这篇对话的语言和措辞符合公元前4世纪的希腊语的风格，很难与真正的柏拉图著作区分开来。公元1世纪的塞拉绪罗在编定柏拉图作品篇目时，将本篇列为第四组四联剧的第三篇，称其性质是"伦理性的"，称其主题是"贪财者"。[①] 谈话篇幅不长，译成中文约5千字。

苏格拉底和一位友人试图发现贪婪的定义。这位友人认为：贪婪就是想要从无价值的事物中获利，贪婪者是邪恶的；苏格拉底表示反对，因为要从无价值的事物中获利是一种愚蠢的意愿，农夫、马夫、船长、笛手、弓箭手都不会这样做，因此根本就不存在任何贪婪的人。(226d) 这位友人又认为：贪婪就是一种赢利的欲望，是一种想要赢得善物的意愿，就是喜爱"好东西"，所以每个人都是贪婪的。(227d)

苏格拉底认为：如果获利是好的，那就不会有什么邪恶的获利，所以每个喜爱好东西的人都是贪婪的，每个人都是贪婪的。这位友人无法理解苏格拉底的意思，指责苏格拉底在论证中欺骗他。苏格拉底不承认自己在欺骗，然后讲述了公元前六世纪晚期的一位统治者希帕库斯的故

① 参阅第欧根尼·拉尔修：《名哲言行录》3：59。

事，然后声称自己从不欺骗朋友。柏拉图把灵魂的非理性部分称作贪婪(《国家篇》581a，586d)，但并没有详细讨论贪婪本身。

正　文

谈话人：苏格拉底、友人

苏　【225】什么是贪婪？贪婪能是什么，谁是贪婪的人？

友　在我看来，贪婪者就是那些认为从无价值的事物中获利是个好主意的人。

苏　你认为他们知不知道这些事物是无价值的？因为，要是他们不知道，那么你的意思是贪婪者是愚蠢的。

友　不，我不认为他们愚蠢。我的意思是：【b】他们是一些肆无忌惮的、邪恶的人，他们知道他们用来获利的事物没有价值，但被利益所驱使；他们的厚颜无耻使他们贪得无厌。

苏　所以，贪婪者，比如说种庄稼的农夫，知道他种的东西没有价值，但认为他种下的东西长起来以后可以获利是个好主意，这是你的意思吗？你指的是这种人吗？

友　不管怎么说，苏格拉底，贪婪的人认为自己必须从一切事物中获利。

苏　你别这么说，就好像你被我骗了；【c】请你注意听，然后回答我的问题，就好像我从头问起。你不是同意贪婪者知道他认为可以从中获利的那些事物的价值，并且认为用它来获利是个好主意吗？

友　我同意。

苏　所以，谁知道庄稼的价值，谁知道什么季节和什么土壤适宜种庄稼？——法律专家会用一些短语来美化他们的演说，我们也可以使用这些精巧的话语。

友　【d】我想是农夫。

苏　“认为用它来获利是个好主意”，你指的是可以用来获利的任何东西吗？

友 我是这个意思。

苏 【226】那么好，你别想欺骗我——我已经年迈，而你还非常年轻——不要像刚才那样，回答我的问题时说一些你本人并不这么认为的意见，你要说真话。你认为有哪个种庄稼的人期待从一些他知道没有价值的庄稼中获利吗？

友 我以宙斯的名义起誓，我不这样认为！

苏 那么好，马夫故意给他的马喂一些没有价值的草料，你认为他不知道他正在伤害他的马吗？

友 我不这样想。

苏 【b】所以，他并不期待从那些没有价值的草料中获利。

友 不期待。

苏 那么好，你认为一条船的船长会给他的船装上一些没有价值的船舵和船帆，而不明白他会因此而遭受损失，并且要冒丧命，翻船，失去船上所载一切货物的危险吗？

友 不，我不这样认为。

苏 【c】所以他并不期待从这些无价值的装备中获利。

友 完全不。

苏 或者一位知道他的军队拥有的武器是没有价值的将军会期待用这些武器来获利，或者认为用它们来获利是个好主意吗？

友 肯定不会。

苏 或者一名知道他的笛子是无价值的笛手，或者一名知道他的琴是无价值的琴师，或者一名知道他的弓是无价值的弓箭手，简言之，拥有一些无价值的工具或装备的工匠或聪明人会期待用它们来获利吗？

友 【d】显然不会。

苏 那么，你说的贪婪的人是谁？刚才提到过的这些人肯定不期待从他们知道没有价值的东西中获利。在这种情况下，我的好朋友，按照你的说法，根本就不存在任何贪婪的人。

友 苏格拉底，我的意思是：贪婪者的贪婪使他们拥有一种无法满足的欲望，他们甚至想要从那些实际上相当琐碎，【e】几乎没有什么价值，或者完全没有价值的事物中获利。

苏 我的好朋友，他们当然不知道这些事物是无价值的，但我们刚才已经用我们的论证证明这是不可能的。

友 我相信他们不知道。

苏 如果他知道，那么他们显然对此无知，以为这些无价值的东西非常有价值。

友 显然如此。

苏 贪婪者当然喜爱获利。

友 是的。

苏 【227】所谓获利，你指的是损失的对立面。

友 是的。

苏 有谁遭受了损失反而是件好事，有这样的人吗?

友 一个也没有。

苏 是件坏事?

友 是的。

苏 所以人是由于遭受损失才受到伤害的?

友 是的，人因此而受到伤害。

苏 所以损失是坏的?

友 是。

苏 获利是损失的对立面吗?

友 是的，是对立面。

苏 所以获利是好的?

友 是。

苏 所以你把那些喜爱好东西的人称作贪婪的?

友 好像是这样的。

苏 【b】好吧，我的朋友，你至少还没有把那些疯子称作贪婪的。但你本人，你认为自己喜爱好东西吗?

友 我喜爱。

苏 有什么好东西是你不喜爱的吗？或者有什么坏东西是你喜爱

的吗？

友 我以宙斯的名义起誓，我不爱坏的东西。

苏 所以，我可以假定你喜爱一切好东西？

友 是的。

苏 如果我和你不一样，你也可以这样问我；因为我同意你的看法，我也喜爱好东西。但是除了你和我，【c】你相信其他所有人也喜爱好的东西，仇恨坏的东西吗？

友 在我看来，好像是这样的。

苏 我们同意获利是好的，是吗？

友 是的。

苏 那么好，按照这条思路，每个人似乎都是贪婪的；而按照我们前面所说，没有人是贪婪的。所以这些不同的思路哪一条可以安全地依靠？

友 我想，苏格拉底，我们必须得到有关贪婪者的正确观念。正确的观念是：【d】贪婪者是一个人，他关注并且认为从一些事物中获利是一个好主意，但有道德的人是不敢从这些事物中获利的。

苏 但是你瞧，我亲爱的伙伴，我们已经同意获利是有益的。

友 嗯，那又怎样？

苏 我们还同意每个人总是想要好东西。

友 是的。

苏 因此，哪怕是好人也想获得各种利益，至少如果这些利益是好的。

友 【e】但是他们不能从会使他们遭受伤害的东西中获利，苏格拉底。

苏 所谓"遭受伤害"你的意思是"遭受损失"，还是其他什么意思？

友 不，我指的是"遭受损失"。

苏 人们由于获利而遭受损失，还是由于损失而遭受损失？

友 由于二者；由于损失他们会遭受损失，由于邪恶的获利他们也会遭受损失。

苏 好吧，你相信任何善的和好的事物是邪恶的吗？

友 我不相信。

苏 【228】我们刚才同意获利是损失的对立面，而损失是坏的，是吗？

友 我会这样说。

苏 作为坏的对立面，那么它是好的吗？

友 我们同意这个看法。

苏 所以你瞧，你试图欺骗我，故意说我们刚才同意过这个对立面。

友 不，我以宙斯的名义起誓，苏！正好相反，是你在欺骗我，你在用这些论证颠覆我——但我不知道你是怎么干的！

苏 【b】小心你说的话；对我来说，要是不服从一个好人和聪明人是不对的。

友 你在说谁？你在说什么？

苏 我指的是我和你的同胞公民，庇西特拉图[①]之子，菲莱德亚[②]的希帕库斯[③]，他是庇西特拉图的孩子中最年长、最聪明的。除了在其中展示他的智慧的诸多卓越行迹，他第一个把荷马的著作带到这块土地上来，强迫那些吟诵诗人在泛雅典娜节庆上背诵它们——一个接一个——【c】至今仍旧这样做。他派遣一艘五十桨的船送他去忒奥斯[④]见阿那克瑞翁[⑤]。他还款待开奥斯的西摩尼得，让他待在自己身边，送给他许多钱财和礼物。他做这些事是为了教育公民，让他统治下的公民尽可能地变好；他像一名绅士，他认为吝啬地不把智慧给予任何人是不对的。

---

① 庇西特拉图（Πεισιστράτους），人名。

② 菲莱德亚（Φιλαϊδῶν），地名。

③ 希帕库斯（Ἵππαρχος），人名。

④ 忒奥斯（Τήος），地名。

⑤ 阿那克瑞翁（Ἀνακρέον），人名。

城里的公民受到他的教育，对他的智慧留下深刻印象以后，他决定也要教育乡下的公民，【d】沿着城市中心通往各个区的大路边竖起赫耳墨斯柱[①]。然后，他从他的智慧宝库中——他学来的和他自己发现的——选出他认为最聪明的想法，写成优雅的诗句（他自己的诗歌和他智慧的典范），刻在赫耳墨斯柱上。之所以这样做，他为的是：首先，他的公民对那些智慧的德尔斐的铭文，【e】“认识你自己”、“切勿过度”，以及其他这类东西，不会留下深刻印象，但会认为希帕库斯的话更加明智；其次，公民们来回经过那里的时候可以读到这些铭文，领略他的智慧，会从乡下到城里来完成他们的教育。【229】竖立在城市或每个区中央的石柱有两面：一面刻着赫耳墨斯的像，而另一面则写着“这是希帕库斯的纪念碑，经过这里心中要有正义感。”在通往斯提里亚[②]的路上，刻在其他赫耳墨斯柱上的还有他的许多优美的诗句。有一句诗很特别：“这是希帕库斯的纪念碑；【b】不要欺骗一位朋友。”所以，由于我是你的朋友，我绝对不会违背这位伟人的教导欺骗你。

希帕库斯死了以后，他的兄弟希庇亚[③]对雅典人实行了三年专制统治，你会听说雅典人在整个早期只有这三年有僭主，而在其他时期，雅典人就好像生活在克洛诺斯为王的时代。[④]实际上，【c】比较聪明的人说希帕库斯之死并非像普通人想象的那样，因为他的妹妹愚蠢地、不体面地拎着放供品的篮子[⑤]，而是因为哈谟狄乌成了阿里司托吉顿[⑥]的男友，受到他的教育。阿里司托吉顿也为教育这个人而感到自豪，他把自己当作希帕库斯的对手。【d】但在那个时候，哈谟狄乌正好是那个地区的一名英俊的贵族青年的情人（他们说了他的名字，但我不记得了。）不管怎么说，这位青年对哈谟狄乌和阿里司托吉顿的睿智留下深刻印

① 赫耳墨斯柱（Ἑρμς），石柱，上有赫耳墨斯雕像。

② 斯提里亚（Στειρια），地名。

③ 希庇亚（Ἱππίας），人名。

④ 克洛诺斯是宙斯之父，他统治的时代是神话中的黄金时代。

⑤ 泛雅典娜节庆典中的一种祭仪。

⑥ 阿里司托吉顿（Ἀριστογείτον），人名。

象，但是后来——在与希帕库斯交往以后——他抛弃了他们，他们感到羞辱，为此杀害了希帕库斯。

友 好吧，苏格拉底，看起来，要么你没有把我当作你的朋友，要么你把我当作朋友，但没有服从希帕库斯的教导。【e】因为你绝对不可能说服我说你没有在这些论证中欺骗我，虽然我不知道你是怎么做到的。

苏 很好，就像一场友好的跳棋游戏，我愿意让你收回你在讨论中已经说过的任何想法，这样你就不会感到自己受骗了。所以，我能从你那里收回一句话吗？所有人都想要好东西。

友 不行，这句不行。

苏 遭受损失，或者损失，是坏的，这一句怎么样？

友 不行，这句不行。

苏 获利或赢利是损失或遭受损失的对立面，这一句怎么样？

友 【230】这一句也不行。

苏 获利，作为坏的对立面，是好的，这一句怎么样？

友 它并非总是好的，你可以收回这一句。

苏 所以，你似乎相信有些获利是好的，有些获利是坏的。

友 我相信。

苏 好吧，我收回这一句，让我们说有些获利是好的，有些获利是坏的。好的或坏的都不是更为有利的。这样说对吗？

友 你要问什么？

苏 我会解释的。有些食物是好的，有些食物是坏的，是吗？

友 【b】是的。

苏 那么，它们中的一个比其他更是食物，或者说它们都是同样的东西，都是食物，至少在这个方面，就它们都是食物而言，它们没有区别，而只是在某个范围内一个是好的，另一个是坏的，是吗？

友 是的。

苏 饮料和其他东西也一样；同一类东西中有些是好的，有些是坏的，这种时候，就它们是相同的事物而言，它们之间没有区别吗？【c】

比如人，我假定：一个人是有美德的，一个人是邪恶的。

友 是的。

苏 但他们中任何一个都不会比另一个或多或少地更是人，我在想，有美德的人不会比邪恶的人更加是人，反之亦然。

友 说得对。

苏 我们也能以这种方式考虑获利，邪恶的获利和合乎美德的获利都是获利吗？

友 它们必定都是获利。

苏 所以，一个人合乎美德地获利并不会比邪恶地获利更有利【d】——而是它们中的任何一种获利都不会比另一种获利更加有利，这是我们同意的。

友 是的。

苏 我们不可能“增加”或“减少”它们中的任何一个。

友 完全不可能。

苏 对无法再增加的事物，一个人承受这些事物怎么可能或多或少呢？

友 不可能。

苏 因此，由于二者都是获利和有利的，我们现在必须考察从根本上说你为什么要把二者称作获利【e】——你看它们二者有什么相同之处？比如我刚才提供的例子，如果你问“从根本上说，你为什么要把好的和坏的食物都称作食物”，我会告诉你，这是因为二者都给身体提供固体的营养——原因就在于此。你肯定会同意这就是食物的定义，是吗？

友 我会同意的。

苏 关于饮料，答案也一样，它是身体的液体的营养，无论是合乎美德的，还是邪恶的，【231】都会有“饮料”这个名字，其他例子也一样。因此，请你试着模仿我的回答。当你说合乎美德的获利和邪恶的获利都是获利时，你在其中看到了什么相同的东西——这就是获利？如果你本人再次不能回答，请考虑一下我说过的话：你把没有任何花费而获取，或者花费较少而获取较多，都称作获利吗？

友　【b】是的，我相信我会称之为获利。

苏　你的意思是这样的吗——你应邀赴宴，没有花费，吃得很饱，但后来生病了？

友　宙斯在上，我不是这个意思！

苏　如果你由于赴宴而变得健康，你是获利还是损失？

友　获利。

苏　所以我们至少可以说，获取能获得的一切不是获利。

友　肯定不是。

苏　如果获取的东西是坏的，它就不是获利，对吗？但若一个人获取的东西都是好的，他不就是在获利吗？

友　显然是的，如果获取的东西是好的。

苏　【c】如果它是坏的，一个人不就是在遭受损失吗？

友　我相信是这样的。

苏　你看不出你又返回原地了吗？获利似乎是好的，损失似乎是坏的。

友　我不知道该怎么说。

苏　至少你的不知所措还算公平。但是请你回答我的问题：一个人的所获大于他的花费，你说这是获利吗？

友　如果他获得的东西是坏的，我不会说他获利，但若一个人获得的金银多于他花费的金银，那么我说它是获利。

苏　我正要问你：如果有人花了一定分量的黄金，【d】得到双倍分量的白银，他是获利还是损失？

友　肯定是损失，苏格拉底，因为他的黄金只值双倍的白银，而不是值十二倍。

苏　但他获得的仍旧更多，两倍不是多于一半吗？

友　至少按银子和金子的价值来说不是这样。

苏　所以，我们似乎必须给获利添上价值的观念。至少，你现在说的白银，虽然分量比黄金多，但不一定比黄金更值钱，而黄金，虽然分量较少，也可以拥有与白银相同的价值。

友 【e】当然，情况确实就是这样。

苏 那么价值就是能带来获利的东西，无论价值是大的还是小的，没有价值就不会带来获利。

友 是的。

苏 所谓“价值”，你指的是“值得拥有”的东西以外的什么东西吗？

友 价值就是“值得拥有”的东西。

苏 还有，所谓“值得拥有”，你指的是有益的东西还是无益的东西？

友 肯定是有益的东西。

苏 好，有益的东西是好的吗？

友 是的。

苏 【232】所以，我的勇士，我们不是再次——这是第三次或第四次了——得到了一致的意见，有益的东西是好的，是吗？

友 似乎如此。

苏 你还记得使我们的讨论得以发生的那个观点吗？

友 我想是的。

苏 如果不是，我会提醒你。你不同意我的意见，声称好人不想获得任何利益，而只想获得那些好的利益，而不是坏的利益。

友 是的，确实如此。

苏 【b】现在这个论证不是在强迫我们同意所有获取都是好的，而无论大小吗？

友 苏格拉底，它在迫使我，而不是在说服我。

苏 好吧，也许晚些时候它会说服你。但是现在，无论你处于什么境况——被说服了或是没有被说服——你至少和我们一样，同意一切获利都是好的，无论大小。

友 我同意。

苏 你同意一切有美德的人想要一切好东西，或者你不同意？

友 我同意。

苏 【c】那么好，你本人说邪恶的人喜爱获利，无论大小。

友 我说过。

苏 所以按照你的论证，所有人都是贪婪的，无论是有美德的人还是邪恶的人。

友 显然如此。

苏 因此，如果有人责备别人贪婪，那么这个批评不正确——因为反过来说，责备别人贪婪的人自己也是贪婪的。

克利托丰篇

提　　要

据学者们的分析，这篇对话的作者是公元前4世纪的某位学园成员。尽管它只是一份简短的残卷，但涉及了一些有趣的问题。公元1世纪的塞拉绪罗在编定柏拉图作品篇目时，将本篇列为第八组四联剧的第一篇，称其性质是"伦理性的"，称它是一篇"导论"。[①] 译成中文约4千字。

苏格拉底与克利托丰谈话，克利托丰在《国家篇》中出现过，是塞拉西马柯的朋友。激进的塞拉西马柯的观点遭到拒斥。但克利托丰非常钦佩塞拉西马柯，对苏格拉底则大为不满。克利托丰在对话中说明了他的真实看法。他认为，苏格拉底激起了克利托丰对美德的渴望，但却不能使克利托丰在寻求有关美德的知识时获得满意，他的探求总是走上绝路。除非苏格拉底能做更多的事情，否则听从苏格拉底的人就像落入狂妄的庸医之手的病人那样危险。如果苏格拉底把自己限定在劝诫人们要学会公正，那么他的谈话能够促使人们觉醒。但是苏格拉底不应该认为，通过学会公正就能成为这方面的行家，他还应当说明公正如何产生，就像医药使病人康复一样（409b）。在所谓柏拉图对话中，苏格拉底成为攻击的靶子，最后无还手之力的情况是很少见的。

---

① 参阅第欧根尼·拉尔修：《名哲言行录》3：60。

正　文

谈话人：苏格拉底、克利托丰

苏　【406】我们最近听说，阿里司托尼姆[①]之子克利托丰[②]在与吕西亚斯[③]讨论时，批评苏格拉底的言论，同时高度赞扬塞拉西马柯[④]的教导。

克　苏格拉底，无论是谁跟你说的，都歪曲了我对吕西亚斯所说的对你的评价。尽管我确实没有赞扬你的某些事情，但我真的赞扬了你的其他一些事情。你现在显然是在责备我，尽管装得满不在乎，但我还是很乐意把我是怎么说的告诉你——尤其现在只有我们俩在场——所以你不必设定我有什么事情要反对你。事实上，你可能没有听到真相，因此我想你毫无必要对我那么严厉。所以，要是你能让我自由地讲话，我很乐意这样做——把我是怎么说的告诉你。

苏　【407】当然可以，你想要帮助我，如果我不接受，那是可耻的；显然，一旦知道我的优点和缺点，我就会在实践中发挥我的优点，尽可能地消除我的缺点。

克　那么，听着，苏格拉底。当我和你交往的时候，你说的话经常令我感到震惊。在我看来，你高谈阔论，显得比其他所有人都要高明，你就像悬挂在悲剧舞台上方的神一样责备全人类，发出这样的告诫：

> 【b】啊，人啊，你出生在什么地方？你不明白你做的事情没有一件是你应当做的吗？你们这些人竭尽全力为自己谋取财富，但是你们既不能让继承你们财产的儿子们知道如何公正地使用财富，也

---

① 阿里司托尼姆（Ἀριστωνύμυς），人名。

② 克利托丰（Κλειτοφῶν），本篇对话人。

③ 吕西亚斯（Λυσίας）是雅典的著名演说家，参阅《斐德罗》227a 以下。

④ 塞拉西马柯（Θρασύμαχος），智者，《国家篇》对话人。

找不到老师教他们如何公正（如果公正可教的话），也没有任何人可以恰当地锻炼或训练他们（如果公正需要锻炼或训练的话）——你们自己确实也没有这样的经历！

【c】你和你的孩子在语法、体育和技艺方面接受过完全的教育——你认为这是最完全的美德教育——但结果是你仍旧不能很好地使用财富，看到这种情况，你怎么能够轻视我们当前的教育，去寻找那些能够把你从这种文化缺乏中拯救出来的人呢?！然而，就是这种不和谐和漫不经心，不按照琴声跳出正确的舞步，【d】使兄弟之间，城邦之间的和谐尽失，相互碰撞和争斗，把战争的恐怖强加给对方，而自己也承受战争的恐怖。

你说人们是不公正的，因为他们想要不公正，而不是因为他们无知或未受教育。但另一方面，你厚颜无耻地说不公正是可耻的，是众神痛恨的。那么好，谁有可能自愿选择这样的邪恶？你说"他也许被快乐打败了。"但是，如果征服是自愿的，那么失败岂不是非自愿的吗？于是你就寻找各种方式来论证不公正是非自愿的，【e】每个人在私下里或者每个城邦都要公开地关注这个问题，其程度应当远远超过现在这个标准。

苏格拉底，听你一次又一次地说这些事情，给我留下非常深刻的印象，我把你捧上了天；你还继续讲了下一个观点，说那些锻炼身体、轻视灵魂的人正在做某些同样的事情，忽视本应进行统治的灵魂，忙于本应被统治的身体；还有，你说最好把那些你不知道如何使用的东西留下，不要使用；如果有人不知道如何使用他的眼睛、耳朵或他的整个身体，【408】他最好不用它们，无论是看、听或其他，而不是胡乱地使用它。事实上，同样的道理也适用于技艺；因为某些不知道如何使用他自己的七弦琴的人很难能够使用他邻居的七弦琴，某些不知道如何使用他人的七弦琴的人也不能够使用他自己的七弦琴，其他任何器具或财物也一样。你的讲话传递出一种神奇的色彩，你得出结论说某些不知道如何使用他的灵魂的人最好让他的灵魂休息，他最好不要活了，而不是去过一种仅仅凭借他个人奇想来采取行动的生活。【b】如果由于某些原因必须活着，那么这样的人当一名奴隶胜过当自由人，他应当把他的心灵之舵，就像船上的舵一样，交给其他某些知道如何掌舵的人，你苏格拉底经常把这样的人称作政治家，说这种技艺与司法的技艺、公正是相同的。

【c】我大胆地说，我决不会反对你的论证，我相信我也不曾反对过它们，以及其他许多像它们一样雄辩的论证，其结论是：美德是可教的，应当关心人本身而不是其他任何事情。我把这些观点视为非常有益的，可以有效地使我们转向正道；它们确实能唤醒我们，就好像我们正在睡觉。因此，我对这样的论证会产生什么结果非常感兴趣；我第一个要问的不是你苏格拉底，而是你热情的同伴、追随者、朋友，或者无论他们与你是什么关系。我首先要问这些你认为真的像回事的人；【d】我要以某种有点像你本人的风格，问他们后续的会是什么样的论证：

> 啊，你们这些最杰出的先生，我们真的要按照苏格拉底的鼓励去追求美德吗？我们要相信事情就是这样，进一步追问并充分掌握是不可能的吗？【e】让那些还没有发生转变的人转变，让他们也能转变其他人，这就是我们终生的工作吗？即使我们同意这就是一个人应当做的事情，我们难道不能问苏格拉底，或者相互发问，下一步是什么呢？我们怎样开始学习公正？我们该怎么说？
>
> 就好像我们是一些不明白有体育、医学这种事情的儿童，有人看见了，就鼓励我们要照料我们的身体，并且责备我们说，如果我们全身心地投入这种照料，去种植小麦、大麦、葡萄，以及其他我们为了身体的缘故，通过艰苦的劳动而获取的所有东西，那么这样做是可耻的，【409】我们找不到能使身体本身尽可能好的其他技艺和手段，哪怕这样的技艺存在。现在，如果我们问那个鼓励我们的人，“你说的是哪些技艺？”他也许会回答说“体育和医学”。我们该怎么办？我们会说是那种与灵魂的美德有关的技艺吗？让我们有一个答案。

你的同伴中显得最难对付的那个人回答了这些问题，他告诉我，这种技艺就是【b】“你听苏格拉底谈论的技艺，亦即公正本身”。我说：“不要只是给我一个名称；请你试着按照这样一种方式作出回答。医学肯定是一种技艺。它有两个后果：它能在已经是医生的那些人之外产生其他医生；它能产生健康。在这两种结果中，第二种结果本身不是技艺，而是技艺的产物，我们把这种产物称作‘健康’；技艺本身是教和被教的东西。同理，木匠的技艺产生的结果是房子和木匠本身；第一种结果是产物，而第二种结果是被教的东西。让我们假定，公正的第一个结果也是产生公正的人，【c】就像其他技艺一样，它的目标是产生有这种技艺的人——但是我们会把另一个结果，由公正的人为我们产生的那个产物叫作什么？请你告诉我。”

他说是“有益的东西”，而有人说是“恰当的东西”，有人说是“有用的东西”，有人说是“有利的东西”。我坚持说，“所有这些词，‘正确的’、‘有利的’、‘有用的’，等等，都可以在这些技艺中找到。然而，当我们问所有这些技艺有什么样的主旨时，【d】我们必须提到每一种技艺特有的产物。比如，对木匠的技艺使用‘好’、‘恰当’、‘适当’这些词的时候，讲的是用木头制造的产品，它们是和技艺本身不同的产物。那么，公正的独特的产物是什么呢？请你给我这种回答。”

苏格拉底，你的一位朋友最后回答说——他这样说确实相当能干——公正特有的、与其他技艺不同的产物是在城邦内产生友谊。他的回答遭到异议，这时候他说，友谊总是好的，决不会是坏的。【e】进一步遭到异议时，他认为我们所说的儿童和动物的友谊不是真正的友谊，因为他得出这样的结论，这样的友谊在更多的时候是有害的，而不是好的。为了避免把这种友谊说成是真正的友谊，他声称这些关系根本不是友谊，把它们称作友谊是错误的；真正的友谊最确切地说是一致的意见。当问到他认为这种一致的意见是共有的信念还是知识的时候，他否定了前一种建议，因为这样一来他不得不承认许多人的共有信念是有害的，而他已经认为友谊完全是好的，是公正的产物；所以他认为，一致的意见就是相同，它是知识而不是信念。

【410】我们的争论进到这一步的时候真的无法再继续前进了，那些旁观者开始插话，说这个论证绕了一大圈又回到了它的起点。

他们说："医药也是一种一致同意，就像每一种技艺一样，都能说出它是干什么的。但是你说的'公正'和'一致同意'却说不出它们的主旨，所以不清楚它们的产物是什么。"

【b】所以，苏格拉底，我最后向你本人提出这些问题，你对我说，公正的主旨就是伤害敌人和帮助友。但是后来的结果是，公正的人决不会伤害任何人，因为他所做的一切都是为了所有人的利益。

我承受这样的失望不是一两次，而是长时间的，我最后厌倦了请你作答。我得出结论，你比其他人强的地方在于你能使人发生转变，使人追求美德，二者必居其一：这可能就是你能做的全部，不可能再多了——在其他技艺中也会发生这种情况，【c】比如某个不是舵手的人扮演舵手，赞扬舵手的技艺，说它对人类有巨大的价值；对其他任何技艺也可以这么说。对公正也一样，有人会指责你，说你能很好地赞扬公正，但你却不能使自己拥有更多的关于公正的知识。这不是我现在的观点，但只有两种可能性：要么你不知道公正，要么你不希望拿它来与我分享。

【d】我假定，正是由于我不知所措，所以我去找了塞拉西马柯和其他我能找的人。如果你最后打算停止对我的鼓励——我的意思是，你过去曾经在体育方面鼓励我，要我一定不要轻视身体，你会给我进一步的鼓励，亦即解释我的身体的本性，以及如何对待这种本性所需要的东西的方法——【e】那么你现在应该停止了。

假定克里托丰同意你的意见，轻视灵魂本身，只关心我们为了灵魂的缘故而去努力获取的东西，那么这样做是荒谬的。假定我现在还说了所有其他后继的我正在做的事情，那么就请你这样做，我不会当着吕西亚斯和其他人的面为某些事赞扬你，而又为其他一些事批评你，我现在也一样。我会这样说：苏格拉底，在这个世界上，你对某些还没有转变，还没有追求美德的人是有价值的，你对那些已经转变，正在追求美德以获取幸福的人是有价值的。

塞亚革斯篇

提　要

据学者分析，本篇的写作年代大约为公元前350年以后，当时的柏拉图学园中有一些哲学家对神迹和灵异感兴趣，本篇对苏格拉底的“灵异”作了生动的描述，本篇的作者可能就是他们中的某一位。公元1世纪的塞拉绪罗在编定柏拉图作品篇目时，将本篇列为第五组四联剧的第一篇，称其性质是“助产术的”，称其主题是“论哲学”。[①] 译成中文约8千字。

塞亚革斯是德谟多库的儿子，在柏拉图对话中出现过两次。《申辩篇》(34a) 提到他的名字，《国家篇》(496b) 提到他身体虚弱多病。在本篇中，父亲德谟多库担心他的前程，认为让他与苏格拉底交往是从政前的最好的准备。塞亚革斯也希望通过向苏格拉底学习来完成他的政治雄心。苏格拉底说，年轻人与他交往并非总是受益，因为他自己不懂那些宏大的学问，除了爱情，他对其他事情一无所知 (128b)。尽管苏格拉底自称没有什么知识可以教给年轻人，但通过谈话可以使他们在道德上得到改善。

正　文

谈话人：德谟多库、苏格拉底、塞亚革斯

德　【121】啊，苏格拉底，如果你有空，我想找你私下里谈一谈，

① 参阅第欧根尼·拉尔修：《名哲言行录》3：59。

哪怕你很忙，仍旧请你为了我的缘故，给我一些时间。

苏 好吧，我正好有空，为了你，我会有很多时间。如果有什么要说的，请说。

德 你不在意我们往回走，去“拯救者”宙斯的柱廊吗？

苏 只要你乐意。

德 【b】那么好，我们走吧。

苏格拉底，一切有生命的东西都会遵循同样的路径，尤其是人，其他动物和生长在地上的植物也一样。对我们农夫而言，备耕是一件易事，播种也很容易。但是种下的东西长出来以后，要照料它们，就有大量艰苦的工作要做。对人来说也一样，【c】如果其他人也有我这样的问题。我发现，播种或生育我这个儿子——无论你想怎么说——是世上最容易的事。但要抚养他很难，我总是为他焦虑。

我可以提到许多事情，但他最近的欲望真的令我害怕——这种欲望不是受到克制，还是到了危险的地步。他就在这里，【d】苏格拉底，他说他想要变得聪明。我想到的是，到镇上来的那些同一区域的孩子把他们听来的某些讨论告诉他。他妒忌他们，对我也唠叨了很长时间，要我认真对待他的雄心壮志，付钱给某些能使他变聪明的专家。钱的问题不重要，【122】但我认为他的想法很危险。

我安慰他，劝阻他。但我不能长时间这样做，所以我想最好让他去，这样他就不会变坏了，因为他也有可能与某些我不知道的人交往。安排这个孩子与某位所谓的专家待在一起，这就是我到镇上来的原因。你正好出现在我们面前，我非常乐意听到你的建议，我们下一步该怎么办。【b】如果你对我们有什么建议，欢迎你提出来。

苏 好，德谟多库①，你要知道，有人说提建议是一件神圣的事，如果提建议是神圣的，那么在这件事情里提建议肯定也是神圣的。世上没有任何事情能比接受教育自己和家人的建议更神圣。

【c】我们首先要明确你我到底打算讨论什么。也许会发生这样的事，

① 德谟多库（Δημοδόκου），本篇对话人。

我想的是一件事，你想的是另外一件事，讨论了一阵子以后，我们俩发现自己真愚蠢，因为我这个提建议的人和你这个接受建议的人想的完全是两码事。

德 苏格拉底，我想你是对的，我们应当先来明确一下。

苏 我是对的，但还不完整——我要做一点小小的改动。我想到，这个年轻人并不是真的想要我们认为他想要的东西，而是其他东西。在这种情况下，【d】我们的想法会变得更加荒唐和不相干。所以我们最好还是从这个孩子本身开始，问他到底想要什么。

德 行，似乎最好按你说的去做。

苏 告诉我，这位年轻人的漂亮名字是什么？我们该怎么称呼他？

德 苏格拉底，他的名字是塞亚革斯[①]。

苏 德谟多库，你给你儿子起了一个漂亮的名字，跟神有关。[②]【e】那么，告诉我，塞亚革斯，你说你想变得聪明，你想要你父亲在这里安排你和某个能使你变聪明的人交往吗？

塞 是的。

苏 你把谁称作是聪明的——那些知道的人（无论知道什么），还是那些不知道的人？

塞 那些知道的人。

苏 你父亲不是让你和其他一些同龄的贵族子弟一道接受过教育和训练吗，比如阅读、写作、弹琴、摔跤，还有其他运动？

塞 是的，他这样做了。

苏 【123】然而你认为自己缺乏某些知识，而你父亲适宜向你提供？

塞 是的。

苏 你想要什么？告诉我们，这样我们才能帮你的忙。

塞 苏格拉底，他是知道的，因为我经常跟他提起。但是当着你的

---

① 塞亚革斯（Θεάγης），人名。

② 塞亚革斯这个名字的词义是“神指引的”、“神敬重的”、“敬神的”。

面，他说的就好像不知道我想要什么。实际上，为了这些事情我们发生过争论，他拒绝安排我和其他任何人见面。

苏 但是你说这样说好像没有证人。【b】现在让我来当你的证人，当着我的面说出你想要的这种智慧是什么。说吧，如果你想要的智慧就是用来给船掌舵的智慧，那么我会问你："塞亚革斯，你缺少什么智慧？你为什么要批评你父亲拒绝让你和某些能使你聪明的人在一起？"你会怎样回答我？这种智慧是什么？它不是舵手的技艺，是吗？

塞 不是。

苏 【c】如果你因为想要驾马车的技艺而批评你父亲，那么我还要问，这种智慧是什么，你会怎么说？你想要的智慧不是驾马车的技艺吗？

塞 不是。

苏 你当前想要的东西是某种没有名称的东西吗，或者说它有名称？

塞 我想它有名称。

苏 那么你知道这样东西，但是不知道它的名称，或者说你也知道它的名称？

塞 我也知道它的名称。

苏 那么它是什么？告诉我！

塞 【d】除了智慧，苏格拉底，还能给它什么名称？

苏 但驭手的技艺不也是一种智慧吗？或者说你认为驭手的技艺是无知？

塞 我不这样认为。

苏 所以它是智慧。

塞 是的。

苏 我们用它来做什么？不就是用它来知道如何指引一群马吗？

塞 是的。

苏 舵手的技艺不也是一种智慧吗？

塞 我想是的。

苏 它不就是我们用来知道如何指引船只的技艺吗？

塞 是的，你说得对。

苏 那么你想要的东西是哪一种智慧？【e】它给我们的是指引什么的知识？

塞 指引人，我想。

苏 病人？

塞 当然不是！

苏 那是医学，不是吗？

塞 是的。

苏 它是我们用来知道如何指引合唱队的歌手的东西吗？

塞 不是。

苏 那是音乐吗？

塞 显然如此。

苏 它是我们用来知道如何指导运动员的东西吗？

塞 不是。

苏 因为那是体育吗？

塞 是的。

苏 那么好，指导那些做什么的人？你要按照我刚才提供的例子尽力回答我。

塞 【124】我想到的是那些在城邦里的人。

苏 也包括城邦里的病人吗？

塞 是的，但我的意思不仅是这些人，还包括城邦里的其他人。

苏 让我们来看，如果说我理解你谈论的这种技艺。我不认为你谈论的技艺是我们用来知道如何指导收割的人、采摘的人、种植的人、播种的人、打谷的人，因为用来指导这些人的技艺是农夫的技艺，不是吗？

塞 是的。

苏 【b】我假定，你指的也不是我们用来知道如何指导锯木的人、打眼的人、刨板的人、镟刻的人，等等，因为它是木匠的技艺。

塞 是的。

苏 它也许是我们用来知道如何指导或统治所有这些人的技艺——农夫和木匠、所有工匠和普通人、既有女人又有男人。也许，你指的是这种智慧？

塞 这正是我一直试图说出来的，苏格拉底。

苏 【c】所以，你能说在阿耳戈斯杀死阿伽门农[①]的艾吉苏斯[②]统治着你指的这些人吗——所有工匠和普通人、既有男人又有女人，或者说他还统治其他人？

塞 是的，就是这些人。

苏 真的吗？埃阿科斯之子珀琉斯[③]在弗提亚[④]统治的不也是这些种类的人吗？

塞 是的。

苏 你听说过库普塞鲁[⑤]之子佩里安德[⑥]如何在科林斯[⑦]统治吗？

塞 我听说过。

苏 他在他的城邦里统治的不也是这些人吗？

塞 【d】是的。

苏 好吧。你不认为最近在马其顿实施统治的佩尔狄卡[⑧]之子阿凯劳斯统治的也是这样一些人吗？

塞 我是这样认为的。

苏 你认为庇西特拉图之子希庇亚在这个城邦里统治谁？不也是同样种类的人吗？

---

① 阿伽门农（Ἀγαμέμνον），人名。

② 艾吉苏斯（Αἴγισθος），人名。

③ 珀琉斯（Πηλέως），人名。

④ 弗提亚（Φθία），神话中的冥府福地。

⑤ 库普塞鲁（Κυψέλους），人名。

⑥ 佩里安德（Περιάνδρου），人名。

⑦ 科林斯（Κορίνθια），地名。

⑧ 佩尔狄卡（Περδίκας），人名。

塞 当然了。

苏 那么，接下去告诉我，巴基斯①、西彼尔②和我们自己的安斐吕图③有什么名称？

塞 苏格拉底，他们是“神谕提供者”。其他还有什么名称？

苏 【e】对。现在请你试着以同样的方式回答我的问题：考虑到希庇亚和佩里安德的统治方式，他们有什么名称？

塞 我想应当称他们为“僭主”。其他我还能称他们为什么？

苏 当某个人想要统治城邦里的所有人，当一名僭主，他想要的统治与这些人实行的僭政，不是一样的吗？

塞 显然如此。

苏 这不就是你声称想要的吗？

塞 从我说过的话来看，似乎如此。

苏 你这个无赖！所以，你想要做一名统治我们的僭主，【125】这就是你一直批评你父亲拒绝把你送去给某个教你当僭主的教师那里去的原因！而你，德谟多库，明明知道他想要什么，尽管知道把他送到哪里能使他得到他想要的智慧，但你对他很吝啬，拒绝让他去，这样做不是很可耻吗！你瞧，现在他当着我的面指责你，你不认为你我最好先在一起讨论这些事情吗？我们应当把他送到谁那里去？谁的陪伴会使他成为一名聪明的僭主？

德 【b】是的，苏格拉底，我以宙斯的名义起誓。让我们先来讨论。我认为这件事需要慎重考虑。

苏 不是现在，我的好人；让我们先结束我们对他的考问。

德 那么好吧。

苏 要是我们提到欧里庇得斯，你看怎么样，塞亚革斯？欧里庇得斯在某处说过，“聪明人的陪伴造就聪明的僭主”。要是有人问欧里庇得

① 巴基斯（βάκις），人名。

② 西彼尔（Σίβυλ），女祭司。

③ 安斐吕图（Ἀμφίλυτος），人名。

斯，“欧里庇得斯，这些人聪明在什么地方，【c】你说是谁的陪伴使僭主聪明？”好比说，如果他说“聪明人的陪伴造就聪明的农夫”，而我们问，“聪明在什么地方？”，他能怎么回答？不就是“在和务农有关的地方”吗？

塞 对。

苏 如果他说，“聪明人的陪伴造就聪明的厨师？”而我们问，“聪明在什么地方？”他的回答会是什么？不就是“在与烹调有关的地方”吗？

塞 是的。

苏 如果他说“聪明人的陪伴造就聪明的摔跤家”，【d】而我们问“聪明在什么地方？”他的回答不就是“在和摔跤有关的地方”吗？

塞 是的。

苏 但是他说的是“聪明人的陪伴造就聪明的僭主”，而我们问的是，“欧里庇得斯，你这样说是什么意思，这些聪明人聪明在什么地方？”他会怎样回答？他这一次会说什么？

塞 嗯，我发誓，我不知道！

苏 你想要我告诉你吗？

塞 如果你想这样做的话。

苏 阿那克瑞翁说卡里克利特[①]知道这些事。或者说你不知道那首歌？

塞 我知道。

苏 那么，你现在想和拥有（居亚尼[②]之女）卡里克利特那样技能的人待在一起，【e】知道与僭政有关的事情，如诗人所说，以便也能成为一名统治我们和这个城邦的僭主吗？

塞 苏格拉底，你一直在跟我开玩笑，捉弄我。

苏 真的吗？你不是声称想要得到你可以用来统治所有公民的智慧吗？如果你这样做了，除了成为一名僭主，你还能成为什么？

---

① 卡里克利特（Καλλικρίτη），人名。

② 居亚尼（Κυάνη），人名。

塞 要是我有可能统治所有人，我无疑会想要成为一名僭主，【126】但若不能，我也要统治尽可能多的人。我想，其中也包括你和其他所有人。也许，我甚至能变成神。但这并不是我说的我想要的东西。

苏 那么，你想要的是什么？你不是声称想要统治公民吗？

塞 但不是通过暴力，这是僭主的方式。我想要统治那些自愿服从的人。这是其他人——城邦里有名望的好人——实行统治的方式。

苏 所以你的意思是，你想要按照塞米司托克勒、伯里克利、喀蒙，以及其他杰出政治家的方式统治人。

塞 是的，我以宙斯的名义起誓，这就是我的意思！

苏 好吧，如果你想要在驯马的技艺中变得聪明，你会怎么办？【b】为了成为一名杰出的驯马师，你认为自己必须去哪里？去驯马师那里，对吗？

塞 对，我以宙斯的名义起誓！

苏 还有，你会去那些在这些事情上非常能干的人那里，他们有马，也一直在驯马；他们驯自己的马，也驯其他人的马吗？

塞 显然如此。

苏 如果你想要在投标枪方面变得聪明，你会怎么办？你不认为你会去投标枪的人那里，【c】他们有标枪，也一直在练习；有许多标枪，他们会投自己的标枪，也会投其他人的标枪吗？

塞 我想是这样的。

苏 那么，请你告诉我：由于想要在政治上变得聪明，你认为要去找那些一直在为城邦工作，指导希腊城邦和外国城邦事务的擅长政治的人，是吗？或者你相信，要想变聪明，可以与其他人交往，而不是和政治家本人交往？

塞 【d】苏格拉底，我已经听说过你的那些论证，政治家的儿子并不比鞋匠的儿子高明。我相信，根据我的经验，你说的对。所以，要是我认为他们中的某些人会把他的智慧传给我，而不去帮助他自己的儿子，如果在这种事情上他确实能帮助其他人，那么我就太愚蠢了。

苏 那么好吧，我亲爱的先生。如果你自己也有了儿子，他不断地纠缠你，【e】说他想要成为一名好画家，他批评你，他的父亲，拒绝为了这件事花钱，然而他又不尊敬那些做这件事情的人，那些画家，拒绝向他们学习，你会怎么办？或者说，要是他想要成为一名笛手，或者一名琴师？要是他拒绝向他们学习，你知道该怎么对待他，应该把他送到哪里去吗？

塞 我以宙斯的名义起誓，我不知道。

苏 【127】那么，你现在以这样的行为对待你的父亲，如果他不知道该如何对待你，不知道该把你送到哪里去，你怎么会感到惊讶并且批评他呢？不过，我们会安排你去和那些擅长政治的人在一起，或者至少和雅典人待在一起，他们和你交往，但不会向你要钱。比起你和其他人交往，你不会浪费钱，还能在一般的民众中得到更好的名声。

塞 那么好，苏格拉底——你是这样的人吗？如果你同意和我交往，我会很满意，我不会再去找别人。

苏 【b】你这样说是什么意思，塞亚革斯？

德 啊，苏格拉底，这个主意不坏！你会帮助我的；如果他满足于与你交往，而你也同意与他交往，那么没有什么事情能更幸运了。确实，我甚至羞于开口说我有多么想要这样的结果！我请求你们俩：你，同意与这个孩子交往，【c】你，不要再去找其他任何人，除了苏格拉底。这样一来，你们会让我摆脱焦虑的重负。就像现在这样，我担心他会和某些让他堕落的人交往。

塞 爸爸，如果你能说服他接受我，你就不用再为我担心了！

德 好极了，苏格拉底，从现在开始，我要说这就是你的事了。简要说来，我已经做好了一切准备，【d】向你提供我自己和我拥有的一切，只要能做到，无论你需要什么——如果你在这里表示欢迎塞亚革斯，愿意向他提供你能为他提供的任何帮助。

苏 德谟多库，如果你认为我真的能帮助你的这个孩子，我对你的认真并不感到惊讶——因为我不知道还有什么样的聪明人会在使自己的儿子变得优秀这件事情上比你更加认真。但我确实感到困惑，你从哪里得到这个念头，认为我能比你本人更好地帮助你的儿子，让他成为一名好公民——他怎么会想象我能比你更好地帮助他。首先，【e】你比我年长，其次，你担任高级公职多年，为雅典人服务，在阿那居鲁区[①]受到人们最高的尊敬，在城邦的其区也受到尊重。而在我身上，你看不到这种情况。

还有，如果塞亚革斯拒绝与政治家交往，在这里寻找其他那些声称能教育青年的人，那么这里有很多这样的人：开奥斯的普罗狄科、林地尼的高尔吉亚、【128】阿拉伽斯[②]的波卢斯[③]，等等，他们非常聪明，去了一个又一个城邦，说服那些出身最高贵、家庭最富有的青年——他们本来可以与他们想要交往的任何公民交往，而不必花钱——说服他们抛弃其他人，只跟他们交往，并且付给他们大量的钱，【b】更有甚者，还要对他们表示感恩！你儿子和你选择这些人中的某一位交往是合理的，但是选择我是不合理的。我对这些宏大渊博的学问一无所知。我真希望自己能懂！确实我总是在说自己一无所知，除了某些小问题——比如说爱，尽管人们认为在这个主题中我取得了惊人的成就，超过以往或现在的任何人。

塞 你明白了吗，父亲？我认为苏格拉底真的不愿意与我交往，要是他愿意的话，我已经准备好了。【c】但他只是在捉弄我们。我认识一些人，有些人和我一般年纪，有些人稍微年长，他们在和他交往之前什么都不懂，但和他交往以后，哪怕是在很短的时间里，明显变好，而不是变坏。

苏 你知道这种事情如何可能，德谟多库之子？

塞 是的，我以宙斯的名义起誓，我知道。如果你同意，我也会变得和他们一样。

苏 【d】不，先生；你不明白。我不得不向你做解释。有某种神赐的灵异，从我小时候就一直和我在一起。它是一种声音，当我想要做某事的时候，它总是使我转向，但从来不规定什么。如果我的朋友向我询

---

① 阿那居鲁（Ἀναγυρός），雅典的一个区。

② 阿拉伽斯（Ἀκραγας），地名。

③ 波卢斯（Πωλός），《高尔吉亚篇》对话人。

问，就会有这种声音，结果相同。它会发出禁令，不允许他这样做。

【e】这种事我有见证。你肯定知道格老孔[①]之子卡尔米德[②]，他现在长得那么英俊。有一次他要去奈梅亚[③]训练的时候问过我。就在他告诉我要去参加训练时，那个声音出现了，我试图阻止他，对他说："在你说话的时候，我听到了灵异的声音。不要去参加训练！"

他说："它的意思也许是我不会赢；但是，哪怕我不会赢，我也能在训练中受益。"讲完以后，【129】他去参加了训练；我们值得问一下他的训练有什么后果。

或者要是你愿意，可以问一下提玛库斯[④]的兄弟克利托玛库[⑤]，提玛库斯对他说了些什么，当提玛库斯和赛跑家欧阿鲁斯[⑥]一道去送死的时候，欧阿鲁斯让逃亡者提玛库斯搭他的船。按照克利托玛库的说法，提玛库斯说……

塞 他说什么？

苏 他说："克利托玛库，我就要去死了，因为我拒绝相信苏格拉底。"

你也许会感到困惑，提玛库斯为什么要这样说。我会解释给你听的。【b】提玛库斯和斐勒莫尼德[⑦]之子斐勒蒙[⑧]计划在离开宴席的时候杀死赫洛卡曼杜[⑨]之子尼昔亚斯[⑩]。只有他们俩知道这项阴谋。

就在提玛库斯站起来要离开的时候，他对我说："你有什么要说的

---

① 格老孔（Γλαύκων），卡尔米德之父。

② 卡尔米德（Χαρμίδης），《卡尔米德篇》谈话人。

③ 奈梅亚（Νεμέα），地名。

④ 提玛库斯（Τιμάρχως），人名。

⑤ 克利托玛库（Κλειτόμαχος），人名。

⑥ 欧阿鲁斯（Εὔαθλος），人名。

⑦ 斐勒莫尼德（Φιλημονίδους），人名。

⑧ 斐勒蒙（Φιλήμον），人名。

⑨ 赫洛卡曼杜（Ἡροσκαμάνδρους），人名。

⑩ 尼昔亚斯（Νικίας），《拉凯斯篇》对话人。

吗，苏格拉底？你们继续喝酒，我要去某个地方。也许我过一会儿就会回来。”

就在这个时候，灵异的声音出现了，我对他说：“不！你别走！【c】因为我熟悉的灵异出现了”。于是他留了下来。

过了一会儿，他又站起来要走，说：“嗯，我要走了，苏格拉底。”

此时那个声音又出现了，所以我又强迫他留下。第三次，乘我没注意，他站了起来，没有对我说话。就这样，他走了，去做会导致他死亡的那件事情。这就是他以我刚才告诉你的方式对他兄弟说这种话的原因——他去赴死，因为他不相信我。

【d】还有，很多人都能告诉你我说过的那支在西西里的军队遭到毁灭的事情。从那些知道细节的人那里你可以听说已经发生过的事情，但这些事仍旧有可能检验灵异，看它是否有意义。因为，就在英俊的萨尼奥[①]要出发去参战的时候，灵异出现了；他现在和塞拉绪罗[②]一道远征爱菲索[③]和伊奥尼亚[④]的其他地方。所以我猜想，他要么已经战死，要么已经差不多了，我真的担心那场战事以后的结果。

【e】我把这些事情都对你说了，因为在我应当和哪些人交往的问题上，灵异具有绝对的力量。一方面，它反对许多人和我交往，这些人要想通过与我交往得到帮助是不可能的，所以我不会与他们交往。另一方面，它并不阻止我与其他许多人交往，但灵异对他们也没有什么帮助。然而，那些能与我交往，又能得到灵异的力量帮助的人——你已经注意到这些人了，【130】因为他们马上取得了飞速的进步。还有，这些取得进步的人，有许多获得了确定的、永久的帮助，有许多和我在一起的时候取得了神奇的进步，而在离开我以后，又和其他人无异了。

---

① 萨尼奥（Σαννίω），人名。

② 塞拉绪罗（Θρασύλλους），人名。

③ 爱菲索（Ἐφέσος），地名。

④ 伊奥尼亚（Ἰόνια），地名。

阿里斯底德[①](吕西玛库[②]之子，阿里斯底德之孙）就是这种情况。和我交往时，他在短期内取得了巨大的进步；但是，等到有了军事远征的时候，他乘船走了。返回的时候，他得知修昔底德[③]（美勒西亚[④]之子，修昔底德之孙）【b】与我交往。为此，修昔底德和我争吵了一整天。

阿里斯底德看见我，向我问候，说了一些其他事情，然后他说："苏格拉底，听说修昔底德生你的气，对你发了大火，就好像他是某个重要人物。"

我说："是的，是这样的。"

他说："他难道不知道，在与你交往之前，他是一个什么样的奴隶？"

我说："我以众神的名义起誓，他显然不知道。"

他说："你知道，苏格拉底，我也处在一种可笑的境地！"

【c】我说："为什么？"

他说："因为在我乘船离开之前，我能够和任何人讨论事情，在争论中也从来不比其他人差；我甚至试图去和最能干的人交往。但是现在正好相反，哪怕我见到任何一位受过一点儿教育的人，我都会回避他们。因为我为自己的无能感到羞耻。"

我问道："你的能力是全部突然消失的，还是逐步消失的？"

他说："逐步消失。"

我说："当你拥有你的能力时，你是通过向我学习得来的，【d】还是通过别的方式？"

他说："我以众神的名义起誓，苏格拉底，你不会相信，但这是真的！我从来没有向你学习任何东西，这你是知道的。但我取得了进步，当我和你在一起的时候，哪怕只是在同一所房子里，但不在同一房

---

① 阿里斯底德（Ἀριστείδης），人名。

② 吕西玛库（Λυσίμαχος），《拉凯斯篇》谈话人。

③ 修昔底德（Θουκυδίδης），人名。

④ 美勒西亚（Μελησίας），《拉凯斯篇》谈话人。

间——如果我与你同处一室，我的进步更大。当我与你同处一室，看着你讲话的时候，我似乎至少可以比我看着其他地方进步更大。【e】当我坐在你身旁，身体能够接触到你的时候，我取得了迄今为止最大的进步。而现在，这种条件已经不复存在了。”

塞亚革斯，这就是你和我来往会发生的事情。如果神青睐你，你会快速取得巨大进步，如果神不青睐你，你就不能取得任何进步。所以你要想一想；对你来说，在某个掌制着有益于人民的方式的人的陪伴下变得有教养不是比在我这里碰运气更安全吗？

塞　【131】苏格拉底，在我看来我们应当这样做：让我们通过相互交往来考验这种灵异。如果它允许我们这样做，那么最好不过；如果不允许，我们再马上想一想该怎么办——是否要去和其他人交往，或者试着用祈祷、献祭或其他任何占卜家建议的方式来抚慰降临于你的神灵。

德　苏格拉底，不要再在这件事情上反对这个孩子的意见，因为塞亚革斯是对的。

苏　好吧，如果这就是我们不得不做的事情，那我们就这样做吧。

弥诺斯篇

提　要

学者们认为，这篇对话的思想和论证是柏拉图的，但文中对弥诺斯的颂扬不像出自柏拉图本人。它的写作年代约为柏拉图去世以后，但仍为公元前4世纪。有学者认为它相当于柏拉图《法篇》的序言或导论。尽管本篇写于《法篇》之后，但它采用了较早的观念，认为政治是对人进行牧养的技艺，这个观念曾在柏拉图《政治家篇》中进行过讨论，并且被排除。公元1世纪的塞拉绪罗在编定柏拉图作品篇目时，将本篇列为第九组四联剧的第一篇，称其性质是“政治性的”，称其主题是“论法”。[①] 译成中文约7千字。

苏格拉底和一位朋友试图发现法的定义。“法”（νόμος）这个词有法律的意思，也表示习俗和习惯。在讨论过程中，两个定义提了出来，又遭到否定：(1) 法是被接受的东西；(2) 法是城邦的决定，是正式的命令。苏格拉底指出：理想的法是对事实真相的发现，尊重法的人是好的，是维护社会的，不尊重法是坏的，是破坏社会的。通过考察法在不同的时代和不同的城邦中是否相同，可以加深对这一定义的理解。不同的时代和不同的城邦使用不同的法，它们揭示了社会文明生活的真相，是对现实生活的规范。这个真相是共同的，不变的。古代克里特的立法体系是最好的。弥诺斯王在宙斯的指导下，为了克里特人的利益而立了这些法，人们一定不要相信雅典戏剧家对他的诬蔑。

---

① 参阅第欧根尼·拉尔修：《名哲言行录》3：59。

正　文

谈话人：苏格拉底、友人

苏　【313】法——在我们看来，它是什么？

友　你问的是哪一种法？

苏　啊！就其是法而言，法与法能不同吗？想一想我实际上问你的这个问题。如果我问，“什么是金子”，而你用同样的方式问我，“你指的是哪一种金子”，那么我认为你的问题是不正确的。因为金子与金子根本不会有什么不同，就其是金子而言，【b】石头与石头也不会有什么不同，就其是石头而言。我想，法也一样，法根本不会与法不同——它们都是同样的东西。它们中的每一个都是法，不会一个多一些，另一个少一些。所以我正在问的是这样一个总的问题：什么是法？如果你已经有了答案，请你说出来。

友　法还能是什么，苏格拉底，不就是被接受的东西吗？

苏　所以照你看来，说就是所说的东西，【c】看就是所看的东西，听就是所听的东西，是吗？或者说，说是一回事，所说的东西是另一回事，看是一回事，所看的东西是另一回事，听是一回事，所听的东西是另一回事——所以法是一回事，被接受的东西是另一回事？是这样的吗，或者说你怎么看？

友　我现在认为，它们似乎是两样不同的东西。

苏　那么法不是被接受的东西。

友　我认为不是。

苏　那么法能是什么呢？让我们按照下面的办法来考察这个问题。假定某人问我们刚才在说什么，“由于你们说了通过看被看的东西被看，【314】那么用来看这种被看的东西的看是什么呢？”我们会这样回答他，“是某种感觉通过眼睛把被看的东西揭示出来。”如果他问我们另外一个问题，“好吧，由于通过听被听的东西被听，那么这种听是什么呢？”我们会回答他，“某种感觉通过我们的耳朵把声音揭示给我们。”然后，要是他问我们，“由于通过法，被接受的东西被接受，那么使这些东西被接受的法是什么？”【b】它也是一种感觉，或者是一种揭示，就好像通过知识的启发我们学习被学习的东西吗？或者说它是一种发现的形式，就像发现某种被发现的东西——例如通过医学发现有关健康与疾病的事实，或者通过占卜发现众神的意愿（如占卜者所说），因为技艺在我们看来确实是对事物的发现，不是吗？

友 确实如此。

苏 那么在这些可供选择的答案中，我们最倾向于认为法是什么呢？

友 【c】在我看来，法是正式的决定和命令。除此之外，我们还能说法是什么？所以，看起来，对你这个有关法的总问题的回答必须是：城邦的决定。

苏 被你称作法的东西似乎是政治判断。

友 我是这样看的。

苏 这也许是个好答案。但我们也许可以按照下面的方式来得到一个更好的答案。你把某些人称作是聪明的吗？

友 是的。

苏 聪明人之所以是聪明的，不就是因为拥有智慧的德性吗？

友 是的。

苏 好吧，正义的人之所以是正义的，不就是因为拥有正义的德性吗？

友 当然了。

苏 守法的人之所以是守法的，不就是因为拥有守法的德性吗？

友 是的。

苏 【d】不守法的人之所以是不守法的，不就是因为拥有不守法的德性吗？

友 是的。

苏 守法是正义的吗？

友 是的。

苏 不守法是不正义的吗？

友 不正义。

苏 正义和法不就是非常好的东西吗？

友 是这样的。

苏 但是不正义和不守法是非常可耻的事情吗？

友 是的。

苏 一样东西保存城邦和其他一切，而另一样东西摧毁和破坏它们，是吗？

友 是的。

苏 那么我们必须把法设想为好东西，把它当作好东西来寻求。

友 显然如此。

苏 【e】我们说过法是城邦的决定，是吗？

友 我们确实这样说过。

苏 好吧，城邦里有些决定是令人敬佩的，有些决定是邪恶的，是这样吗？

友 是的。

苏 然而这样一来，法不就成了邪恶的东西吗？

友 是呀。

苏 那么，用法是城邦的决定这样不加限定的术语来回答这个问题是不对的。

友 这不是我的看法。

苏 那么，把邪恶的决定当作法是不对的。

友 确实不对。

苏 但是在我看来，法依然是某种判决。假定法是判决，那么既然它不是邪恶的判决，那么它显然不就是可敬的判决吗？

友 是的。

苏 但是，什么是可敬的判决？它不就是真正的判决吗？

友 是的。

苏 真正的判决不就是发现真相吗？

友 【315】是的。

苏 那么理想的法就是发现真相。

友 怎么会呢，苏格拉底，如果法是发现真相，假定我们已经发现了真相，那么我们不就会对同样的事情始终使用同样的法吗？

苏 不管怎么说，理想地说来，法就是对真相的发现。【b】所以，情况必定是这样的，任何像我们现在这样并非始终使用相同法的人，不能始终发现理想的法所能发现的东西——真相。让我们通过考察我们是否总是使用相同的法，还是在不同的时间使用不同的法，是否所有人使用相同的法，还是不同的人使用不同的法，来看我们能否变得清楚一些。

友 这不难决定，苏格拉底，同样的人并非始终使用相同的法，不同的人使用不同的法。比如，我们没有关于人祭的法——它确实是亵渎的，而迦太基人奉行这样的献祭，【c】视之为神圣的，合法的，实际上，他们中有些人甚至把他们自己的儿子奉献给克洛诺斯，你本人也许就听说过这种事情。不仅是外国人使用的法与我们不同，而且吕西亚[①]人和阿塔玛斯的后裔也奉行这样的献祭，尽管他们是希腊人。我想你也听说过我们过去使用的一些有关死者的法，【d】在把尸体送去火化之前要屠宰牺牲。还有，那些生活年代更早的人曾经把死去的亲属就埋在家里。这些事情我们现在都不做了。这样的例子成千上万，足以证明我们并非总是使用我们承认的同样的法，不同的人相互之间也不会使用同样的法。

苏 你瞧，我的朋友，即使你说得都对，我也不会感到惊讶。但是，如果你按你自己的风格【e】详尽地表述你自己的观点，而我也这样做，那么我们不会得到任何一致的意见。如果我们把这项考察当作一项共同的事业，那么我们也许能够获得一致意见。所以，让我们一起来考察，如果你乐意，你可以向我提问，或者说你宁愿回答问题，那你就回答。

---

① 吕西亚（Λυκία），地名。

友 苏格拉底，我愿意回答你想问的任何问题。

苏 这就对了。正义的东西是不正义的，而不正义的东西是正义的，或者说正义的东西是正义的，而不正义的东西是不正义的，你接受哪一种看法？

友 【316】我接受正义的东西是正义的，不正义的东西是不正义的。

苏 所有民族都接受这种看法，就像在这里一样吗？

友 是的。

苏 所以，在波斯人中间也一样吗？

友 在波斯人中也一样。

苏 我假定，始终如此。

友 始终如此。

苏 在我们这里，把秤杆压得低的东西重一些，把秤杆压得不那么低的东西轻一些，是吗，或者说正好相反？

友 是的，把秤杆压得低的东西重一些，把秤杆压得不那么低的东西轻一些。

苏 在迦太基和吕西亚也这样吗？

友 是的。

苏 【b】好的事物似乎在任何地方都被当作好事物来接受，可耻的事物在任何地方都被当作可耻的事物，而不是可耻的事物被当作好事物，好事物被当作可耻的事物。

友 是这样的。

苏 因此，归纳一下所有这些事例：在我们中间和在所有其他民族中间，事物是什么就被接受为什么，而不是事物不是什么就被接受为什么。

友 这是我的看法。

苏 所以，不知道事物是什么也就不知道接受什么事物。

友 当你用这种方式表达事物时，我们和其他民族似乎总是接受这些事物。【c】但是想到我们在不断地颠覆法，你还是不能说服我。

苏 你也许还没想到，当我们移动跳棋的棋子时，它们仍旧是棋子。但请你和我一道按照下面的方式考虑问题。你有没有看过讨论健康或疾病的论文？

友 看过。

苏 那么你知道这样的论文谈论的是什么技艺？

友 我知道——医学。

苏 你不是把拥有关于这种事情的知识的人称作医生吗？

友 我同意。

苏 【d】拥有知识的人在同样的事情上接受同样的东西，还是不同的人接受不同的东西？

友 在我看来，接受同样的东西。

苏 那么在他们知道的事情上，只有希腊人接受同样的事情，还是外国人也接受同样的事情，他们之间是一致的吗，他们和希腊人也一致吗？

友 我会这样假定，那些知道的人肯定接受同样的事情，无论是希腊人还是外国人。

苏 回答得好。他们始终一致吗？

友 是的，始终一致。

苏 医生在他们讨论健康的论文中不是要写下他们接受的事情，因为事情就是这样，是吗？

友 【e】是的。

苏 那么，这些医生的法是医学方面的，是医学的法。

友 当然是医学的。

苏 所以关于耕种的论文也是耕种的法吗？

友 是的。

苏 那些关于园艺的论文和被接受的观念是谁的？

友 是园丁的。

苏 那么它们是园艺的法。

友 是的。

苏 由那些懂得如何管理花园的人制定？

友 显然如此。

苏 拥有这种知识的人是园丁吗？

友 是的。

苏 那些有关准备饭菜的论文和被接受的观念是谁的？

友 是厨师的。

苏 那么这些东西是烹调的法吗？

友 是的。

苏 【317】它似乎由那些知道如何准备饭菜的人制定，是吗？

友 是的。

苏 如他们所声称的那样，拥有这种知识的人是厨师吗？

友 是的，他们拥有这种知识。

苏 很好。但是那些关于如何管理城邦的论文和被人们接受的观念是谁的？不就是那些知道如何管理城邦的人的吗？

友 我是这样看的。

苏 除了那些在政治和王权方面拥有娴熟技艺的人，还有谁拥有这种知识？

友 只有这些人。

苏 那么被人们称作法的这些作品是政治方面的论文——【b】由国王和好人写的论文。

友 你说得对。

苏 那么，那些拥有知识的人肯定不会就相同的事情在不同的时间写不同的东西，是吗？

友 不会。

苏 他们也不会就同样的事情用另一套观念替换被接受的观念，是吗？

友 肯定不会。

苏 所以，如果我们在任何地方看到有任何人这样做，我们会说这样做的人拥有知识还是不拥有知识？

友 不拥有。

苏 我们也会说在各个领域里被接受的东西就是正确的，无论是医学、烹调，还是园艺？

友 【c】是的。

苏 无论什么不正确的东西，我们都绝不会再说它是被接受的观念吗？

友 绝不会。

苏 那么，它已被证明是不合法的。

友 肯定不合法。

苏 在那些讨论正义和非正义以及一般讨论城邦的组织和应当如何管理城邦的论文中，正确的东西不就是国王的技艺的法吗？而那些不正确的东西，尽管被那些不知道的人当作法，但它仍旧不是法。它是不合法的。

友 是的。

苏 【d】所以，我们正确地同意法是对真相的发现。

友 似乎如此。

苏 现在来看进一步的观点，我们需要小心注意我们讨论的主题。谁拥有在地里播种的知识？

友 农夫。

苏 他在各种不同的地里播撒恰当的种子吗？

友 是的。

苏 那么农夫是一位好的分配者，他的法和分配在这个领域是正确的吗？

友 是的。

苏 谁在唱歌中是音符的好的分配者？在这里，谁的法是正确的？

友 【e】笛手的法和琵琶演奏者的法。

苏 那么在这个领域中他的法最有权威的那个人是那个演奏得最好的人。

友 是的。

苏 谁能最好地给人体分配营养？不就是那个能够恰当地分配营养

的人吗?

友 是的。

苏 那么他的分配和法是最好的，在这个领域中他的法最有权威的那个人也是最好的分配者。

友 肯定是。

苏 这个人是谁?

友 【318】教练。

苏 他在驱使人群方面是最优秀的吗?

友 是的。

苏 谁在驱使羊群方面是最优秀的? 他的名称是什么?

友 牧羊人。

苏 那么牧羊人的法对羊是最好的。

友 是的。

苏 牧牛人的法对牛是最好的吗?

友 是的。

苏 谁的法对人的灵魂最好? 不就是国王的法吗? 同意吗?

友 我同意。

苏 【b】你回答得很好。你现在能说出，在古代，谁在吹笛子方面证明自己是一位好立法者? 你也许想不起来——要我提醒你吗?

友 当然要。

苏 不就是玛息阿[①] 以及他的男友、弗里吉亚人奥林普斯[②] 吗?

友 你说得对。

苏 他们用笛子吹出的曲调绝对是神圣的，只有他们【c】能让那些需要众神的人心旷神怡——迄今为止，仍旧只有他们能够做到这一点，因为他们是神圣的。

友 是这样的。

---

① 玛息阿（Μαρσύας），神话人物。

② 奥林普斯（Ὀλύμπους），神话人物，乐师。

苏 在古代国王中，有谁证明自己是一名好立法者？哪怕到了今天，被人们接受的他的规定仍旧有效，因为它们是神圣的。

友 我想不起来。

苏 你不知道哪些希腊人使用最古老的法吗？

友 你指的是拉栖代蒙人和立法家莱喀古斯[①]吗？

苏 但他们那个时候距今也许还不到三百年，【d】或者更早一些。他们接受的法中最优秀的法是从哪里来的？你知道吗？

友 人们说，来自克里特。

苏 所以在希腊人中克里特人使用的法最古老吗？

友 是的。

苏 那么你知道他们有哪些好国王吗？弥诺斯[②]和拉达曼堤斯[③]，宙斯和欧罗巴之子。这些法是他们规定的。

友 人们肯定说拉达曼堤斯是个公正的人，苏格拉底；但是，他们说弥诺斯是野蛮的、苛刻的、不公正的。

苏 我的好友，你在讲阿提卡戏剧里的故事。

友 【e】嗯，他们难道不是这样说弥诺斯的吗？

苏 荷马和赫西俄德没有这样说。然而他们比其他所有悲剧家加在一起还要更有说服力——如果你这样说，那么你是听这些悲剧家说的。

友 关于弥诺斯，荷马和赫西俄德是怎么说的？

苏 我会告诉你，这样你就不会对大众显得不敬了。在涉及众神的时候，在涉及这些神圣的人的时候说错话，办错事，世上没有比这更不虔敬的事，在其他任何方面也不需要接受更多的警告。你要始终有远见，【319】在批评或表扬一个人时，要确保不说错话。这就是你要学会区分可敬的人和邪恶的人的原因。因为，要是有人批评某些与神相同的人的时候，或者有人赞扬某些与这些人情况相反的人时，神会感到

① 莱喀古斯（Λυκοῦργους），人名，斯巴达立法家。

② 弥诺斯（Μίνως），冥府判官。

③ 拉达曼堤斯（Ῥαδάμανθυς），冥府判官。

愤怒；而前一种人就是好人。你一定不要认为只有神圣的石头、木头、鸟、蛇，而没有神圣的人。好人是这些事物中最神圣的，恶人则是最肮脏的。

【b】所以，抱着这样的目的，我现在来谈弥诺斯，说一说荷马和赫西俄德是怎么赞美他的；你作为一个凡人和凡人的儿子，在说到一位英雄的时候不可以说错了，他是宙斯之子。荷马谈到克里特，说那里居民众多，有"九十座城"，他说："它们中有伟大的城市克诺索斯[①]，弥诺斯在那里为王，每逢第九年与伟大的宙斯交谈"。[②]【c】荷马就是这样赞扬弥诺斯的，表达非常简洁——但是对其他英雄，荷马没有这样说过。宙斯是一位教师，他的谈话技艺非常卓越，他在这里和在其他许多地方都说得非常清楚。荷马的意思是，每逢第九年弥诺斯就与宙斯一起讨论事情，定期接受宙斯的教导，就好像宙斯是一名教师。所以荷马实际上把接受宙斯教导的特权只给了弥诺斯，而没有给予其他英雄，这是一种格外的赞扬。【d】在《奥德赛》讲亡灵的那卷书中，荷马说弥诺斯，而不是拉达曼堤斯，拿着金权杖对亡灵进行宣判。[③]在这段话中，荷马没有说拉达曼堤斯审判亡灵，在其他任何地方也没有说他与宙斯交谈。由于这个原因，我说荷马对弥诺斯的赞扬超过他对其他所有英雄的赞扬。

说他是宙斯之子，然后又是唯一由宙斯教导的儿子，这是一种无法更高的赞扬。"在那里为王，每逢第九年与伟大的宙斯交谈"，这句诗表明弥诺斯与宙斯交往。【e】"交谈"是进行讨论，与某人交谈是通过讨论进行交往。换言之，每隔九年，弥诺斯都会去宙斯的洞穴，一方面学习，一方面证明他在这九年中如何使用从宙斯那里学到的东西。有些人以为这种交往是陪宙斯饮酒，【320】但下列证据可以证明这种假设是胡说八道。在那里众多的居民中，无论是希腊人还是外国人，没有哪个民族禁止在宴会上饮酒，只有克里特人和拉栖代蒙人除外，而拉栖代蒙人

① 克诺索斯（Κνωσοῦς），地名。

② 荷马：《奥德赛》19：178—179。

③ 荷马：《奥德赛》11：568—571。

是从克里特人那里学来的。在克里特，有一项弥诺斯制定的法，人们不能聚在一起饮酒，喝得醉醺醺的。事情很清楚，他把自己当作可敬的来接受的东西也确定为他自己的公民要遵守的规定。【b】弥诺斯肯定不会口头上接受一件事，但做起来却不一样，像个不诚实的人。他与人交往形式如我所说，是通过讨论接受美德方面的教导。由于这个原因，他为自己的公民制定的那些法使克里特人的生活一直很幸福，拉栖代蒙也从那时起使用那些法，因为它们是神圣的。

【c】拉达曼堤斯是个好人，他接受弥诺斯的教导。但是他得到的教导不是整个王权统治的技艺，而是它的一个附属的方面，限于主持法庭；因此，他被称作好法官。弥诺斯派他去监督城市里的法，派塔洛斯[①]监督克里特的其他地方。塔洛斯每年巡查乡村三次，把法刻在铜牌上，监督它们的实施情况；因此他被称作“青铜的”。

【d】关于弥诺斯，赫西俄德也说了一些类似的事情。提到弥诺斯的名字以后，他说“他被证明为人间最伟大的国王，他手持宙斯的权杖，统治着乡间的大多数人——他也用它来统治城市”[②]。“宙斯的权杖”，他的意思无非就是指弥诺斯从宙斯那里接受的教导，以此统治克里特。

友 【e】好吧，苏格拉底，为什么这种关于弥诺斯的谣言，说他缺乏教养和非常苛刻，会到处流传呢？

苏 我的好友，如果你是聪明的，你会注意到这是由于某些值得你警惕的事情，其他任何在乎好名声的人也会如此——决不要和任何精通诗歌的人吵架。关乎名望，诗人们有很大的力量，他们在对人进行描写时会采用赞扬或辱骂的方式。弥诺斯对这座城市发动战争是一个错误，然而就像我们说有许多种智慧，也有许多种诗人，【321】他们创作悲剧以及其他各种诗歌。悲剧是一种古老的形式，它不是从塞斯皮斯[③]开始

① 塔洛斯（Τάλως），人名。

② 赫西俄德：《残篇》，144。

③ 塞斯皮斯（Θέσπις），雅典诗人，公元前535年于雅典酒神节上第一个赢得戏剧奖。

的，如某些人以为的那样，它也不是从弗律尼库[①]开始的；如果你仔细考虑这件事，你会发现就在这座城里，它是一项非常古老的发现。悲剧是一种最能让人兴奋的形式，最能诱惑灵魂。所以在悲剧中，我们拷打弥诺斯，对他进行报复，因为他强迫我们纳贡。[②]所以，与我们争斗是弥诺斯所犯的错误。【b】我再来回答你的问题，由于这个原因，他的名声越来越坏。如我们一开始所说，他实际上是个好人，是守法的，是一位好的分配者。最能表明这一点的是他的法不可变更；这就表明他在对待一座城市的居处方面有多么好地发现了真相。

友 在我看来，苏格拉底，你提供的解释好像有理。

苏 如果我说得对，那么你认为使用最古老的法的是克里特人吗，他们是弥诺斯和拉达曼堤斯的公民？

友 似乎如此。

苏 【c】那么似乎可以证明这两个人是古代最优秀的立法者、分配者，他们是人民的牧者，如荷马所说，那位好将军是"人民的牧者"。[③]

友 确实如此。

苏 现在，请以友谊之神宙斯的名义起誓：如果有人问我们，好的立法者和分配者给予身体，使它变好的东西是什么，如果我们作出简要的、良好的回答，我们会说，是食物和艰苦的工作，食物使身体健康，艰苦的锻炼使身体强壮。

友 非常正确。

苏 【d】然后，要是他继续问："好的立法者和分配者给予灵魂，使之变好的东西是什么？"要是不对我们自己和我们成熟的年纪感到羞耻，我们会作出什么回答？

友 我不知道该怎么说了。

---

① 弗律尼库（Φρυνίχους），公元前5世纪初的悲剧作者。

② 按照神话传说，弥诺斯打败雅典人以后，要雅典人每隔九年奉献七对童男童女，囚禁起来，供"弥诺斯的公牛"弥诺陶（半人半牛的怪物）吞食。

③ 荷马：《伊利亚特》1：263；《奥德赛》4：532。

苏 然而，对我们每个人来说，不知道是什么东西构成了灵魂的善与恶，却知道是什么东西构成了身体的善与恶，这确实是一种耻辱，至于其他事物，有些我们已经考虑过了。

德谟多库篇

提　　要

公元1世纪的塞拉绪罗称本篇为伪作。[①] 本篇谈话篇幅不长，译成中文约6千字。

本篇文章由四个独立的部分组成。第一部分是叙述人（文中没有提到他的名字，但被假定为苏格拉底）对德谟多库的独白，反对集体作决定。其他部分是三篇短小的对话，报告了三则轶事。这些对话在柏拉图著作中在古代被称作“无标题对话”。很有可能是某个抄写员将它们拼在一起，就形成了后来的这篇对话。文章充满了冗词赘语，写作时间可能晚于公元前4世纪中，也可能更晚。对话中的人物德谟多库也出现在《塞亚革斯篇》中，他在那里同意苏格拉底的观点，认为提建议是一件神圣的事情。叙述人应邀在一场集会上提建议，但他拒绝了。他宁可提出问题：集会有什么意义？哪些人打算提建议？他们各自打算投什么样的票。他争论说，集体做决定的程序（提建议、听建议，通过投票作决定）是荒唐的。

在文章其他部分，叙述者转述了三则轶事，内容涉及三条已经成为常识的原则，但叙述者对这些原则感到困惑。(1) 有人责备他的同伴在还没有听到被告讲话之前就相信原告，只听原告的讲话。人们都知道，为了公正地断案，必须聆听原告和被告双方的发言。而实际上，不可能弄清一个人的讲话是否在说实话，更不可能弄清两个人的讲话是否在说

① 参阅第欧根尼·拉尔修：《名哲言行录》3：62。

实话。(2) 有人向友借钱，遭到拒绝，因此他批评他的友，说这是对他的不信任。其他人对他说，你遭到拒绝是你自己的错，因为错误就意味着不能达到自己的目的，要么你提出的要求是不适当的，要么你没有用正确的方式提出请求，要么你没有说服你的友。(3) 有人受到指责，因为他轻信任何跟他讲话的人。为什么说这是幼稚呢？因为他没有经过思考就很快地相信任何人的谎言。那么经过思考再相信熟人的话就对了吗？这同样是错误的。熟人的转述同样来自陌生人，同样不可信。听到这样的争论，叙述者感到困惑，不知道在这个世上应该相信谁。

正　文

谈话人：德谟多库、苏格拉底、客人

一

【380】德谟多库，你邀我就你们集会所要讨论的事情给你们提些建议，但我倾向于宁可问你们集会有什么意义、哪些人打算给你们提建议、你们各自打算投什么样的票。

一方面，假定对你们集会所要讨论的事情向你们提出良好的、有用的建议是不可能的，那么你们集会讨论一些不可能有良好建议的事情是荒唐可笑的。【b】另一方面，假定对这些事情提供良好的、有用的建议是可能的，那么要是不存在可以拿来作为对这些事情提供良好的、有用的建议的基础的知识，那么肯定是荒谬的——如果有某种可以以它为基础对这些事情提供良好建议的知识，那么实际上必定有某些人知道如何对这些事情提供良好的建议；【c】如果有某些人知道如何对你们集会讨论的这些事情提建议，那么对你们自己来说，要么你们知道如何就这些事情提建议，要么你们不知道如何对这些事情提建议；或者说你们中间某些人知道，其他人不知道。如果你们全都知道，那么你们为什么仍旧要集会讨论这个问题？你们中的每一个人都有能力提建议。如果你们全都不知道，那么你们怎么能够讨论这个问题？如果你们不能讨论这个问题，你们从集会中能得到什么？【d】如果你们中某些人知道，而其他人不知道，如果不知道的人需要建议——假定一个聪明人给那些不知道的人提建议是可能的——那么有一个人给你们中间那些缺乏知识的人提建议不就足够了吗？假定那些知道如何提建议的人都提供了相同的建议，那么你们一定会听一个人的话，然后照着去做。但你们实际上并不这样做，或者倒不如说，你们想要听几位建议者的话。你们假定那些给你们提建议的人实际上对他们所提建议的那些事情并不懂；因为如果你们假定你们的建议者是懂的，那么你们只要听到他们中的一个人的建议【381】就会感到满意。现在你们集会，听那些对这些事情不懂的人讲话，还以为自己由此能够获得某些东西，这肯定是荒谬的。

这就是我对你们要举行集会的困惑。至于那些打算给你们提建议的人，我有以下困惑。

假定他们是就相同的事情提建议，那么他们不会提出相同的建议；要是建议不是由某位提好建议的人提出的，那么这些事情怎么能都得到良好的建议呢？【b】人们打算对那些他们并不了解情况的事情提建议，这难道不荒唐吗？因为他们要是了解情况，他们不会选择提出不好的建议。但若他们提供的建议都是相同的，为什么还需要他们都来提建议呢？他们中间有一个人提建议就足够了。打算做某些一无所获的事情确实是荒唐的。这样一来，那些不了解情况但打算提建议的人要提出建议【c】只能是荒唐的；而那些聪明人在这样的情况下，知道他们中的任何一个人如果这样做，在不得不提建议的时候提建议，都会取得同样的效果，也就不准备提建议了。因此我感到困惑，那些打算给你们提建议的人怎么可能不荒唐。

尤其使我感到困惑的是你们打算进行投票。你们这样做是为了评价那些知道如何提建议的人吗？——提建议的人不会多于一位，他们也不会就同样的事情提出不同的建议。因此你们不需要对他们进行投票。【d】或者说你们要对那些不了解情况、没有提出他们本应提出的建议的人做出评价？——你们一定不要允许这样的人提建议，就像不允许疯子提建议一样。但若你们既不评价了解情况的人，又不评价不了解情况的人，那么你们评价谁呢？

在任何情况下，如果你们能对这些事情做出判断，为什么需要其他人给你们提建议呢？如果你们没有这种能力，你们的投票又有什么意义呢？【e】接受建议对你们来说肯定是荒唐的，因为这表明你们需要建议，也表明你们自己无能；还有，如果你们认为必须投票，这表明你们有能力做出评价。因为几乎不可能是这样一种情况，作为个人你们是无知的，然而其他人遇上你们会变得聪明；或者说在私下里你们困惑不解，而来到同一个地方，你们就不再感到困惑，而变得能够明白自己必须做什么——无论是哪一种情况，你们都不能向任何人学到任何东西，或者为自己发现任何东西。【382】这是一切事情中最奇特的：假定你们不能明白自己必须做什么，你们就不会有能力评价在这些事情上给你们提出良好建议的人。向你们提建议的人，由于只有一个人，也不会说他能教你们明白自己必须做什么，以及怎样评价那些给你们提出坏的或好的建议的人，假定他的时间很少，而你们的人数又那么多——这种情况显然并不比前面的假设更不奇特。如果这样的集会和你的建议都不能使你们具有评价的能力，那么你们的投票又有什么用呢？

【b】你们的集会与你们的投票肯定不一致，与你们的建议者的打算肯定不一致，是吗？因为你们举行集会表明你们没有能力，需要建议者，而你们举行投票表明你们不需要建议者，能够做出评价和提出建议。你们的建议者打算提建议表明他们有知识，而你们举行投票表明建议者们没有知识。

【c】再说，假定你们投了票，建议者也对你们投票决定的事情提了建议，在那之后，要是有人问你们是否知道自己的目标，为了实现这个目标，你们就已经投票决定了的事情打算采取什么行动；对此我认为你们不会说自己不知道。还有，如果你们知道自己打算采取行动所要实现的目标，你们知道自己对这个目标感兴趣吗？我不认为你们或你们的建议者会说你们知道。如果某人进一步问你们是否认为有人知道这些事情的任何细节，我认为你们不会承认自己知道。

【d】所以可以说你们对要提建议的这种事情是不明白的，投票者和建议者都不懂，在这种时候可以推论，你们本人也会同意，这些人经常会对他们接受的建议和所投的票失去自信和改变想法。但这样的事情一定不会发生在好人身上。因为他们懂得他们建议的那些事情，他们已经说服了的人肯定也会实现目标，他们和那些被他们说服了的人【e】都不会改变他们的想法。

就这样，我认为对聪明人来说，对这种主题提建议，而不是对你邀我提建议的事情提出建议是恰当的。因为对前一种事情提建议会以成功告终，而对后一类事情提建议只是胡说八道。

二

我见过有人责备他的同伴，因为他的同伴在还没有听到被告讲话前就相信原告，只听原告的讲话。他说这个人这样做真是太可怕了；他还进一步责备他的同伴【383】，说他既没有亲身经历这件事，又没有听到经历这件事的友人讲话，而这位友人的话是他本来应当合理地相信的；但在没有听到双方讲话的时候，他就仓促地相信了原告。为了做到公平，我们在赞扬或责备之前，既要听被告讲话，也要听原告讲话。如果两方面的话都没听，怎么能够对案子作出公正的或恰当的判决呢？【b】就好像鉴定紫衣或金币，对这些辩论，通过比较来下判断更好。我们为什么要把时间分配给双方，陪审团为什么要公正地聆听双方发言，不就是因为立法者认为陪审团用这种方式审判，能够更加公正地断案吗？

这个人说："你似乎没有听说过那句流行的谚语。"

【c】他的同伴问："哪一句？"

这个人说："'在听取双方申诉之前，决不可断案。'如果这句谚语不正确，不恰当，它决不会流传得如此广泛。所以我建议你将来不要如此仓促地责备或者赞扬。"

他的同伴答道，在他看来事情似乎相当清楚，如果辨别一个人的讲话是真还是假是不可能的，【d】而辨别两个人的讲话是真还是假是可能的，那么太荒唐了；或者说，如果不可能从某个讲真话的人那里知道一些事情，但却可能在同样的事情上接受同一个人，再加上另外某个讲假话的人的指点，那么真是太荒唐了；或者说，如果一个正确地讲真话的人不能弄清自己在讲什么，而两个人，其中一个讲假话，错误地讲话，却能够弄清那个正确地讲话的人不能弄清的问题，那么真是太荒唐了。

他说："我也对下述观点感到困惑：他们如何弄清事实？保持沉默，还是讲话？如果他们通过保持沉默来弄清事实，那就不需要聆听他们中的某一个人讲话，更不需要聆听双方讲话。【e】如果他们都通过讲话来弄清事实，但两个人肯定不能一起讲话（他们必须一个个轮着讲），这样的话他们怎么能够同时弄清事实呢？如果他们双方同时弄清事实，那么他们会同时讲话——而这是不允许的。因此，如果他们要通过讲话来弄清事实，那么只能是他们中的一个通过讲话来弄清事实，当他们中的一个讲了话，他就弄清了事实。因此一个人会先讲，一个人会后讲，一个人先弄清，一个人后弄清。然而，如果说他们轮流弄清同一件事，那么你有必要听后一个人讲话吗？【384】事情已经由先讲的那个人弄清楚了。"他还说："还有，如果双方都弄清楚了，那么他们中的每一个人肯定都弄清楚了。如果两人中有一个没有弄清楚，怎么能说双方都弄清楚了？如果说他们中有一个弄清楚了，那么显然是先说话的那个人先弄清楚。所以，我们怎么能说只听了他的话以后就弄清楚了是不可能的呢？"

听了他们的讲话，我自己也感到困惑，无法下判断——尽管在场的其他人说第一个人讲的是真话。所以要是你能做到的话，请你帮助我：【b】当一个人讲话的时候，你能评价他所说的事情吗，或者说，如果你知道他讲的是不是真话，你还需要听他的对手讲话吗？或者说聆听双方讲话是不必要的？你怎么想？

三

某日，有人批评一个人，因为这个人不相信他，不愿借钱给他。挨批评的这个人【c】为自己辩护，而在场的另一个人问这位批评者，不相信他、不愿借钱给他，这样做错了吗。这个人还说："或者说是你错了，是你没有说服他把钱借给你？"

这位批评者答道："我错在什么地方？"

这个人说："你认为是谁错了，得不到他想要的东西的人，还是得到他想要的东西的人？"

他答道："得不到他想要的东西的人。"

这个人说："失败者是你，因为你想要借钱，而他不借给你，他没有失败。"

他答道："是的，但是，是他不借钱给我，我错在什么地方？"

这个人说："好吧，如果你向他提出的要求是你一定不能提的，【d】那么你肯定明白是你错了，而他不给你，他这样做是对的。如果你向他提出的要求是你一定要提的，而你没有得到，所以你肯定错了。"

他答道："也许吧，但是，他不相信我，这不是肯定错了吗？"

这个人说："如果你这样对待他是应当的，那么你根本不会错，是吗？"

"确实不会。"

"而你实际上并没有像应当做的那样对待他。"

他说："显然没有。"

"所以，如果他没有被说服，因为你没有像应当做的那样对待他，【e】你怎么能够公正地批评他呢？"

"我不知道。"

"你也能说一个人不需要体谅那些行为拙劣的人吗？"

他答道："我肯定能这样说。"

"在你看来这些人行为拙劣，不像你这样对待这些人的人不能这样说吗？"

他答道："他们能这样说。"

"如果你行为拙劣，他不体谅你，那么他做错了什么？"

他说："好像一点儿也没错。"

"那么人们为什么要以这种方式相互批评，指责那些没有被他们说服的人不能被说服，但却不批评自己不能说服他们？”

【385】另一位在场的人说：“如果你行为端庄，乐意助人，当你要求对方以同样的方式对待你的时候，他拒绝了——在这样的情形下你责备他是合理的，是吗？”

他说：“你要求以和你同样的方式对待你的这个人要么能够公正地对待你，要么不能公正地对待你，不是吗？要是他不能，那么你肯定不能公正地要求他做他不能做的事；要是他能够，你又怎么能说服不了这样的人？【b】对人说这样的事情怎么能是公正的？”

他答道：“真该死，他必须批评这样的行为，为的是将来这个人能更好地对待他，以及更好地对待他的其他友，他们听到了他的批评。”

他问道：“听某人恰当地讲话，提恰当的要求，或者听说某人做错了事，你认为这会使人的行为变好吗？”

他答道：“恰当地讲话可以使人的行为变好。”

“你认为他没有提出恰当的要求？”

他说：“对。”

“那么听到这样的批评，人们的行为不会变好吗？”

他答道：“不会。”

【c】“那么这样的责备有什么意义？”

他说他找不到答案。

四

某人指责一个人幼稚，因为他很快就相信任何跟他讲话的人。

“相信你的同胞公民和亲戚是合理的；但是当你非常明白大多数人【d】游手好闲，是撒谎者的时候，相信你从未见过或听说的人，这是简单和幼稚的重大标志。”

在场的人中间有一个说：“我认为你会尊敬那些能够迅速把握事物的人，无论是什么事物，而不会尊敬某个缓慢地把握事物的人，是吗？”

头一个人答道：“确实如此，我是这样的。”

他问道："那么你为什么要批评他，要是他很快就相信任何对他说真话的人？"

他答道："我批评他不是为了这个原因，而是因为他很快就相信没有对他说真话的人。"

"假定他要较长的时间才相信人，或者不相信人，但他受了骗，你仍旧会为此而批评他吗？"

他答道："我会。"

【e】"因为他缓慢地相信人或者不相信人吗？"

他答道："当然不是。"

他说："我敢肯定，你这不会由于这个原因而批评人，倒不如说是因为他相信那些说了不可信的话的人，是吗？"

他说："是的，确实如此。"

他说："那么你认为由于他缓慢地相信，或者不相信而批评他是不对的，而由于他很快地相信和相信任何人而批评他是对的，是吗？"

他答道："我不这样看。"

他问："那么你为什么要批评他？"

"他在考虑问题之前就相信、他很快地相信他们，是错误的。"

【386】"如果他在考虑问题之前缓慢地相信他们，这样做就不错了吗？"

他答道："当然不错了，在这种情况下，我想他的错倒不如说是他不应当相信任何人。"

他说："如果你认为他不应当相信任何人，那么他肯定不应当很快地相信陌生人，是吗？倒不如说，你认为他首先应当考虑他们是否讲了真话？"

他答道："我是这样想的。"

"如果他们是朋友或亲戚，就不需要考虑他们是否在讲真话？"

他答道："我会说他需要。"

"这些人中的某些人也许会说不值得相信的话？"

他答道："是的，确实如此。"

【b】他说："那么为什么相信你的朋友或亲戚是合理的，而非相信任何人是合理的？"

他答道："我说不出来。"

"还有，如果你应当相信你的亲戚，而不是相信任何人，你认为他们比其他人更值得信任，不是吗？"

他答道："当然如此。"

"如果他们是某些人的亲戚，但对其他人来说是陌生人，那么你肯定认为亲戚和陌生人比这些人更值得信任，是吗？因为你不会认为亲戚和陌生人值得同等地信任，或者你会这样说。"

他答道："我不能接受这种说法。"

他说："同理，某些人会相信他们说的话，某些人会认为不值得相信，双方都没有错。"

他答道："这样说太荒唐了。"

【c】他说："还有，如果亲戚说的事情和其他人是相同的，那么他们说的话同样可信或同样不可信吗？"

他答道："必定如此。"

"当他在说这些事情的时候，你不会同等地相信说这些事情的人吗？"

他答道："这样说似乎有理。"

他们以这种方式进行争论，这时候我感到困惑：在这个世上我该相信谁，我该不相信谁，我应当相信那些值得相信的人和那些知道自己在谈论些什么的人，还是相信亲戚或熟人。你对此怎么看？

西绪福斯篇

提　要

本篇对话可能是一位柏拉图的追随者于公元前4世纪中写成的，用来鼓励他的读者研究柏拉图哲学和它的中心目标善本身。与本篇关系最为密切的是柏拉图的《美诺篇》(80d—e)，那里提出一个悖论：一个人既不能发现他知道的东西，也不能发现他不知道的东西。公元1世纪的塞拉绪罗称本篇为伪作。[①] 译成中文约4千字。

苏格拉底与法撒鲁斯城邦的一位议政者西绪福斯谈话，西绪福斯说他昨天接到统治者的命令，参加一个会议，商议重要事务。苏格拉底提议讨论一下商议本身，首先讨论什么是商议。要采取某些行动，但对相关事情缺乏了解，于是就要商议，所谓商议就是试图发现最佳行动过程，它和通过占卜进行的猜测不同。会有某些人比其他人擅长商议吗？西绪福斯认为是的，他在法撒鲁斯多待了一天，为的就是与某些当权者见面，参加商议。但是苏格拉底感到困惑，认为这里存在着一个悖论：商议就是发现，但是发现意味着不懂，一个人不可能商议他不懂的事情，也不可能找这样的人来商议。所以法撒鲁斯人的商议是自找麻烦，而他们应当做的事情是向懂行的人学习，为城邦获得最佳行动方案。苏格拉底还指出，不可能发现未来的事情，因为未来的事情是一些还不存在的事情，要发现不存在的东西是不可能的，没有一个商议不存在的东西的人能够真正发现它。

---

① 参阅第欧根尼·拉尔修：《名哲言行录》3:62。

正　文

谈话人：苏格拉底、西绪福斯

苏　【387】昨天，西绪福斯①，在斯特拉托尼库②的表演开始之前我们等了你很久，想与你一道去听一位大师的精湛表演，既有理论，又有实践；【b】但是后来我们放弃了，我们想你不会来了，所以我们自己去听这个人讲话。

西　是啊，你们这样做绝对正确，你瞧，有事情冒出来，【c】相当紧急，我无法不管。我们的政府昨天召开会议，要我去参加商议；如果当局召唤我们中的任何人去商议，我们这些法撒鲁斯③的公民在法律上有义务服从。

苏　好吧，服从法律是件好事，也会被同胞公民视为优秀的议政者，你也认为自己是一名法撒鲁斯的好议政者。【d】还有，此刻我不想和你讨论良好的议政，西绪福斯；我认为，讨论这个主题需要许多闲暇和长时间的论证，但我有个建议，让我们来讨论一下商议本身，首先讨论什么是商议。

商议本身能是什么呢？你能告诉我吗？——我问的不是如何很好地或很不好地或极好地进行商议，而是商议本身是哪一类事情？你肯定能够轻而易举地进行商议，因为你本身是如此优秀的议政者，是吗？我希望自己没有因为就这个主题向你提问而显得过于好奇。

西　你真的不知道什么是商议吗？

苏　【e】我确实不知道，西绪福斯，不过商议至少和通过占卜或虚构进行的猜测不同，就好比一个人要采取某些行动，但对相关事情缺乏了解。他会说，无论想到什么事情，他都会像那些猜拳的人一样，把事

---

① 西绪福斯（Σίσυφος），本篇对话人。

② 斯特拉托尼库（Στρατονίκως），人名。

③ 法撒鲁斯（Φαρσαλίοις），地名。

情扯平；当然了，猜拳的人不知道手里的东西是偶数还是奇数，然而当他们说出它是奇数或偶数的时候，他们命中了真理。【388】商议也许就是这样一种事情：某个人对要商议的事情并不懂，他只是在猜测，从而命中真理。如果商议是这样一种事情，那么我确实粗略地知道什么是商议；但若商议不是这样的，那么我完全不知道什么是商议。

西　但可以肯定，商议不像是完全彻底的对某事无知，而像是熟悉它的一部分，不熟悉它的其余部分。

苏　【b】你的意思也许是，商议是——老天保佑！我感到自己几乎已经预感到你对良好商议的看法了——你的看法是这样的吗？某个人试图发现最佳行动过程，然而还不能清楚地理解它，而是处于思考的过程中，是吗？这样说或多或少是否符合你的意思？

西　是的。

苏　人们试图发现什么——他们知道的事情，还是他们不知道的事情？

西　二者。

苏　当你说人们试图发现二者时——【c】他们知道的事情，以及他们不知道的事情——你的意思也许是这样的，举例来说，熟悉卡利斯特拉图[①]，知道他是谁，然而不知道在什么地方能够找到他。你的意思是人们试图发现这二者吗？

西　是的。

苏　现在你不想发现前者吗，认识卡利斯特拉图，至少你是认识他的？

西　当然不想。

苏　【d】但你试图发现他在什么地方。

西　是的，我想你也会这样做。

苏　还有，你也想发现在什么地方能找到这个人，如果你认识他的话；在这种情况下，你会马上去找他，是吗？

---

①　卡利斯特拉图（Καλλίστρατος），人名。

西 是的。

苏 那么，这件事显然不是他们试图发现的已经知道的事情，而是他们不知道的事情。

但是这个论证会使你感到是在吹毛求疵，西绪福斯，提出来的观点不是直指事情真相，而仅仅作为一个争论的观点。【e】如果是这样的话，请你这样来看问题，看你是否同意我们刚才所说的。你知道几何方面的事，是吗；几何学家不知道对角线有多长，然而对它是不是对角线却没有疑问——这根本不是他们试图发现的东西——倒不如说，他们要发现的是在一个矩形中它有多长。这不就是他们试图发现的东西吗？

西 我相信是这样的。

苏 这是某个未知的东西，不是吗？

西 绝对是。

苏 还有，以立方体的倍数为例。你知道几何学家们试图通过推理来发现它有多大，不是吗？至于立方体本身，他们并不试图发现它是不是立方体。他们非常懂得这一点，不是吗？

西 是的。

苏 【389】还有，考虑一下天上的气吧。你肯定知道阿那克萨戈拉和恩培多克勒① 以及其他所有宇宙论者试图发现它是无定形的还是有定形的。

西 是的。

苏 但他们不问它是不是气，是吗？

西 当然不问。

苏 那么在所有这些例子中，我们的结论如下：没有人试图发现任何他知道的事情，而只会去发现他不知道的事情。你同意我的观点吗？

西 我同意。

苏 【b】嗯，所谓商议在我们看来不就是这么一回事吗——某个人试图发现他应当采取的最佳行动过程？

① 恩培多克勒（Ἐμπεδοκλέα），希腊早期自然哲学家。

西 是的。

苏 我们认为商议就是试图发现某些涉及实际事务的事情，不是吗？

西 是的，当然了。

苏 所以，人们试图发现他们想要发现的东西，现在是考虑什么东西在阻碍人们的发现的时候了。

西 我想是的。

苏 【c】是不懂在阻碍人们的发现，除此之外我们还能说什么？

西 让我们务必观察一下。

苏 绝对如此！——如人们所说，我们一定不要放过暗礁，然后发出一片惊呼。

所以，现在让我们一起来考察下列问题：如果一个人对音乐没有知识，既不懂如何弹琴，又不懂如何演奏其他乐器，和他商议音乐，你认为可能吗？

西 不，我不这么认为。

苏 【d】军事或航海怎么样？会有某人不懂军事和航海，却能和他商议在这两个领域该做什么吗？如果他没有任何军事或航海的知识，能和他商议如何指挥军队或担任船长吗？

西 不能。

苏 你能期望这个人掌握其他所有领域的所有知识吗？不懂的人要商议他不懂的事情，这是不可能的。

西 我同意你的看法。

苏 但是，试图发现他不知道的事情是可能的，对吗？

西 【e】肯定对。

苏 所以试图发现与商议不再能够等同。

西 为什么不能？

苏 因为一个人试图发现的事物显然是他不知道的事物，而和这样的人商议他不知道的事物显然是不可能的。这不就是我们刚才说过的事情吗？

西 确实如此。

苏 试图为你们的城邦发现应当做的最好的事情，然而却不知道它们是什么，这不就是你们这些法撒鲁斯人昨天在做的事情吗？因为，要是你们知道它们是什么的话，你们肯定不会继续去发现它们——就好像我们不会试图发现我们已经知道的东西，是吗？

西 不，我们不会。

苏 如果一个人不知道某件事情，西绪福斯，你认为他会怎么做：试着发现它，还是学习它？

西 【390】学习它，必定如此；这是我的想法。

苏 你这样想是对的。但是请你告诉我，由于下面这个原因，你认为一个人应当学习而不是试图发现它吗？通过向那些懂行的人学习，既能更加快捷地发现，也能轻易地获得，而不是在自己不懂的时候，试图凭着自己来发现它。或者说有其他某个原因？

西 不，就是因为这个原因。

苏 那么好，你们这些人昨天为什么要自找麻烦，商议你们不懂的事情，试图发现城邦要采取的最佳行动？【b】你们为什么不向懂行的人学习，这样就能为城邦获得最佳的行动方案？与此相反，在我看来你们昨天花了一整天坐在那里，编造和猜测你们不懂的事情，而不是去学习——我指的是统治你们城邦的人，包括你在内。

你也许会说我这样说仅仅是为了进行讨论的缘故而跟你开玩笑，而我说的事情都没有得到严肃的证明。【c】不过，你肯定要认真对待下一个观点，西绪福斯。假定有商议这么一回事，假定像我们刚才所发现的那样，它不能被证明仅仅是一种不理解、猜测，或者与虚构无异，只不过用了一个比较宏大的名称。在这种情况下，你不认为良好的商议或者良好的商议者有差别吗，就像其他所有专门领域里人与人之间有差别——例如，木匠与木匠有差别，【d】医生与医生有差别，笛手与笛手有差别，商人与商人有差别？正如这些行家的技艺互有差别，你不认为商议也有同样的情况吗——商议者与商议者之间有差别？

西 是的，有差别。

苏 现在请你告诉我，所有这些能很好地进行商议的人和不能很好地进行商议的人将来都会存在吗？

西 肯定存在。

苏 将来存在的东西现在还不存在。不对吗？

西 当然对了。

苏 【e】如果我们假定它不会在将来继续存在，那么它已经存在过了，不是吗？

西 是的。

苏 如果它还不存在，那么它也还没有产生。

西 没有。

苏 但若它还没有产生，那么它还没有拥有它自己的任何本性，是吗？

西 完全没有。

苏 所以，在商议将来的事情时，那些很好地进行商议的人和那些很差地进行商议的人都是在商议既不存在又没有产生，也不拥有任何本性的东西。对吗？

西 似乎如此。

苏 你认为任何人有可能很好地或很差地谈论那些不存在的东西吗？

西 你这样说是什么意思？

苏 我会把我的想法告诉你。【391】假定有一些弓箭手。你怎样区分哪些弓箭手是好射手，哪些弓箭手是差射手？这不难回答，是吗？你可能会要他们对着某个靶子射箭。

西 确实如此。

苏 那个最成功地命中靶子的射手，你会判定他是优胜者吗？

西 我会。

苏 但若在他们面前没有竖起靶子，弓箭手们随心所欲朝着任何地方射箭，【b】你怎么能判断哪名射手好，哪名射手差呢？

西 我不能。

苏 如果商议者不懂得他们要商议的事情，你不也会对如何区别好的商议者和差的商议者感到困惑吗？

西 我会。

苏 如果这些人商议将来的事情，那么他们是在商议不存在的事情，是吗？

西 绝对如此。

苏 任何人要想发现不存在的东西是不可能的。【c】要是说有人能够发现不存在的东西，你会怎么看？

西 他不可能做到。

苏 既然发现不存在的东西是不可能的，那么没有一个商议者能对不存在的东西进行商议。因为将来就是还不存在的东西，不是吗？

西 我相信是这样的。

苏 由于无人能够发现未来的东西，所以也无人能够是真正的好商议者或坏商议者。

西 显然不能。

苏 如果一个人不能比其他人或多或少地成功地发现不存在的东西，那么也无人能比其他的商议得好或商议得差。

西 【d】确实不能。

苏 所以当他们把某些人称作好的或坏的商议者时，他们心里能有什么标准？西绪福斯，你不认为这个问题值得我们在某些时候再深入探究吗？

厄里西亚篇

提　要

本篇对话所使用的术语和柏拉图有较大差异，对话中的有些观点可以追溯到早期斯多亚学派。所以有学者认为本篇作者可能是学园派的某个成员，大约写于公元前 4 世纪末。公元 1 世纪的塞拉绪罗把本篇称作“掺杂进来的伪作”，① 译成中文约 1 万 2 千字。

这篇对话有清晰的地点和听众。苏格拉底与厄里西亚在拯救者宙斯的柱廊里散步，遇上克里底亚和刚从西西里回来的厄拉昔拉图。谈话虚构的写作年代是雅典人于公元前 416 年攻打叙拉古之前。

对话有两个议题：(1) 美德与财富；(2) 哲学论证的严肃性。两个议题合在一起构成了对苏格拉底式的哲学家的生活方式的一种思考。

苏格拉底指出，人们认为美德与财富是最重要的事情，拥有最有价值的东西的人就是最富有的人。那么人拥有的最有价值的东西是什么呢？金钱是重要的，可以帮助人获得成功，但金钱不是最有价值的东西，因为有时候有了钱没有用处，有时候有了钱反而是坏事。有价值就是有用，但有用的前提是有需要，如果没有需要，有价值的东西也就没有用了。由此产生了一个悖论：如果说金钱是有用的，那么拥有最多金钱的人的处境一定最差；因为如果他的处境不是最差的，那么他就不会需要大量的钱，他就不会认为钱有用。所以最重要的东西不是财富，而是智慧。

---

① 参阅第欧根尼·拉尔修：《名哲言行录》3 : 62。

厄里西亚对苏格拉底的论证表示反对，因为这样一来就意味着那些拥有大量财富的人是贫穷的，而那些过着贫困生活的哲学家是富有的。他责问：严肃的哲学论证与理智的游戏有什么区别？苏格拉底指出，哲学家严肃地进行论证，相信这些论证，他们的论证就是他们的技艺，他们通过智慧的传授增加了他们的价值。这样的哲学家看起来过着贫困的生活，但实际上是最富有的。

正　文

【392】克里底亚[①]和厄拉昔拉图[②]朝我们走来的时候，我正好与来自斯提里亚区的厄里西亚[③]在拯救者宙斯的柱廊里散步，这位厄拉昔拉图是斐亚克斯[④]（厄拉昔拉图之子）的侄子。厄拉昔拉图最近刚从西西里和其他邻近的地方回来。【b】他走过来对我说："你好，苏格拉底。"

我答道："你好，在西西里有什么事值得告诉我们吗？"

"当然有。但你们能先坐一会儿吗？我昨天从麦加拉[⑤]走回来，我累坏了。"

"当然可以，如果你想坐的话。"

"关于那里的形势，你们首先想听什么？西西里人在干什么，或者他们对我们的城邦采取什么态度？我个人认为，他们对我们的感情就像黄蜂。【c】如果你打扰它们，它们马上就会生气，变得不可理喻；最后你不得不毁了它们的蜂巢，把它们赶走。叙拉古人就是这个样子。除非我们把这当作我们自己的事，派大军去他们的城邦，否则他们决不会听从我们的主张。如果姑息迁就，只能使他们更加愤怒，然后他们就会变

① 克里底亚（Κριτίας），《卡尔米德篇》、《克里底亚篇》、《厄里西亚篇》、《普罗泰戈拉篇》、《蒂迈欧篇》对话人。

② 厄拉昔拉图（Ἐρασιστράτους），人名。

③ 厄里西亚（Ἐρυξιας），《厄里西亚篇》对话人。

④ 斐亚克斯（Φαίακος），人名。

⑤ 麦加拉（Μέγαρὰ），地名。

得极难对付。事实上，他们已经派遣使者到我们这里来，我想他们打算糊弄我们的城邦。”

【d】当我们正在交谈的时候，叙拉古人的使者碰巧从旁经过。厄拉昔拉图指着他们中的一位说：“苏格拉底，那边那个人是整个西西里和全意大利[①]最富有的人。他肯定是最富的，因为他有大量的土地归他支配，如果他愿意的话，也能轻易地耕种。他的这块土地和其他人的土地不一样，不管怎么说，在希腊是这样的。他也拥有大量使人富裕的其他东西——奴隶、马匹、金子、银子。”

【393】当我看到他喋喋不休地谈论这个人的财产时，我问他：“不过，厄拉昔拉图，他在西西里拥有什么样的名声？”

“人们认为他是所有西西里人和意大利人中间最邪恶的，他真的非常邪恶。他的邪恶甚至超过了他的富裕，所以要是你问任何西西里人，谁是最邪恶的人，谁是最富裕的人，每个人都会说是他。”

我想厄拉昔拉图谈论的事情不是小事；正好相反，【b】许多人认为美德与财富是头等大事。所以我问他：“一个人有一塔伦特银子，一个人拥有一块价值两塔伦特的土地，哪个人比较富裕？”

“我认为是拥有土地的这个人。”

“按照同样的论证，如果某人拥有布、毯子或其他比我们这位西西里人的财产更加值钱的东西，那么他更加富有。”对此厄拉昔拉图表示同意。

“如果让你在二者间作选择，你想要哪一样？”

【c】“我会选最值钱的东西。”

“你认为你的选择会使你更加富有吗？”

“是的。”

“所以我们认为，无论何人拥有最有价值的东西就是最富有的人吗？”

“是的。”

---

① 意大利（Ἰταλία），地名。

“那么健康的人比病人更加富有，因为健康人拥有的东西比病人拥有的东西更有价值。【d】不管怎么说，每个人都宁愿要健康，哪怕钱很少，而不愿意生病，但像那位大王[①]那样富有，因为他们显然相信健康更有价值。毕竟，没有人会选择健康，除非他认为健康比财富更可取。”

“当然了。”

“还有，如果有其他东西似乎比健康更有价值，那么拥有这样东西的人就是最富有的人。”

“是的。”

“假定现在有人向我们走来问我们：【e】‘苏格拉底、厄里西亚、厄拉昔拉图，人拥有的最有价值的东西是什么？不就是一旦拥有就能使人在如何最有效地管理他自己和他友的事务方面做出最佳决定的东西吗？’我们会说这样东西是什么？”

“在我看来，苏格拉底，繁荣昌盛就是一个人拥有的最有价值的东西。”

“这个回答一点儿也不差。但是我们会把世上最繁荣昌盛的人视为最成功的人吗？”

“是的，我相信是这样的。”

“最成功的人不就是那些在处理他们自己的和其他人的事务时犯错误最少，做对事情最多的人吗？”

“确实如此。”

“所以那些知道什么是坏、什么是好、【394】该做什么、不该做什么的人会取得最大的成功，而犯最少的错误，是吗？”厄拉昔拉图也接受了这一点。“既然如此，那么这些人同样也显然是最聪明、最成功、最繁荣昌盛、最富有的，这样一来智慧就是最有价值的东西了。”

“是的。”

厄里西亚插话说：“但是苏格拉底，【b】要是一个人比涅斯托耳[②]

① 指波斯国王，他的富有人人皆知。

② 涅斯托耳（Νέστορ），希腊神话中的皮罗斯国王，足智多谋。

还要聪明，但却没有必需的日常生活用品——食物、饮料、衣服，以及其他各种东西，这对他有什么好处呢？智慧对他能有什么帮助呢？如果没有这些基本的必需品，他有可能成为乞丐，怎么能是最富有的呢？”

我想厄里西亚话很有意思，于是就答道：“对于一个拥有智慧，但缺乏生活必需品的人来说，会发生这种情况吗？【c】如果某人拥有波吕提翁[①]的房子，里面装满了金银，他还会缺什么东西吗？”

“噢，对了！他可以马上把他拥有的财产卖掉，拿去获得或交换他为了生存所需要的东西，甚至拿这些硬通货去交换他能得到的东西，他马上就能得到充足的供应。”

“没错，只要其他人真的想要一幢波吕提翁的住宅那样的房子【d】，甚于想要我们友的智慧。然而，如果他们是这样一种人，更加看重人的智慧及其所能产生的东西，那么聪明人能够更加容易地出售他的智慧，如果他有这种需要，并且想要出售智慧及其产物。人们实际上感到有一种强大的冲动，想要拥有一所房子，住在像波吕提翁那样的房子里，【e】而不是住在一所破烂的小房子里，会使人的生活产生巨大差别；而使用智慧几乎没有什么价值，在那些真正要紧的事情上，一个人是聪明还是无知不会造成很大的差别，是吗？人们藐视智慧，拒绝付钱，那些需要并且想要购买波吕提翁房子里的柏木和潘太利山[②]的大理石的人不是很多吗？不管怎么说，一个人如果是航海家或者是医术精良的医生，能够在其他行业中获得成功，那么他的价值高于任何一位拥有最多财富的人。那些能就如何获得成功提供良好建议的人怎么样，既对他本人，又对其他某些人——如果这是他想要做的事情，他不能出售他的这种技艺吗？”

【395】这时候厄里西亚打断了我的话，看上去就好像有人对他做了错事而令他恼火：“苏格拉底，如果你不得不说真话，你真的会说你比

① 波吕提翁（Πουλυτίων），人名。

② 潘太利（Πεντελικῶν），山名。

希波尼库[1]之子卡里亚[2]还要富有吗？我肯定你会同意说你在所有最重要的事情上不会不聪明，只会更聪明；但这并不能使你更富有。”

“也许吧，厄里西亚，你认为我们现在提出的这些论证只是游戏，【b】因为它们不真实，如你所认为的那样，它们就好比棋盘里的棋子，你可以移动它们，用来制约你的对手，使他们无法与你抗衡。现在论及财富，你的想法也一样，你认为真正的情形只有一种，而各种论证都是同样的，无所谓真假。只要所提供的论证能够优于对手，那么可以声称最聪明的人也是最富有的人，【c】哪怕他说的是假的，而他的对手说的是真的。这也许不值得惊讶，就好像两个人在谈论字母，一个人说‘苏格拉底’这个名字以‘Σ’开头，另一个人说这个名字以‘A’开头，而证明这个名字以‘A’开头的论证要比证明这个名字以‘Σ’开头的论证强一些。”

厄里西亚看了一眼周围的人，他笑了，有点脸红，就好像他没有参加最初的讨论，【d】他说：“苏格拉底，我想我们的论证不应当是那种不能说服这里的任何人、不能为他们提供任何好处的论证。谁会被这样的观点说服——最聪明的人就是最富有的人？由于我们是在谈论财富，所以我们应当讨论是：富有在什么情况下是一件值得尊敬的事，在什么情况下是一件可耻的事，财富是一种什么样的东西，它是好的还是坏的。”

【e】“行，谢谢你的建议，从现在起我要小心。由于这个问题是你引入的，你为什么不大胆地告诉我们，你本人认为富有是好的还是坏的呢？尤其是你认为我们前面的论证没有处理这个问题。”

“好吧，我认为富有是好的。”

他想要继续往下说，但是克里底亚打断了他的话，“告诉我，厄里西亚，你认为富有是一件好事吗？”

---

① 希波尼库（Ἱππονίκου），人名。

② 雅典最富有的人之一，在智者身上花了大笔钱，参阅《申辩篇》20a，卡里亚的家是《普罗泰戈拉篇》的对话场景。

“我肯定是这样认为的。如果我不这样看，那么我疯了，我肯定全世界都会同意我这种看法。”

【396】“但我认为自己也能让所有人信服，对某些人来说，富有是一件坏事。如果富有真是好的，那么它就不会对我们中的某些人显得像是坏事了。”

我对他们说：“如果你们俩不能就谁是骑术方面的较大的权威达成一致意见，那么我正好懂马，我试图制止你们的争吵。毕竟，如果我在这里，【b】但不能尽力制止你们的争吵，我会感到可耻；同理，除非你们能够理解，否则你们不能就任何事情取得一致意见，而像是要作为仇敌而不是作为友分手。由于你们的分歧是你们必须通过你们的整个一生来处理的事情，所以你们认为它是有用的还是没用的会造成巨大差别。更有甚者，希腊人认为这不是一件小事；他们对这件事极为重视——【c】不管怎么说，由于这个原因，如何才能变得富有就是父亲们建议他们的儿子考虑的第一件事，当他们想到自己的儿子已经到了这个年龄，对这些事情有所了解的时候，因为一个拥有某些东西的人是有价值的，一个不拥有任何东西的人是无价值的。这件事确实要认真对待，你们在对其他事情的看法上针锋相对，在如此重要的事情上有差别——此外，你们不是在问富有是黑的还是白的，是轻的还是重的，而是问富有是好的还是坏的，【d】如果你们就什么是好的，什么是坏的进行争论，你们实际上变成了最糟糕的敌人，尽管你们是真正的最亲密的友和亲戚——好吧，当你们进行论证的时候，我会尽力重视你们的论证。如果我能向你们解释整个情形，制止你们的争执，我也会这样做。但是实际上，由于我做不到这一点，【e】由于你们各自认为能使其他人同意自己的意见，所以我打算尽力帮助你们所有人就富有达成一致意见。所以，克里底亚，你要试着使我们同意你的意见，你已经开始这样做了。”

“我原先打算问厄里西亚，他是否认为有公正的人和不公正的人。”

“我最肯定地说，有。”

“那么你认为不公正是好事还是坏事？”

“坏事。”

"那么你认为不公正是好事还是坏事?"

"坏事。"

"你认为，当城邦和法律都禁止通奸的时候，一个人花钱勾引邻居的妻子，他的行为是不公正的还是公正的?"

"在我看来他的行为肯定是不公正的。"

"所以，如果想做这种事情的不公正的人是富有的，花得起钱，【397】那么他会犯下这种罪行。如果他不富有，付不起钱，那么他就不能做他想做的事，这样就根本不会有犯罪了。由此可以推论，这个人如果不富有对他会好些，因为当他想要做错事的时候，他这样做的机会较少。"

"但是也还有其他事情：你说生病是坏事还是好事?"

"坏事。"

"你认为有些人意志薄弱吗?"

【b】"是的。"

"如果要这些意志薄弱的人离开食物、饮料和其他人们当作可以带来快乐的东西对这些意志薄弱的人是好事，但是他做不到，因为他意志薄弱，那么他要是没有获得这些东西的手段对他来说要好些，而不是让他需要的东西得到充分供应，是吗？因为在这种情况下，他没有机会犯错误，无论他自己有多么想犯错误。"

我想，克里底亚正在有效地进行着这场对话，【c】要不是当着在场的人的面会感到困窘，厄里西亚也许会站起来痛打克里底亚。厄里西亚感到有些重要的东西被克里底亚抽掉了，因为事情变得很明显，他自己前面有关富有的观点是错的。察觉到他有这样的感觉，我担心这会引起辱骂和敌对，所以我说："就在一两天以前，有个来自开奥斯的名叫普罗狄科的聪明人在吕克昂[①]使用过这个论证。【d】在场的人认为他在胡说八道，因为不能让任何人相信他说的是真理。实际上，当时有个直言不讳的年轻人走过来坐在普罗狄科身边。他讥笑普罗狄科，向他挑衅，

① 吕克昂（Λύκαιον），地名。

要普罗狄科解释他所说的话。还有，他在听众心目中的地位比普罗狄科要高。”

厄拉昔拉图说：“你想要向我们报告这场对话吗？”

【e】“当然可以，只要我能记得。我想事情是这样的。

“那个年轻人问普罗狄科，富有在什么方面是坏的，在什么方面是好的。普罗狄科的回应就像你刚才说的一样。它对有教养的人是好的，他们知道在什么情况下使用他们的财产，但它对邪恶无知的人来说是坏的。在其他事情上也是这种情况；人遭遇到的事情的性质必定反映人自身。我想阿基洛库斯①的诗歌说得好：‘人的思想就像他们遭遇到的东西。’

【398】“那位年轻人说：‘假定有人想要让我在那些好人非常擅长的事情上变得内行。与此同时，他也必须让与此相关的其他所有事情对我也是好的。当然了，这不是他努力的目标，因为他关注的首先是使我变得内行，而不是使我无知。就好比现在有人想要使我擅长拼写字母，在这个时候他一定也会使与拼写相关的事情对我都是好的；与此相仿，音乐也一样。只要他想要使我好，事情就都一样了，【b】他必定会使其他相关的事情对我也是好的。’

“对这些比喻普罗狄科没有表示同意，然而他赞成这位年轻人开头的观点。

“那位年轻人说：‘你认为做好事就像造房子，是人的双手完成的工作吗？或者说事情必定会变得像开始时一样，无论是好还是坏吗？’

“我想普罗狄科这时候有点怀疑他们的论证会走向何处。【c】当着在场的那么多人的面，为了避免被这个年轻人打败——虽然他认为哪怕只有他们俩在场，发生这种事也没有什么区别——他做出了一个非常精明的回应：做好事是人的双手的工作。

“那位年轻人说：‘你认为卓越的才能是可教的，还是固有的？’

“普罗狄科说：‘我相信是可教的。’

① 阿基洛库斯（Ἀρχιλόχους），智者，参阅《普罗泰戈拉篇》315d，337a以下。

"'你认为，如果一个人祈求众神让他擅长拼写、音乐，或者获得其他技能，这些东西他只能通过向其他人学习，【d】或靠他自己去发现才能拥有，他这样做是愚蠢的吗?'

"'是的，我是这样看的。'

"那位年轻人说：'所以，普罗狄科，每当你向众神祈求成功和其他好东西时，你在这些场合祈求的无非就是成为一位有教养的人，因为这些东西对有教养的人来说才是真正地好的，而对平庸的人来说是坏的。如果卓越的技能真的能教，就会显得你的祈求无非就是那些可以教的、你还不知道的东西。'"

【e】我对普罗狄科说，我认为一方面假定我们从众神那里得到了我们祈求的东西，另一方面又向他们祈求，这样的想法是荒谬的。"尽管你有时候匆匆忙忙去卫城向众神祈祷，祈求他们赐给你好东西，但你不知道他们能否你祈求的东西赐给你。就好像你去找一位学校老师，请他赐给你拼写字母的技能，但自己不付出任何努力，以为这样一来自己也就马上能做那位老师能做的工作了。"

我说完以后，普罗狄科为他向众神的祈求显得无用而恼火，【399】他追着那位年轻人，为他自己辩护；他想要提出你刚才那样的论证。这时，体育场的管理员走了过来，让普罗狄科离开。他认为普罗狄科的讨论不适合年轻人，如果说这种讨论不合适，那么它一定是邪恶的。

我讲述这件事情，为的是让你们能够观察人们对哲学是怎么看的。如果普罗狄科在这里进行争论，【b】你们都会认为他是个疯子，应当把他从体育场里赶出去，而你刚才的论证似乎非常好，克里底亚，不仅说服了在场的每个人，而且也使你的对手同意了你的意见。这很像法庭上的情景：如果两个人提供同样的证词——一个人是有教养的，另一个人是个恶人——那么陪审团不仅不会相信恶人的证词，而且还会做与他的愿望相反的事情。【c】但若那个有教养的人说了同样的话，那么他的话会被判断为绝对真实。听众对你和普罗狄科的态度也许就是这样。他们认为普罗狄科是一名智者和骗子，而你是一位重要人物，处理着我们城邦的事务。他们还相信自己不应当关注论证本身，而应当关注论证者的人品。

“啊，苏格拉底，你说这些话可能并不当真，而在我看来，克里底亚显然涉及了某些重要的事情。”

【d】“你放心，我是非常严肃的。但由于你们俩进行了有效的讨论，为什么不做个总结呢？我想把一些事情留给你们考察，因为你们似乎至少在这一点上达成了一致：富有对有些人是好的，对有些人是坏的。现在剩下来要考察的是富有本身是什么，除非你首先明确这一点，否则你们甚至不能就富有是好还是坏达成一致意见。【e】我打算尽可能帮助你们完成考察，现在让宣称富有是好的那个人来向我们解释他的立场。”

“我对富有的看法与其他人没有什么不同，富有就是拥有大量的财产。我肯定克里底亚也对富有持有同样的看法。”

“这样的话，你仍旧需要考虑财产是什么，以免以后再来论证一遍。【400】让我们以迦太基人为例，他们使用这样一种钱币。把一块块大约像一个斯达特[①]大小的皮子串在一起，除了把皮子串在一起的人，没有人知道它是什么。盖上印章后，这样的钱币就进入流通，拥有这种钱币数量最多的人就被认为拥有最多的财产，是最富有的人。然而，要是哪个希腊人大量地拥有这种钱币，他也不会比他从山上取来大量的小圆石更为富有。在拉栖代蒙，【b】人们用铁作为钱币流通，按照铁的重量，而这种铁是没有用的。拥有这种铁最多的人被认为是富有的，然而在其他地方，这样的拥有是没有价值的。在埃塞俄比亚，人们用雕刻过的石头当钱币，而拉栖代蒙人认为这种石头是无用的。在西徐亚人[②]的游牧部落中，拥有波吕提翁那样的豪宅的人被视为并不比我们所认为的吕卡贝图山[③]的拥有者更富有。

【c】“所以很清楚，这些东西都不是财富，因为某些拥有它的人似乎并没有因此而变得更富有。然而这些东西对某些人来说确实又是财

---

① 斯达特（στατῆρος），雅典银币，含银 17.5 克。

② 西徐亚（ΣΚυθὶα），地名。

③ 吕卡贝图（Λυκαβηττὸς），山名。

富，有些人因为拥有它而成为富有的；但对其他人来说，它既不是财富，又不能使他们变得更富有。与此相仿，同一事物对个人来说无所谓美或丑，但不同的事物会以不同的方式给不同的人留下不同的印象。

【d】“所以，如果我们希望考察为什么房子在那些西徐亚人眼中不是财产，而在我们眼中就是财产，或者为什么皮子对迦太基人来说是财产，而对我们来说不是，或者为什么铁对拉栖代蒙人来说是财产，而对我们来说不是，那么我们的发现不就是这样吗？让我来解释一下。假定某人在雅典市场上找到一千塔伦特石头。由于石头对我们没有用，所以我们为什么要因为他拥有这些石头而认为他变得比较富有呢？”

“显然不。”

“假定他拥有同样重量的红宝石，我们会说他实际上非常富有吗？”

【e】“当然。”

“这是因为一种东西对我们有用，而另一种东西对我们无用吗？”

“是的。”

“这也是在西徐亚人中间房子不是财产的原因，因为房子对西徐亚人无用；一名西徐亚人也不会喜欢一所最漂亮的房子胜过喜欢一件厚实的皮外套，因为一样东西对他有用，而另一样东西对他无用。还有，我们不认为迦太基人的硬币是财产，因为我们不可能用它来获得我们需要的东西，就像我们使用银子一样；因此，它对我们是无用的。”

“这样说相当公正。”

“由此可以推论：一切对我们有用的东西是财产，而一切对我们无用的东西不是财产。”

【401】在对这句话做出回应的时候，厄里西亚说：“这怎么可能呢，苏格拉底？我们相互交往的时候不是在谈话、观看，以及做其他许多事情吗？我们把这些都当作财产吗？它们确实是有用的。即便如此，我们还是没有得到什么是财产的印象。每个人都会很好地赞成，一样东西要想成为财产，它必须有用，但并非所有有用的事物都是财产，那么，哪些种类的有用的事物是财产呢？”

“药物是发明出来治疗疾病的，让我们用药物作比较来讨论这个问题，好吗？【b】这样的话，我们有较好的机会发现我们正在寻找的东西，亦即被我们当作财产的东西是什么，出于什么目的，人们发明出对财产的拥有？这种方法也许会使我们拥有更加清楚的认识。现在好像一切是财产的东西也必须是有用的，被我们称作财产的东西是这些有用的东西中的一种。因此，我们不得不考虑，对财产的什么样的使用是有用的。例如，【c】我们在工作中使用的所有东西当然都是有用的，正如一切有生命的东西都是动物，而在这些动物中，我们称一种动物为人。现在假定有人问我们：必须消除什么东西，我们才能不需要医药或治疗工具。我们的回答会是：只要从身体里消除了疾病，而且疾病不会再发生，或者疾病一发生就会马上消除。因此，医药似乎是对消除疾病有用的知识。

【d】"但若有人问我们，必须消除什么，我们才会不需要财产，我们对此能有答案吗？如果我们没有，那就让我们按照这样的路线重新开始：如果一个人不需要食物和饮料就能活着，不会饥饿或口渴，那么他还需要这些东西吗，或者他还需要钱或其他东西来供养他自己吗？"

"我认为他不需要。"

"其他事情也一样。如果我们不需要我们现在用来照料我们身体的这些东西，例如冷、热，【e】以及其他一切身体本身缺少因而需要的东西，那么通过什么方式财产会对我们有用，因为没有人会需要任何东西，而为了这些东西的缘故，我们想要财产。就持续的欲望和身体的需要而言，我们想要得到的结果就是满足。所以，如果要照顾身体的需要，财产是有用的，如果这些需要消除了，我们就不需要财产，而财产也就根本不存在了。"

"看起来是这样的。"

"那么我以为，对这件事有用的这些东西对我们显得像是财产。"

厄西里亚对此表示同意，但这个论证把他搞糊涂了。

【402】"这种观察财产的方式是怎么回事？我们能说同一事物，对于一个具体目的而言，有时候是有用的，有时候是无用的吗？"

"不，我不这么想。而应当这样说，如果我们为了某个目的而需要这种事物，那么我就会认为它是有用的，如果我们没有这种需要，我就会认为它是无用的。”

“所以，如果不用火，我们就能制造一座金像，那么我们为了这个目的不会对火有任何需要。但若我们对火没有任何需要，那么火对我们也不会是有用的。【b】同样的论证也能用于其他事物。”

“似乎如此。”

“所以，在做某些事情的时候，在我们看来，任何不需要的东西在这种具体场合就是无用的。”

“对。”

“假如有一天我们能够消除身体的需要，使它不再需要任何东西，我们能够这样做而不需要银子、金子和其他我们实际上并不用于身体的东西（以那种我们使用食物、饮料、衣服、毯子、房子的方式），不使用这些东西也能消除身体的需要，那么银子、金子和其他这样的东西，【c】对这个具体的目的而言，也就不会是对我们有用的了。”

“你说得对。”

“那么看起来这些无用的东西不是财产，虽然它们能使我们获得有用的东西。”

“苏格拉底，我决不相信金子、银子和其他像它们一样的东西不是财产，如你所说的那样。我确实相信对我们无用的东西不是财产，财产位于最有用的事物之列。【d】但我不相信这些东西对我们活着真的是无用的，因为我们能够以它们为手段，获得我们需要的东西。”

“好吧，对此我们该说什么呢？有音乐老师、文字老师，或其他技艺的老师通过他们的教学获得补偿，来获得他们自身需要的东西吗？”

“有。”

【e】“所以这些人用他们的技艺能够获得他们需要的东西，其方式与我们相同，我们支付金子和银子去得到东西，他们教人技艺而获得东西。”

“是的。”

“如果他们这样做就能获得他们为了生活而使用的东西，那么这些东西本身对生活来说就是有用的。我们确实说过财产是有用的，不是吗，因为有了财产我们能够获得我们身体所需要的东西？”

“是的，我们说过。”

“所以，如果这些技艺因为这个目的而被划分为有用的，那么它们显得像是财产，由于同样的原因，金子和银子是财产。事情也很清楚，拥有这些技艺的人是比较富有的。然而，我们在前面要接受这个论证，说这些人是最富有的人，遇到了大量的麻烦。【403】不过，根据我们刚才达成的一致意见，我们必须推论拥有技艺越多，有时候会越富有。例如，如果某人问我们是否认为马对任何人都是有用的，你难道不会回答马对那些知道如何使用马的人是有用的，但对那些不知道如何使用马的人是无用的吗？”

“我会。”

“依据同样的论证，医药也不是对任何人都有用，而只对那些知道如何使用它的人有用，是吗？”

“是的。”

“对其他事物来说也一样？”

【b】“显然如此。”

“那么金、银，以及其他一般被当作财产的东西，只对那些知道如何使用它们的人来说是有用的吗？”

“对。”

“我们在前面不是有这样的印象，① 有教养的人知道何时和如何使用这些东西吗？”

“是的。”

“那么这些东西只对有教养的人有用，因为他们知道如何使用这些东西。但若这些东西只对他们有用，那么只有这样的东西是财产。【c】还有，如果某个人找来一个对骑马一无所知，但却拥有一些对他来说无用的马的人，使他懂得马匹，那么这个人同时也就使他变得比较富有，

① 参阅本篇 394a—395d。

因为这个人使先前对他无用的东西变成了有用的东西。通过给予他某些知识而使他马上变得富有。”

“似乎如此。”

“然而我肯定，我可以代表克里底亚发誓，这些论证都不能使他信服。”

【d】“我肯定不这样想。事实上，要是我这样想的话，我就是个疯子。但是请你继续说下去，完成你的有关这些一般被当作钱来接受的东西的论证——银子、金子，以及其他这样的东西——说明它们不是财产。你无法想象我在听你讲述这些论证的时候有多么敬佩你。”

“克里底亚，我想你听我讲话是一种享受，就好像你在听一名吟游诗人在讲荷马的诗：你并不认为它有一个词是真的。好吧，对此我们该怎么说呢？【e】你会说造房子的时候某些东西对建筑师是有用的吗？”

“是的，我是这么想的。”

“我们会说他们用来造房子的这些东西是有用的吗——石头、砖头、木板，以及这样一类东西？或者说他们用来造房子的那些工具也是有用的，使用这些工具他们获得了木板和石头，与此相同，还有他们为了获得这些工具而使用的工具？”

“我认为凡是与造房子有关的一切都是有用的。”

“其他所有活动也是这种情况吗？不仅我们在完成每一项任务时使用的东西本身是有用的，而且那些我们用来获取这些东西，没有它们我们就无法工作的东西也是有用的吗？”

“完全正确。”

“同理，用来造出这些最后的事物的东西，【404】在它们之前产生的任何东西，还有，用来制造这些东西的东西，还有在它们之前的东西，以此类推，无穷无尽——所有这些东西对于我们的工作来说必定显得像是有用的，是吗？”

“是的，就是这种情况。”

“如果一个人拥有食物、饮料、衣服，以及其他任何他想要用于他的身体的东西，他还额外需要金、银，或其他用来获取供身体使用的东西吗，因为他已经拥有了供他的身体使用的东西？”

“我有点怀疑。”

【b】“如果一个人不需要这些供他身体使用的东西，你认为这种情形还会发生吗？”

“不，我不这样认为。”

“如果这些东西对于这个目的来说显得无用，那么可以推论它们决不会显得有用，不是吗？毕竟这是我们讨论的基础，对一个具体目的来说，一样东西不会有时候有用，有时候无用。”

“是呀，至少在这个方面我们的论证可以一致：如果这些东西对这个目的而言曾经是有用的，它们决不会变得无用。比如说，要做某些事情……”①

【c】“……有些人是为了做坏事，而其他人是为了做好事？”

“是的，我会这样说。”

“为了做好事，有些坏东西能是有用的吗？”

“不，我不这样想。”

“我们说一个人合乎美德地行事，他的行为是好的吗？”

“是的。”

“如果一个人聆听其他人讲话的能力完全被剥夺，他能学到通过口头传授的东西吗？”

“不，以宙斯的名义起誓，我不这样想。”

【d】“所以对美德而言，聆听可以确定为有用的，因为美德可以通过听觉来传授，而我们使用这种感觉来学习。”

“是的。”

“由于医药能终结一个人的疾病，所以为了美德的原因，如果一个人能通过医药来获得听觉，医药有时候也被划分为有用的。”

① 此处希腊原文有缺失。克里底亚声称为了做某些事情，某些东西总是有用的，然后苏格拉底问，是否某些东西在做坏事时是有用的，某些东西在做好事时是有用的。

“也许是这样的。”

“还有，如果我们用财产来交换医药，【e】那么财产对美德来说显然也是有用的。”

“对，你说得很对。”

“对那些我们用来获取财产的手段来说也一样。”

“绝对如此。”

“你认为一个人会通过邪恶可耻的手段获取金钱吗，就好像一个人听不见，但通过掌握医学方面的知识他又能听见了，他也能使用同样的能力获得卓越的技能或其他同类东西吗？”

“我确实是这样想的。”

“确实没有任何邪恶的东西能对美德有用。”

“没有，不可能。”

“那么我们用来获得对这个或那个目的有用之物的那些东西对于同一目的来说不一定也有用。否则的话，【405】坏东西有时候会显得对一个好目的有用。也许这样说事情会更清楚。如果事物对这个或那个目的是有用的，那么这个目的不可能存在，除非这些东西事先已经存在，告诉我，对此你有什么要说的？无知对知识能是有用的吗，疾病对健康能是有用的吗，邪恶对美德能是有用的吗？”

“我不这样认为。”

“然而我们会同意，如果一个人身上先前不存在无知，知识也就不属于他，如果一个人身上事先不存在疾病，健康也就不属于他，如果一个人身上事先并不存在邪恶，美德也就不属于他。”

【b】“是的，我认为我们会同意你的看法。”

“那么，为了造出其他东西所需要的东西似乎对这个东西而言，也不一定是有用的。否则的话，无知就会对知识有用，疾病就会对健康有用，邪恶就会对美德有用。”

克里底亚发现很难跟上这些论证，我们已经提到的各种事物并非都是财产。当我明白，要说服他就像谚语所说，像煮开石头一样难的时候，【c】我说：“让我们把这些论证忘了吧，因为我们不能就有用的东西和财产是不是一回事达成一致。但是对下面这一点我们会怎么说？我们认为，如果一个人对他的身体和日常生活有大量的需要，或者他的需要尽可能地少和简单，那么他会比较繁荣和比较好吗？考虑这个问题的最佳方式也许是拿他自身作比较，【d】看他生病的时候状况较好，还是健康的时候状况较好。”

“我们肯定很长时间没有这样想了。”

“这不奇怪，因为每个人都很容易明白健康人的状况优于病人的状况。那么现在，在什么情况下我们更加需要所有种类的东西，是我们生病的时候，还是我们健康的时候？”

“我们生病的时候。”

【e】“所以我们的状况最最糟糕的时候，我们的欲望和需要最强、最大，就身体的快乐而言，是吗？”

“是的。”

“就好像一个人状况最佳的时候他本人对这种东西的需要最少，同样的推理也适用于两个人吗，一个人的欲望和需要是强大的、多样的，而另一个人的欲望和需要是温和的、少量的？比如，你想一想赌徒、酒鬼、贪吃者——所有这些状况的根源都在于欲望。”

“没错。”

“所有这些欲望都只是对某些东西的需要；那些拥有最大需要的人比那些没有需要或很少需要的人状况更糟。”

【406】“据我所知，喜欢这些东西的人处于一种非常坏的状况；他们的需要越多，他们的状况越差。”

“所以我们认为，对某个目的而言，有些东西不可能是有用的，除非我们为了那个目的而需要它们。”

“说得对。”

“如果我们认为这些东西对照顾身体的需要有用，我们也必定为了这个目的而需要它们，不是吗？”

“我是这样想的。”

“所以，拥有数量最多的对这个目的有用的东西的人也会为了这个目的而需要最多数量的东西，因为他必须获得所有这些有用的东西。”

“在我看来是这样的。”

“按照这个论证，那些拥有大量财产的人至少也需要许多这样的东西来照顾身体，因为财产被视为对这个目的有用。所以在我们看来，最富有的人必定处于最糟糕的状况，因为他们需要这些东西的数量最多。”

阿西俄库篇

提　　要

本文结构简单，是一篇有着对话形式的慰藉文。作者可能是一位柏拉图主义者，大约写于公元前100年至公元50年之间。撰写慰藉文在晚期希腊罗马世界相当流行。这方面的典型有塞涅卡为玛西娅(Marcia)撰写的慰藉文、普罗塔克为他的妻子撰写的慰藉文。西塞罗则说过："还有一些人喜欢关心能提供安慰的各种方式，最近我在《安慰》一文中把它们全都归在一起，因为我的灵魂处在一种发烧的状态，我试图用一切方式来治愈它。"(《图斯库兰讨论集》，第3卷第31章）公元1世纪的塞拉绪罗在编定柏拉图作品篇目时，称本篇为"掺杂进来的伪作"。[①] 译成中文约6千字。

年迈的阿西俄库非常熟悉有关死亡的论证，曾经嘲笑过死亡和那些怕死的人。现在他身患重病，躺在床上非常痛苦，害怕死亡。苏格拉底被请去安慰他。苏格拉底使用了各个学派的论证说服阿西俄库。伊壁鸠鲁学派的观点：所谓死亡就是丧失感觉，不必害怕死后有任何痛苦；人死了以后不会有任何东西是恶的，因为人死后就不再存在。(365d—e）普罗狄库的观点：死亡与活着的人无关，与已经死了的人也无关，因为对活着的人而言，死亡不存在，而对已经死了的人而言，死亡也不存在，所以不必为这样一件无关的事情烦恼。(369b—370b）昔尼克学派的观点：人的今生充满苦难与痛苦，众神知道凡人的处境，因此把

① 参阅第欧根尼·拉尔修：《名哲言行录》3：62。

人从今生中解放出来，这就是死亡，所以摆脱今生的苦难是一件好事。(366d—369b) 斯多亚学派的观点：人的肉体死亡了，但人的灵魂不朽，人死后灵魂摆脱了与可朽的身体混合的快乐而远行，去过一种没有纷争、没有悲伤、没有衰老的安宁生活，在永久的和平中休息，成为不朽者。(370b—d) 阿西俄库拒绝这些观点，认为这都是一些流行的肤浅的蠢话，说起来好听，但在面对死亡的时候不起作用。(369d)

接下来，苏格拉底不再借用其他学派的观点，而是说出自己的信仰。他表示自己相信灵魂具有神圣性和不朽性，认为天文学的发展证明了神的存在，人的灵魂若无神圣性，人类不可能完成如此伟大的成就。这个启示触动了阿西俄库，使他摆脱了恐惧。苏格拉底最后讲了一个关于灵魂在来世的幸福的故事，以此结束对他的安慰。(371a—372a) 这个故事使阿西俄库不仅摆脱了对死亡的恐惧，而且变得期盼死亡。

正　文

谈话人：苏格拉底、克利尼亚、阿西俄库

【364】在我去居诺萨吉斯[①]的路上，当我靠近伊利苏河[②]的时候，我听到有人大声喊叫，“苏格拉底，苏格拉底！”我转过身去，想要找到声音是从哪里传来的，我看到阿西俄库[③]之子克利尼亚朝着卡里洛厄[④]走来，和他一起的还有音乐家达蒙、格老孔之子卡尔米德。(达蒙是克利尼亚的音乐老师；卡尔米德和克利尼亚是伴侣，深爱着对方。)【b】所以我决定离开大路，尽快与他们会合。克利尼亚流着泪对我说：

“苏格拉底，展示你的智慧的机会来了，他们说你始终拥有智慧！我父亲身体状况不佳有一阵了，现在已经接近他生命的终点；他现在躺

① 居诺萨吉斯（Κυνόσαργες），雅典城墙外的一处体育场。

② 伊立苏（Ἰλισος），河名。

③ 阿西俄库（Αξίοχος），本篇对话人，阿尔基比亚德的叔父。

④ 卡里洛厄（Καλλιρρόη），泉名。

在床上非常痛苦，尽管他曾经嘲笑过那些恐惧死亡的人。【c】请你用你通常的方式去使他安心，让他可以毫无怨言地接受他的命运，我和家里的其他人也能为他举行恰当的葬礼。"

"好吧，克利尼亚，你会发现我不会拒绝合理的请求，尤其是你的要求与宗教有关。我们走吧，如果情况是这样的话，速度最要紧。"

"苏格拉底，只希望你能让他活过来；他实际上经常能够挺过去。"

【d】我们沿着城墙匆忙往回赶，到了伊托尼亚城门[①]——他住在离城门不远的亚马孙柱廊附近——【365】我们发现阿西俄库已经回过神来，身体有了力气，但精神上很虚弱，需要安慰，他不停地啜泣和呻吟，流着眼泪，拍着双手。我看着他，对他说：

"你怎么了，阿西俄库？你从前的自信、你对男子汉的美德不停地赞扬、你不可动摇的勇敢，都到哪里去了？你就像个软弱的运动员，训练时很勇敢，【b】但在真正的比赛中却输了！想一想你是谁——一个上了年纪的人、一个顺从理性的人，还有，如果没别的了，一名雅典人！——你不明白今生就是在异国土地上的一种逗留吗（这确实是一种常识，挂在每个人的嘴上），那些过着体面生活的人应当欢乐地迎接他们的命运，几乎可以唱一曲阿波罗赞歌？软弱无力、神情沮丧、不愿舍弃今生，这是十分幼稚的，对一个能够独立思考的老年人来说是不恰当的。"

【c】"非常正确，苏格拉底，你说得很对。然而，不知怎么搞的，我越是接近这个可怕的时刻，那些强大的、给人深刻印象的论证就都神秘地失去了它们的力量，我无法把它们当作真的；恐惧以各种方式打击着我的心灵。我将失去阳光，我将失去这些美好的事物，我将躺在某个地方，人们看不见我，把我遗忘，我腐烂，变成蛆虫和野兽。"

"阿西俄库，你在心神涣散的时候混淆了感知和非感知，【d】而你自己还不知道。你所说的和你所做的包含着一个内在矛盾；你不明白你心烦意乱，对你自己将失去感觉、身体腐烂、失去快乐而感到痛苦——

① 伊托尼亚（Ἰτωνίαις），城门的名字。

就好像死亡使你进入了另外一种生活，而不是回到你出生之前就已存在的那种不可知的状态。正如德拉古[①]和克利斯提尼[②]统治期间，那时与你有关的一切没有一样东西是坏的（因为你那个时候还不存在），【e】而在你死了以后也不会有任何东西会是坏的（因为你不复存在）。”

“所以，让所有这样的胡话都见鬼去吧！你要记住：一旦这个复合体消解了，灵魂被安放在恰当的地方，这个时候继续留存的身体，尘世的和非理性的，就不是人了。我们每个人都是一个灵魂，一个被关在可朽的囚室中的不朽的生灵；【366】自然塑造了这顶承受痛苦的帐篷——它的快乐是肤浅的，流动的，与其他许多痛苦混合在一起；而它的痛苦不会消失，长期持续，不能分享任何快乐。灵魂被迫与感官分享它们的疾病和炎症，以及体内的其他病症（因为疾病散布到它的每一个毛孔），它盼望着上苍，不，它渴望上天的以太，它努力向上，【b】希望能在那里参加宴饮和舞会。所以，从今生获得解放是一个从坏到好的转变。”

“好吧，苏格拉底，如果你认为活着是坏的，你为什么还要活着？尤其是你对这些事情也感到困惑，而你比我们中的大多数人都要能干。”

“阿西俄库，你并不真正了解我；你像大多数雅典人一样，由于我回答了其他一些人的询问，就把我当作某些事情的专家。我希望我懂这些日常事务，由此出发去搞懂那些特别的事情！【c】其实我的看法只是对聪明的普罗狄科的附和，有些人听他谈话要花半个德拉克玛，有些人要花两个德拉克玛，还有人要花四个德拉克玛。（这个家伙没有免费教过任何人，他总是复述厄庇卡尔谟[③]的话，‘一只手出，一只手进’——提供某样东西，获取另一样东西。）最近，他在希波尼库之子卡里亚[④]家中作了一次讲演，他谴责活着，他说了许多话，而我只记住一点点；阿西俄库，从那以后，我的灵魂就想要死。”

---

① 德拉古（Δράκο），人名。

② 克利斯提尼（Κλεισθένους），人名。

③ 厄庇卡尔谟（Ἐπιχάρμος），人名。

④ 卡里亚（Καρία），希波尼库之子，《普罗泰戈拉篇》对话人。

“他到底说了些什么？”

【d】“我会把我记得的告诉你：生命中有哪个部分没有它的痛苦？婴儿不是在痛苦中开始他的生命，从出生的第一刻起就在哭喊吗？他肯定不缺少受苦的时候；饥饿、口渴、寒冷、炎热、磕磕碰碰在困扰着他，而他还不知道问题出在哪里；哭泣是他表示不舒服的唯一方式。【e】在忍受了许多身体上的痛苦以后，到了七岁的年纪，他开始接受暴君般的老师和训练员的管教；再长大，则有学者、数学家、军训教员，这些人对待他都像暴君。注册成为‘爱菲伯斯’① 的时候，【367】他有了自己的指挥官，害怕挨打；后来还有吕克昂学园、柏拉图学园，还有体育教师残忍过分的惩罚；他的整个青年时期则在战神山的青年人监察委员会的监督之下度过。

“等他摆脱了这一切，马上又有了新的焦虑，他要考虑今后的生涯。早先遇到的麻烦与后来相比就像儿童玩耍的游戏或吓唬孩子的妖怪，比如打仗、受伤、连续战斗。

【b】“再往后，老年在不知不觉中到来了，一切都在自然中流逝，它们是可朽的，是对生命的威胁。除非你像还债一样尽快交还你的生命，否则自然就像一名放贷者监视着你的一举一动，一个人看，一个人听，两人经常一道监视。如果你还能活下来，你会瘫痪、残废、跛足。还有些人进入老年以后，虽然身体处于最佳状态，但他们的心灵进入了第二次童年。

【c】“由于这个原因，众神懂得凡人的处境，把他们最看重的那些人从生活中解放出来。比如阿伽美德② 和特洛福尼乌③，他们建造了彼提亚的那位神的神庙，在向神祈求得到最好的东西时，他们沉睡过去，再也没有醒来。还有阿耳戈斯女祭司的儿子们，送这位女祭司去神庙的骡子来晚了，她的儿子们就自己拉车送她去神庙，他们的母亲为了他们的

① 爱菲伯斯（ἐφήβους），军校学员。该军校于公元前 4 世纪末建立。

② 阿伽美德（Ἀγαμήδης），人名。

③ 特洛福尼乌（Τροφώνιος），人名。

虔诚行为而向赫拉祈求某些奖赏；而就在他们的母亲为他们祈祷后的那天晚上，他们都死去了。

【d】“要想历数诗人们的作品那就太冗长了，他们在思考生命本身时，用神灵附体般的声音预言着生命中的事件。我只引用一位诗人的话，最重要的那一位，他说：‘这就是神赐给不幸的凡人以生命的方式，我们生活在不幸之中。’① 他说：‘在大地上呼吸和爬行的所有动物中，没有哪一种动物活得比人类更艰辛。’②【e】关于安菲阿拉俄斯③ 他是怎么说的呢？【368】‘提大盾的宙斯满心喜爱他，阿波罗对他也关爱备至，但他未能活到老年。’④ 诗人吩咐我们：‘要对新生儿唱哀歌，他面临着那么多的不幸。’⑤——对此你会怎么想？但我现在要停下来，不要因为举例而违反我的诺言，延长我的讲话。

“有谁选择了某个职业而不对它进行批评，【b】抱怨它的条件？我们要讨论小贩和苦力的工作吗，他们从早忙到晚，勉强能够糊口，我们要探讨他们的命运吗，悲伤和眼泪伴随他们度过所有的无眠之夜？啊，我们要谈论商人的工作吗？他们要冒众多危险出海航行，如彼亚斯所说，他们既不是生活在死人中间，又不是生活在活人中间；陆上的人投身去海上，就好像他是两栖动物，【c】完全取决于命运的怜悯。啊，务农是一项愉快的职业吗？真的！它只不过是一个巨大的水疱，如他们所说，总是要找一个痛苦的借口？一阵子旱，一阵子涝，一阵子庄稼枯萎，一阵子酷热，一阵子霜冻，让农夫们哭泣。

“啊，受人高度尊敬的政治怎么样？（我跳过许多事例。）它会卷入多少可怕的事情，剧烈的动荡和混乱，时而欢乐，时而经受失败的痛苦，【d】比死一千次还要糟糕？为大众而活着的人怎么能够快乐，当他

① 荷马：《伊利亚特》24：525。

② 荷马：《伊利亚特》17：446。

③ 安菲阿拉俄斯（Ἀμφιάρεως），人名。

④ 荷马：《奥德赛》15：245。

⑤ 欧里庇德斯：《克瑞司丰特》残篇，452。

被人吹口哨，哄下台，受鞭打，像全体选民的宠物马一样，被赶下台，嘲笑，罚款，乃至杀害的时候？好吧，政治家阿西俄库先生，米尔提亚得[①]是怎么死的？塞米司托克勒是怎么死的？厄菲亚尔特[②]是怎么死的？最近那十位将军是怎么死的？[③]我当时拒绝考虑民众的要求，我认为要我去驾驭那些疯狂的民众是不合适的；然而第二天，塞拉美涅[④]和卡里克塞努[⑤]那一派收买了主持会议的官员【369】，未经审判就处死了这些人。确实，你和欧里托勒谟[⑥]是出席大会的三万公民中仅有的为他们辩护的人。"

"你说得很对，苏格拉底，从那以后，我就不太爱走上讲坛，我认为没有任何事比政治更令人烦恼。与此事相关的每个人都很清楚。当然，你作为一名远距离的观察者讲话，而我们这些有着亲身经历的人非常明白里面的奥妙。我亲爱的苏格拉底，选民们是不感恩的、残忍的、多变的、邪恶的、粗野的；也就是说，这是一个使用暴力的团伙，【b】是街上游逛的暴民。他们会去和那些更加卑鄙的人勾结在一起。"

"好吧，阿西俄库，由于你把这种最有声望的职业视为比其他职业更应当受到拒绝，我们该怎么看待其他职业的生活呢？我们难道不应当逃避它们吗？

"我听普罗狄库说过，死亡与活着的人无关，与已经死了的人也无关。"

"你这样说是什么意思，苏格拉底？"

"对活着的人而言，死亡不存在；对已经死了的人而言，死亡也不存在。因此死亡现在与你无关，因为你还没有死，【c】如果确实有什么事情将在你身上发生，它也和你无关，因为你已经不存在了。为一件还

---

① 米尔提亚得（Μιλτιάδης），人名。

② 厄菲亚尔特（Ἐφιάλτης），人名。

③ 参阅《申辩篇》32a c。

④ 塞拉美涅（Θηραμένης），人名。

⑤ 卡里克塞努（Καλλίξενος），人名。

⑥ 欧里托勒谟（Εὐρυπτόλεμος），人名。

没有发生，将来也和阿西俄库无关的事情而烦恼是毫无意义的，就好像你为斯库拉[①]和肯陶洛斯[②]操心，而它们现在不存在，将来不存在，你死以后它们也不会存在。对那些存在的人来说，存在是可怕的；但对那些不存在的人来说，它怎么会是可怕的呢？”

【d】“你从每个人都在谈论的废话中找出这些精巧的念头，全都是年轻人梦中才会说出来的蠢话。然而，苏格拉底，令我感到困惑的是生命中的善物将被剥夺，哪怕你堆砌更多的、比这些论证更有说服力的论证。我心神不宁，听不懂这些论证，但被它们吸引；这些话一个耳朵进，一个耳朵出；它们展示出宏大的字眼，但命中不了靶子。精巧的论证不能减轻我的痛苦，【e】只有让我能理解的东西才会使我满意。”

“阿西俄库，那是因为你不自觉地混淆了新的邪恶与善物的剥夺，忘了你将要死去。【370】使人对善物之剥夺感到困惑的是善物被恶物取代，而不存在的人对这种剥夺甚至不能察觉。不能察觉任何事物的人怎么会感到困惑呢？阿西俄库，如果你还没有开始做出这样或那样无知的假定，认为死者也有某种感觉，那么你决不会对死亡表示警觉。实际上，你已经驳斥了你自己，因为你害怕你的灵魂被剥夺，你认为灵魂自身会有这种剥夺；你害怕丧失感觉，你认为自己将持久地拥有这种关于不存在的想法。

【b】“关于灵魂不朽还有其他许多论证，可朽的本性肯定不会上升到如此崇高的地步，它鄙视野兽身体上的优越性，它在大海上飞翔，营造城邦，建造国家，它仰望苍穹，观看星辰的运转，日月的升落和盈亏，它观察双马座，观察冬至和夏至，【c】还有普勒阿得斯[③]的风暴、夏天的季风、倾盆大雨、飓风的猛烈过程，它为宇宙星辰建立永久的历

① 斯库拉（Σκύλλα），希腊神话中的六头女妖，居住在意大利墨西那海峡的岩礁上。

② 肯陶洛斯（κεντέω），人首马身怪物，马人。

③ 普勒阿得斯（Πλειάδης），希腊神话人物，阿特拉斯的七个女儿，后来化为天上的昴星团。

法，除非真有某种神灵在赋予灵魂理解力和洞察力，否则它根本无法处理如此巨大的主题。

"所以，阿西俄库，你走了，不是进入死亡，而是进入不朽，你也不是善物被拿走，而是更加纯粹地享有它们，【d】不是与可朽的身体混合的快乐，而是完全没有痛苦的快乐。因为，一旦从这间囚室中解放，你将会远行，去那摆脱一切斗争、悲伤、衰老的地方，过一种不受任何邪恶困扰的安宁的生活，在永久的和平中休息，在那里考察自然，实践哲学，你这样做不是为了一群观察者，而是身处真理的大海之中。"

【e】"你的论证使我的观点发生了根本性的转变。我不再有任何对死亡的恐惧——如果可以模仿演说家，使用一下夸张的话，我几乎要期盼死亡的到来。在以往的岁月里我已经观察过上面的区域，我将完成永久的、神圣的巡回。我软弱过，但我要振作起来，成为一名新人。"

【371】"你也许会喜欢另外一个论证，这是一位波斯圣人古里亚斯[①]对我说的。他说他的祖父古里亚斯（薛西斯率军渡海的时候，派他去德洛斯[②]守卫岛上的圣地，这里是两位神的诞生地）从奥皮斯[③]和赫凯吉[④]从希珀波瑞人[⑤]那里带回来的某些青铜牌上得知，灵魂去了不可见之处，在地底下。在那里，普路托[⑥]的宫殿并不比宙斯的宫殿逊色，【b】因为大地占据着宇宙的中心，苍穹是球状的，它的一半领域归天神，另一半归冥神，众神之间有些是兄弟，有些是兄弟的子女。通往普路托宫殿的大道上有一道大门，门上有黑铁的门栓。大门打开的时候，阿刻戎河，还有考西图斯[⑦]河，接收着那些摆渡过来的亡灵，【c】

① 古里亚斯（Γωβρύης），波斯圣人。

② 德洛斯（Δήλος），地名。

③ 奥皮斯（Ὦπίς），人名。

④ 赫凯吉（Ἑκαέργη），人名。

⑤ 希珀波瑞人（Ὑπερβορέου），族名。

⑥ 普路托（Πλούτων），土地和财富神。

⑦ 考西图斯（Κωκυτός），河名。

去所谓‘真理的原野’见米诺斯和拉达曼堤斯。这些审判官对到来的每一个亡灵进行审讯，问他还在身体里的时候过的是一种什么样的生活，参加过哪些种类的活动。在这里不可能撒谎。

“那些今生就已受到善的精灵鼓励的亡灵会去一个为虔诚者准备的地方，那里在慷慨的季节盛产各种果实，清泉不停地流淌，草地上鲜花盛开，【d】哲学家在那里讨论问题，诗人在那里表演，还有舞蹈、音乐、欢乐的酒会、自取食物的聚餐，那里自由自在，没有痛苦，那里有适度的快乐；那里没有酷暑，没有严冬，只有和风吹拂和柔和的阳光。

“有个荣耀的地方对为那些入会之人准备的，他们在那里举行他们神圣的仪式。你为什么不去那里，第一个领取这份特权，【e】因为你是‘众神的亲戚’？传说告诉我们，赫拉克勒斯和狄奥尼修斯[①]在进入哈得斯[②]的领地之前，在这个世上就入教了，厄琉息斯[③]女神[④]为他们的远征提供了勇气。

“那些在邪恶中浪费了他们生命的人由厄里倪厄斯[⑤]带领，穿过塔塔洛斯[⑥]去厄瑞布斯[⑦]和卡俄斯[⑧]，那里是为不虔诚的人准备的，达那伊得斯[⑨]永无止息地在那里提水，坦塔罗斯口渴难忍，提堤俄斯[⑩]的内脏

① 狄奥尼修斯（Διονυσίῳς），酒神。

② 哈得斯（Ἅιδης），冥神。

③ 厄琉息斯（Ἐλευσῖς），冥府中的地名。

④ 指女神得墨忒耳（Δημήτηρ），她的崇拜在希腊神秘教中非常重要，入教之人被应许死后会在地下世界过幸福的生活。

⑤ 厄里倪厄斯（Ἐρινύης），希腊神话中的复仇三女神的总称。

⑥ 塔塔洛斯（Τάρταρος），地狱。

⑦ 厄瑞布斯（Ἔρεβος），冥府中的地名。

⑧ 卡俄斯（χάος），冥府中的地名。

⑨ 达那伊得斯（Δαναίδς），埃及王达那俄斯的五十个女儿，奉父命杀死丈夫，死后被罚永远在地狱中往一个无底的水槽中注水。

⑩ 提堤俄斯（Τιτυός），巨人，被宙斯投入地狱，让老鹰啄食他的内脏。

不断地被啄食，又不停地长出来，【372】西绪福斯[①] 永无止境地推巨石上山，他们的辛苦的终结是一个新的开端。在这里有人被野兽舔食殆尽，有人被复仇者用火焚烧，他们受到各种各样的折磨，受到永久的惩罚。

“这就是我从古里亚斯那里听来的话，但是阿西俄库，你必须自己做决定。我被这个论证感动了，我只知道有一点是肯定的：每一个灵魂都是不朽的，此外还有，它离开这里的时候没有痛苦。所以，阿西俄库，无论是去上面还是去下面，你一定会幸福，只要你的生活是虔诚的。”

“苏格拉底，我真不好意思对你说什么。到现在为止我一直害怕死亡，不过现在我真的有点急切地期待死亡了。这个论证影响了我，那个有关上面的苍穹的论证也影响了我。我现在藐视活着，因为我要去一个更好的家。

“现在让我独自安静地待一会儿，我要回想一下你说的话。但是中午以后，请你再来看我。”

“我会照你说的去做。现在我要回居诺萨吉斯，我就是从那里被喊回来的。”

① 西绪福斯（Σίσυφος），科任托斯国王，生前是个暴君，死后被罚在地狱中推巨石上山，永无休止。

情敌篇

提　要

本篇在柏拉图手稿中的标题是“恋人”或“情人”(Lovers)，空白处标有“情敌”(Rival Lovers) 字样。中文译名也可译为“恋爱者”或“对手”。公元1世纪的塞拉绪罗在编定柏拉图作品篇目时，将本篇列为第四组四联剧的第四篇，称其性质是“伦理性的”，称其主题是“论哲学”。[①] 本篇译成中文约6千字。

对话的地点在雅典语法学家狄奥尼修斯开办的学校。苏格拉底在那里遇到了互为情敌的两名年轻人。一位知识渊博，热心学习各种知识，并且认为哲学就是学习各种各样的事情。另一位年轻人擅长体育，但是头脑简单，四肢发达。他们之间谈论的主题是：什么是哲学？

这位知识渊博的青年假定：哲学是一项可敬的、有益的事业，由学习许许多多事情组成。苏格拉底不同意这个意见。与体育相比，哲学家涉及的领域广泛，但在具体领域中不可能达到那些专门的行家的水平，不可能出类拔萃。哲学家就好像一些全能运动员，总体上取得冠军，但在单项比赛中只是一些二流的运动员。(136a) 哲学家不可能成为各个具体部门的行家，他们要学的是相关技艺的理论，而不是它的实际操作。因此，“哲学由学习许多事情和忙于使用各种技艺所组成，这种说法和真理相距甚远。”(139a)

讨论还涉及明智、自制、权威等问题。在这些问题上，作者的观点

---

① 参阅第欧根尼·拉尔修：《名哲言行录》3：60。

与柏拉图相同。他认为很少有人能够做到理性的自控，并且对他人实施权威。（参阅《国家篇》521c—535a，《法篇》965a—968a。）作者也同意柏拉图的观点，认为只有一种权威，无论由谁来实施，是政治家、国王、家长，还是奴隶的主人。（参阅《政治家篇》258a—259d）

有学者认为，在柏拉图去世以前，学园里可能发生过一场争论，这篇对话就是这场争论的产物。后来某个熟悉这篇对话的人给昔勒尼派的厄拉托斯塞尼起了“五项全能”和“单项比赛的二流选手”的绰号。所以，本篇出自某个学园派成员之手。

正　文

【132】我走进语法学家狄奥尼修斯[①]的学校，看见那里有一些出身好人家的非常吸引人的年轻人；他们的情人也在那里。有两名青年正在争论，但我无法弄清他们在争什么。他们似乎提到阿那克萨戈拉或欧诺庇德；【b】他们画出一些圆圈，并且用手比划着角度，描述某种天文现象，好像非常认真。我在他们的一位情人边上坐下，用肘部轻轻地推他，问这些青年在争什么，那么认真，我说“这事一定很重要，令人敬佩，所以他们那么认真”。

他说：“你在说什么呀？很重要？令人敬佩？这些家伙只是在争一些天上的事情，说一些哲学的胡话。”

【c】我对他的回答十分惊讶，我问他：“年轻人，哲学事业在你看来如此可鄙吗？你为什么要讲得如此尖刻？”

另外一个人——你瞧，这位青年的一个情敌正好坐在他旁边——听到了我的问题和他的回答，他说：“苏格拉底，问他是否认为哲学是一项可鄙的事业，你在浪费时间。你不明白他把所有时间都用来摔跤、填饱肚子、睡觉吗？除了说哲学是可鄙的，你还能指望他有其他的回答吗？”

---

① 狄奥尼修斯（Διονυσίῳς），人名。

【d】两位情人，一位把他的全部时间花在各种自由的学习[1]中，而另一位，刚才被辱骂过的，把他的全部时间花在体育上。我似乎不得不丢下我刚才已经问过的那个人——因为他没有说使用言辞能有什么好处，而只说行为的好话——而直接向那个声称比较聪明的人提问，以便能抓住机会从他那里学到一些有益的东西。【e】所以我说："我的问题是向所有人提的，如果你认为自己能提供一个较好的回答，那么我会问你同样的事情：你认为追求哲学是可敬的还是不可敬的？

【133】就在我们说到这里的时候，那边的两位青年无意中听到了我们的谈话，于是他们沉默不语，把他们的争论撂在一边，走过来听我们谈话。这时候，我不知道他们的情人是什么感觉，而我却有点忐忑不安了——当我周围都是美貌的年轻人时，这种情况总是发生。然而，我感到，另外一位情人的魂不守舍不亚于我。他定下神来，以一种非常自重的方式回答我的问题。【b】他说："苏格拉底，如果我曾经把哲学当作可鄙的，那么我会认为自己不再是个人，其他任何人也都不会这样想！"他在这样说的时候故意提高嗓门，朝他的情敌摆出姿势，让他喜爱的青年能明确地得到这个信息。

我说："所以你认为哲学是一项值得敬佩的追求。"

他说："没错。"

我说："那么好，你认为对某些人来说，如果不知道某事物是什么，有可能知道它是可敬的还是可鄙的吗？"

他说："不可能。"

【c】我继续说道："所以你知道什么是哲学？"

他说："当然知道。"

我问道："那么，什么是哲学？"

"不就是梭伦说的话吗？他说过，'随着年龄增长，我不断地学习许多事情。'我同意他的看法，想要追求哲学的人，无论年轻还是年长，总要学习这样那样的事情，以便在有生之年尽可能多地学习。"

---

① 指音乐、诗歌、文学、哲学等，相当于今人所说的博雅教育。

最初，我认为他的话有点意思，但后来一想，我问他是否认为哲学是由学习许多事情组成的。

【d】他说："就是。"

我继续说："你相信哲学只是可敬的，或者相信它也是好的？"

他说："哲学当然也是好的。"

"你把这种性质当作哲学特有的，还是认为它也属于其他事物？比如说，你相信体育不仅是可敬的，而且也是好的，不是吗？"

【e】非常可笑的是，他给了我两个答案。他说："对他，我会说体育既不是可敬的又不是好的。对你，苏格拉底，我同意体育既是可敬的又是好的，因为我相信这种说法正确。"

然后我问道："你认为体育由许多训练组成吗？"

他说："确实如此，正如我认为哲学由学习许多事情组成。"

然后我说："你认为运动员想要得到的，除了能给他们带来良好的身体状况以外，还有什么东西吗？"

他说："他们想要的就是这些了。"

我继续说道："通过大量锻炼，就能有良好的身体状况吗？"

【134】他说："显然如此，如果只进行很少锻炼，怎么能有良好的身体状况呢？"

在我看来，说到这一步还算恰当，他会用他在体育锻炼中的某些经验来帮助我。所以我问："那么我的朋友，你怎么能够如此安静地坐在那里，和这个人说这些事情？你认为，大量的锻炼还是适度的锻炼能给人带来良好的身体状况？"

他说："苏格拉底，我想这一点连一头猪也能知道，【b】有人说过，适度的锻炼会产生良好的身体状况，有些人不睡不吃，有些人整天打坐，瘦骨嶙峋，他们当然不知道这个道理？"他的话讽刺了那些青年，连他们的情人也感到脸红了。

我说："那么好，你现在承认，既不是大量的锻炼，也不是少量的锻炼，而是适度的锻炼，会带来良好的身体状况，是吗？或者说你想要提出论证来反对我们俩？"

【c】他说："对他，我很乐意提出，我肯定能证明我的观点，哪怕我的处境不佳——因为他不会跟我竞争。但是，我没有必要与你争论。我同意，不是大量的锻炼，而是适度的锻炼，使人产生良好的身体状况。"

我说："食物怎么样？适度的还是大量的？"

关于食物他也表示了同样的观点。

【d】然后，我也使他赞成，与身体有关的其他一切事物，适度才是最有益的，而大量或少量都不是最有益的；对此他也表示同意。

我说："灵魂怎么样？什么分量的灌输使它受益最大，适度的还是不适度的？"

他说："适度的。"

"学习某些事情不就是给灵魂灌输一些东西吗？"

他表示同意。

"所以，适度的学习，而非大量的学习，是有益的，是吗？"

他表示同意。

【e】"现在假定我们想要问的是：什么样的锻炼和食物对身体是适度的；谁适合回答这个问题？"

我们三人都同意，最适合回答这个问题的人是医生或体育教练。

"播撒种子如何适量，我们应当问谁？"

农夫，这一次是我们全都同意的。

"如何在灵魂中播撒种子？假定我们要问播散多少才是适量的，我们应当问谁？"

【135】在这一点上，我们全都发现自己不知所措了。所以我开玩笑地问他们："由于我们全都不知道该怎么办，要是你乐意，我们就问问在这里的这些青年，你们看怎么样？或者我们也许耻于这样做，就像荷马史诗中的求婚者，不想让其他任何人给那张弓安好弦绳[①]，是吗？"

在这一点上，他们似乎失去了和我争论的热情，所以我尝试着用一

① 参阅荷马史诗：《奥德赛》21：285以下。

条不同的路径，我说："你们猜，一名哲学家需要学习的主要是什么科目，因为他不需要学习所有科目，甚至也不需要学习很多科目？"

【b】比较聪明的那个人接过话头说："他要学习的最可敬、最恰当的科目，是那些从中可以获得最大的哲学家的声望的科目，他还要学习适宜一名自由人的多种技艺，借此可以在所有技艺中显得像个专家，如果不是全部技艺，至少也是大多数真正重要的技艺——也就是说，要学习这些技艺的理论，但不是它们的实际操作。"

【c】我说："你指的是像建筑行业里的那些事吗？你用五六个明那就能买到一名工匠，但一名建筑大师要花费你几千德拉克马，确实，在整个希腊也只有几名建筑大师。你是这种意思吗？"他表示同意，认为我所说的与他的意思相仿。

然后我说，哪怕是彻底掌握两门技艺都不可能，更不要说学习几种重要的技艺了。

他答道："苏格拉底，你一定不要认为我说的意思是哲学家需要理解每一种技艺，【d】像以此为职业的人那样去彻底掌握。他只需要在一个有教养的自由人的合理范围内弄懂这些技艺，这样就能比其他在场者更好地听懂行家的解释，也可以添加他自己的意见；以这种方式，他总是在那些在场者中间显得最有教养、最聪明，无论讨论或实践的是哪一种技艺。"

【e】由于我仍旧不太明确他的意思，于是我问："我理解你假定的哲学家是个什么样的人吗？在我看来，你的哲学家就像某个与赛跑运动员或摔跤运动员比赛的参加五项运动的运动员。他们在赛跑和摔跤中输了，只得了第二名，但在其他运动中得了第一名，打败了其他运动员。你也许正在按照这样的思路提出建议，【136】在那些全身心投入哲学的人中间也会产生这样的结果。在有关这些技艺的知识方面，他们排在那些获得第一名的人的后面，但是作为亚军，他们对其他人保持着优势；所以一名研究过哲学的人在所有领域中成为一名强大的竞争者。你描绘的人似乎就像这个样子。"

他说："苏格拉底，在我看来，当你把哲学家与参加五项运动的人相比，你就有了关于哲学家的正确观念。他是一个不受任何事物奴役的人，【b】也不会深究任何事物的细节，他只关注一件事，就像工匠所做的那样，他在其他所有方面都会落后，但他会在一定程度上涉及一切事务。”

在他提供了这个回答以后，我渴望准确地知道他的意思，所以我问他好人是有用的还是无用的。

他说：“肯定是有用的，苏格拉底。”

“如果好人是有用的，那么坏人是无用的，对吗？”

他表示同意。

“那么好，你认为哲学家是有用的人，还是无用的人？”

【c】他同意哲学家是有用的，并且说他认为哲学家极为有用。

那么好，让我们来看。假定你所说的是真的，这些人，这些亚军，什么时候对我们有用？因为哲学家显然在各种专门技艺中处于劣势。”

他表示同意。

我继续说道：“你怎么样？如果你生了病，或者你非常关心的一位友生了病，你在为他找人治疗，你会请那位亚军，哲学家，去你家吗，或者说你会去请医生？”

【d】他说：“我两个都会请。”

“不，别告诉我两个都会请，告诉我你会先请哪一位。”

他说：“无人怀疑我会先请医生。”

“好吧，要是乘船遇上狂风暴雨，你宁愿把自己和你的财物托付给谁，舵手还是哲学家？”

“我宁愿托付给舵手。”

“其他情况不也一样吗，只要有工匠，哲学家就没有用处？”

【e】他说：“似乎如此。”

“那么哲学家实际上对我们来说是无用的，是吗？因为我们确实总是有工匠。然而我们同意，好人是有用的，坏人是无用的。”

他被迫同意。

“我们下面该说什么呢？我应当继续提问，还是这样说太鲁莽了？”

“你想怎么问，就怎么问。”

【137】我说：“我想说的一切就是总结一下已经说过的话。情况是这样的：我们同意哲学是令人敬佩的，哲学家是好的，好人是有用的，坏人是无用的；另一方面，我们同意只要有工匠在，哲学家就没有用，而工匠总是能够找到。这些都是我们同意的吗？”

他说：“确实如此。”

“至少，按照你的论证，我们同意如果哲学是由关于技艺的知识组成的，【b】这是你的建议，那么只要存在那些有技艺的人，哲学家就是坏的和无用的。然而，我的朋友，哲学家并不像是这个样子的，哲学不会堕落到这种地步，要去学习技艺，也不需要去学其他许多事情，而是要学某种很不相同的事情——实际上我认为那样做是可耻的，因为那些追求技艺的人被人称作庸俗的。【c】不过，如果你能回答下面这个问题，我们就能够更加清楚地明白我说的是否对：谁懂得如何恰当地驯马，是使马变得较好的人，还是其他人？”

“是那些使马变得较好的人。”

“对马来说是这样，那么对其他动物来说也是这样吗？”

“对。”

“那么好，那些懂得如何使狗变得较好的人不就是那些懂得如何恰当地驯服它们的人吗？”

“是的。”

“那么使之变得较好和恰当的驯服是同一门技艺吗？”

他说：“在我看来好像是的。”

“那么好，使之变得较好和恰当的驯服与区别好坏是一回事吗，或者说区别好坏是一门不同的技艺？”

他说：“它们是相同的。”

【d】“至于人，你打算同意能使人变得较好和训练他们的技艺与区分好人与坏人的技艺是相同的吗？”

他说：“肯定相同。”

“能对一个人实施的技艺也能对许多人实施，反之亦然，是吗？”

“是的。”

“什么样的知识能够恰当地约束城邦里那些无法无天的人？它不就是法律知识吗?”

“是的。”

“被你称作正义的东西与这种法律知识是相同的还是不同的?”

“是相同的。”

【e】“用来恰当地约束人的知识与用来区别好人和坏人的知识不是相同的吗?”

“是相同的。”

“对一个人有这种知识的人，无论是谁，对许多人也有这样的知识吗?”

“是的。”

“对许多无知的人，无论是谁，对一个人也是无知的吗?”

“你说得对。”

“所以，如果这里的一是一匹马，它不知道好马与坏马的区别，那么它也不会知道自己是哪一种马，对吗?”

“对。”

“如果这里的一是一头牛，它不知道好牛与坏牛的区别，那么它也不知道它是哪一种牛。”

他说：“是的。”

“如果这里的一是一条狗，结果也一样吗?”

他表示同意。

【138】“那么好，如果一个人不知道好人与坏人的区别，那么他也不知道自己是好的还是坏的吗，因为他实际上是人?”

他有点担心了。

“不认识你自己，是聪明的还是不聪明的?”

“不聪明。”

“那么认识你自己是聪明的吗?”

他说：“是的。”

“这似乎就是刻在德尔斐神庙上的铭文的意思，要明智和公正。”

“似乎如此。”

“这也是我们所理解的该如何恰当地约束自己，是吗？”

“是的。”

【b】“所以我们知道如何恰当地约束自己的方式是公正，我们评价自己和其他人的方式是明智。”

他说：“好像是的。”

“所以公正和明智是一回事。”

“显然是。”

“不公正的人受到惩罚，城邦得到良好的治理，这种情况不也是这样吗？”

他说：“对。”

“这是政治的技艺。”

他表示同意。

“那么好，当一个人恰当地治理一个城邦，他不是被称作僭主或国王吗？”

“是的。”

“他不是凭借国王的或僭主的技艺在治理吗？”

“对。”

“那么这些技艺与前面那些技艺是相同的吗？”

“好像是相同的。”

【c】“那么好，一个人恰当地管理着家务，他的名字叫什么？不是‘家长’和‘奴隶的主人’吗？”

“是的。”

“他良好地管理着家务不也是凭借公正吗，或者凭借其他什么技艺？”

“凭借公正。”

“所以这些人似乎都是一样的：国王、僭主、政治家、家长、奴隶的主人、明智的人、公正的人。他们都有一种技艺：国王的、僭主的、政治的、管理的和家庭的技艺，都是公正和明智。”

【d】他说：“似乎如此。”

“如果一名哲学家在谈论病人的时候听不懂医生说的话，或者不能添加任何他自己的意见，不知道自己该说什么和做什么，这是可鄙的，当其他匠人做或说某些事情时，哲学家也处于这样的境况——我们刚才已经提到法官、国王或其他诸如此类的人讲话——他既听不懂他们的话，又不能添加自己的意见，他难道不可鄙吗？”

“苏格拉底，对这些事务不能贡献任何意见，他怎么能不可鄙呢？”

【e】我说：“所以我们说他需要成为一名参加五项运动的运动员，在这些领域内他也要当亚军，是吗？再说，要想良好地治理他的家庭，他肯定不能把自己的家务交给其他任何人打理，或者自己甘愿当亚军，而应当亲自用公正和纪律来管理，是吗？”

在这一点上，他对我让步了。

“进一步说，如果他的友托付他处理某些争执，【139】或者城邦委派他去调查和判决某些事情，我的朋友，在这些事情中他要是像第二名或第三名，而不是首当其冲，那么在这些情况下他肯定是可鄙的，不是吗？”

“我想是的。”

“所以我们可以这样说，我的朋友，哲学由学习许多事情和忙于使用各种技艺所组成，这种说法和真理相距甚远。”

我说这些话的时候，这个聪明的家伙为他自己在前面说的话感到脸红，陷入了沉默，而那个无知识的人则说我是对的；其他人也赞成我的话。

论 公 正

提 要

这篇小对话很可能来自早期描写苏格拉底的文献，相关内容可与色诺芬的《回忆苏格拉底》(第4卷，第2章)、柏拉图的《国家篇》(331b—d)中的相关部分对照阅读。它和《论美德》一样，原先可能没有标题，后来由学园派人士称之为《论公正》，但这并不符合柏拉图对话的命名习惯。苏格拉底是对话人，另一名对话人在有些手稿中写的是克利尼亚，有些写的是无名氏，有些写的是友人。本篇译成中文约4千字。

苏格拉底提问：什么是公正？他以计数、测量和称重为例，指出判断公正与不公正是一门区别的技艺，法官用语言为工具，通过讲话区分公正与不公正。苏格拉底接着指出：同样的行为可以是公正的，也可以是不公正的，取决于具体情形。因此，公正是一种在正确的时间里采取行动的知识，而不公正就是在这方面的无知，知识使人辨别采取行动的适当场合。然后，苏格拉底追问：人们做不公正的事情是故意的还是非故意的？结论是：干坏事是出于无知，所以干坏事不是故意的。

正 文

谈话人：苏格拉底、友人

苏 【372】你能告诉我们什么是公正吗，或者说你认为这个问题不值得讨论？

友 我认为非常值得讨论。

苏 那么，什么是公正呢？

友 嗯，如果它不是由习俗当作公正建立起来的东西，它又能是什么呢？

苏 你这不是回答这个问题的方法。举例来说，如果你问我什么是眼睛，我就告诉你眼睛就是我用来看的东西；你想要我证明，我就说已经证明了。如果你问我“灵魂”是什么东西的名称，我告诉你灵魂就是我们用来思考的东西。还有，如果你问我什么是声音，我回答说它是我们用来交谈的东西。以同样的方式，现在请你告诉我什么是公正，通过我们如何使用它来回答，就像我刚才谈其他东西一样。

友 按照这种方式我无法回答。

苏 那么好，由于你无法按照这种方式回答，那么通过这种方式去发现公正对我们来说也许比较容易，是吗？每当我们想要区别什么东西长、什么东西短，我们用什么来衡量它们？不是用尺子吗？

友 是的。

苏 【373】除了用尺子，我们还要用什么技艺？不就是测量的技艺吗？

友 对，测量的技艺。

苏 我们用什么来区分什么东西轻、什么东西重？我们不是要用秤吗？

友 是的。

苏 除了秤，我们还要用什么技艺？不就是称重的技艺吗？

友 没错。

苏 那么好，当我们想要区别什么是公正、什么是不公正的时候，我们用什么工具来检验它们？除了这种工具，我们还要用什么技艺来处理它们？或者说，我这样说还是不能让你明白？

友 我不明白。

苏 好吧，让我们重新开始。每当我们对什么东西重、什么东西轻有不同意见时，谁在我们中间做决定？不就是称重的人吗？

友 是的。

苏 【b】每当我们对数量有不同意见，多或少，谁是做决定的人？不就是那些计数的人吗？

友 显然如此。

苏 每当我们相互之间对什么是公正、什么是不公正有不同意见的时候，我们去找谁？谁在我们中间，在一些具体事情上做决定？告诉我。

友 你是在说法官吗，苏格拉底？

苏 说得好！现在请你继续试着告诉我：决定什么东西大、什么东西小，这个时候测量的人在做什么？他们在测量，不是吗？

友 是的。

苏 称重的人决定什么东西重、什么东西轻，这个时候他们不是在称重吗？

友 他们当然是在称重。

苏 当计数的人决定多和少的时候，他们是在计数，不是吗？

友 是的。

苏 【c】当法官决定什么是公正、什么是不公正的时候，他们在做什么？回答我。

友 我回答不了。

苏 说"他们在说话。"

友 是的。

苏 每当法官要决定什么是公正、什么是不公正的时候，他们通过说话在我们中间做了决定，是吗？

友 是的。

苏 通过测量，测量者决定什么东西小、什么东西大，因为使用尺子可以决定这些东西的大小。

友 对。

苏 还有，通过称重，称重的人决定了什么东西重、什么东西轻，因为用秤可以决定这些东西的轻重。

友 是的。

苏 【d】还有，通过计数，计数者决定多与少，因为通过计数可以决定这些东西的多少。

友 对。

苏 就像我们刚才同意的那样，法官通过讲话在我们中间决定什么是公正、什么是不公正，因为使用语言可以决定这些事情。

友 说得好，苏格拉底。

苏 是的，我们确实要说，决定什么是公正、什么是不公正的似乎是语言。

友 看起来确实如此。

苏 公正与不公正又能是什么呢？假定有人问我们："尺子、测量的技艺、测量者，决定了什么东西大一些，什么东西小一些，那么什么是'大'，什么是'小'呢？"我们会告诉他，"大"就是超过，"小"就是不足。【e】或者有问："秤、称重的技艺和称重的人决定了什么东西重，什么东西轻，那么什么是'重'，什么是'轻'？"我们会告诉他，"重"就是使秤杆往上翘，"轻"就是使秤杆往下沉。以这种方式，如果有人问我们："讲话、审判的技艺，法官为我们决定了什么是公正，什么是不公正，那么'公正'和'不公正'能是什么？"我们该怎么回答？我们仍旧不能告诉他吗？

友 我们不能。

苏 【374】你认为人们做不公正的事情是自愿的，还是不自愿的？我的意思是：你认为行事不公正的人，他们不公正是自愿的还是不自愿的？

友 我要说他们是自愿的，苏格拉底，因为他们是邪恶的。

苏 那么，你认为人是邪恶的，故意做不公正的事情？

友 确实如此。你难道不这么看？

苏 不，要是我们相信那位诗人的话，我就一点也不会这么看。

友 哪位诗人？

苏 说过"无人自愿作恶，也无人不想要幸福"[①] 的那一位。

① 引自厄庇卡尔谟：《残篇》7。厄庇卡尔谟是叙拉古早期喜剧诗人。

友 但是，苏格拉底，你要知道古谚说得好，诗人撒过许多谎。

苏 【b】如果这位诗人在这一点上撒谎，我会感到惊讶。如果你有时间，让我们来考虑他说的是真话，还是谎言。

友 好吧，我有时间。

苏 那么，撒谎或者讲真话，你认为哪一样是公正的？

友 显然是讲真话。

苏 那么撒谎是不公正的了？

友 是。

苏 骗人或不骗人，你认为哪一样是公正的？

友 肯定是不骗人。

苏 那么，骗人是不公正的？

友 是的。

苏 好吧，伤害或帮助，哪一样是公正的？

友 帮助。

苏 那么伤害是不公正的？

友 是的。

苏 【c】所以讲真话、不骗人和帮助是公正的，而撒谎、伤害和骗人是不公正的。

友 是的，我以宙斯的名义起誓，确实如此。

苏 哪怕对敌人也是这样吗？

友 当然不是！

苏 那么伤害敌人是公正的，帮助他们是不公正的？

友 是。

苏 伤害敌人不是公正的吗，哪怕你欺骗他们？

友 必定如此。

苏 撒谎、欺骗和伤害他们怎么样？这样做不是公正的吗？

友 【d】是的。

苏 那么好，你说帮助朋友是公正的，不是吗？

友 肯定是的。

苏 如果为了他们的利益，可以不欺骗他们，也可以欺骗他们，是吗？

友 甚至可以欺骗他们，我以宙斯的名义起誓。

苏 但是，通过欺骗他们来帮助他们是公正的，所以通过撒谎来帮助他们肯定也是公正的，不是吗？如果我们通过撒谎来帮助他们，那会怎么样？

友 哪怕我们撒谎，这样做也是公正的。

苏 这样看来，似乎撒谎和说真话都既是公正的，又是不公正的。

友 是的。

苏 不骗人和骗人既是公正的，又是不公正的。

友 我猜是这样的。

苏 伤害和帮助既是公正的，又是不公正的。

友 是的。

苏 【e】所以，所有诸如此类的事情好像都既是公正的，又是不公正的。

友 在我看来好像是这样的。

苏 那么，你听着。我像其他人一样有一只左眼，有一只右眼，不是吗？

友 是的。

苏 一个左鼻孔，一个右鼻孔？

友 没错。

苏 一只左手，一只右手？

友 是的。

苏 尽管你以同样的名字称呼它们，但你说有些是左，有些是右。如果我问你哪个是左，哪个是右，你会说在这边的是左，在那边的是右，不是吗？

友 是的。

苏 让我们返回我们的论点。尽管你以同样的名称称呼这些行为，【375】但你说有些是公正的，有些是不公正的。你能说出哪些是公正的，哪些是不公正的吗？

友 好吧，我假定，如果我们应当这样做，那么我们采取的每一种行为都会成为公正的，如果我们不应当这样做，那么我们的每一种行为都会成为不公正的。

苏 说得好！如果一个人应当这样做，那么他的每一项行为都是公正的，而当他不应当这样做的时候，他的每一项行为都是不公正的，是吗？

友 是的。

苏 做了公正的事情，这个人自己就是公正的，做了不公正的事情，这个人自己就是不公正的，不是吗？

友 你说得对。

苏 现在谁能给人动手术，烧灼和消除肿瘤，如果他应当这样做？

友 医生。

苏 【b】因为他知道该怎么办，或者说有其他某些原因？

友 因为他知道怎么办。

苏 谁能耕作、犁地、种植，如果他应当这样做？

友 农夫。

苏 因为他懂得怎样做，还是因为他不懂怎么做？

友 因为他懂。

苏 在其他事例中这样说不也是对的吗？如果事情是应当做的，那么懂得怎么做的人会做他应做的事情，而不懂得怎么做的人不会做他应做的事情，是吗？

友 是的。

苏 撒谎、欺骗和帮助怎么样？一个懂得怎样采取这些行动的人，在他应当这样做的时候，同时又在正确的时候，他会这样做，而不懂得怎样做的人不会这样做，是吗？

友 【c】是的。

苏 在应当做这些事情的时间里这样做了的人是公正的吗？

友 是的。

苏 他这样做是由于他的知识?

友 还能有其他什么原因?

苏 所以公正的人之所以公正是由于他的知识。

友 是的。

苏 不公正的人之所以不公正是由于相反的原因吗?

友 好像是这样的。

苏 公正的人之所以公正是由于他的智慧。

友 是的。

苏 不公正的人之所以不公正是由于他的无知。

友 我猜是这样的。

苏 所以，公正就是我们的祖先把它作为智慧传给我们的东西，不公正就是他们把它作为无知传给我们的东西。

友 【d】我猜是这样的。

苏 人的无知是自愿的还是不自愿的?

友 不自愿。

苏 所以他们不公正也是不自愿的吗?

友 似乎如此。

苏 不公正的人是邪恶的吗?

友 是的。

苏 所以，他们是邪恶的，他们的不公正是不自愿的?

友 绝对如此。

苏 他们的行动不公正是因为他们是不公正的吗?

友 是的。

苏 那么，他们的行动也是不自愿的吗?

友 当然。

苏 自愿去做的事情显然不会不自愿地发生。

友 不会。

苏 不公正的行动之所以发生是因为有不公正。

友 是的。

苏 不公正是不自愿的。

友 是的，不自愿。

苏 那么，他们不公正地行动，他们是不公正的，他们的邪恶是不自愿的。

友 不自愿，似乎如此。

苏 那么，在这种情况下诗人没有撒谎。

友 我想没有。

论美德

提　　要

这篇小对话可能出自公元前3世纪中期的老学园。作者模仿柏拉图的文风，讨论的问题——美德能否传授——也是柏拉图对话讨论过的。它有一部分内容（377b—378c）与柏拉图《美诺篇》（93d—94e）相同。参与对话的人物有些手稿中写的是苏格拉底和美诺，有些写的是苏格拉底与马夫（或驯马人），有些则是匿名的友人。本篇译成中文约3千字。

苏格拉底提问：美德能教吗？如果不能，那么一个人要想变好，变得拥有美德，应当通过什么途径？是通过他的本性呢，还是通过其他途径？在苏格拉底的引导下，双方展开讨论。如果美德也像其他各种技艺一样可以通过学习来获得，那么就必须聆听行家的教诲。然而，就连修昔底德、塞米司托克勒、阿里斯底德、伯里克利这样的名人都无法把美德传给子孙，因此美德显然不可能通过这样的途径来获得，因为根本不存在能教美德的人。其次，美德也不能从人的本性中产生。否则就会像有养狗和养马的行家一样，有精通人性的行家，能掌握人内心的道德状况。所以，要成为有美德的人，既不能靠本性，也不能靠教育。那么美德到底是从哪里来的呢？排除了这两种可能，剩下唯一可供选择的答案是：美德源自神的恩赐。这一结论与《美诺篇》结尾处（100b）的推测是一样的。

正　文

谈话人：苏格拉底、友人

苏 【376】美德能教吗？如果不能，那么人通过本性变好，还是以其他某种方式变好？

友 【b】我不能马上回答你，苏格拉底。

苏 那么好吧，让我们来考虑一下。告诉我，如果某人想要用那种使专门的厨师变好的美德来使自己变好，他会怎么办？

友 显然，通过向好厨师学习。

苏 说得好。现在，要是他想成为一名好医生，那么为了变成一名好医生，他应当去找谁？

友 这也很明显——去找一名好医生。

苏 【c】如果他想要用那种使专门的建筑师变好的美德来使自己变好呢？

友 去找一位建筑师。

苏 如果他想要用使人变聪明和变好的美德来使自己变好，他必须到哪里去学习？

友 这种美德也一样，如果它能学的话，我假定他必须向好人学习。其他还能去哪里？

苏 那么告诉我，谁是我们城邦里的好人？让我们考虑使人变好的那些人。

友 【d】修昔底德、塞米司托克勒、阿里斯底德、伯里克利。

苏 我们能说出他们每个人的老师的名字吗？

友 不，我们不能；我没听说过。

苏 那么好，我们能说出一个学生的名字吗，他通过与这些人的交往变得聪明和好，无论他是外国人、公民，或者是其他人，无论他是自由人还是奴隶？

友 我没听说过。

苏 与其他人分享他们的美德，他们会不会妒忌？

友 也许。

苏 就像厨师、医生和建筑师是妒忌的——这样他们就不会有任何对手。因为在同一行当中要是有许多对手，那就无利可图了。好人要是生活在像他们自己一样的人中间，好人也会无利可图吗？

友 有可能。

苏 但他们不是公正的和好的吗？

友 是的。

苏 那么不是生活在好人中，而是生活在坏人中，会有利吗？

友 我无法告诉你。

苏 好吧，那么你能告诉我这一点吗，伤害是好人做的事，而帮助是坏人做的事，或者正好相反？

友 正好相反。

苏 【377】因此，好人帮助人，坏人伤害人？

友 是的。

苏 有人想要受伤害，而不是得到帮助吗？

友 当然没有。

苏 因此，没有人宁可生活在坏人中，而不是生活在好人中。

友 说得对。

苏 因此，没有一个好人会妒忌其他人变得和他本人一样好。

友 按照这个论证，显然如此。

苏 你听说过克莱俄芳图[①]是塞米司托克勒的儿子吗？

友 听说过。

苏 对于他的儿子变成最优秀的人，塞米司托克勒显然不会吝啬，如果塞米司托克勒真是个好人——他确实是个好人，我们承认——那么他也不会对任何人吝啬。

友 【b】是的。

① 克莱俄芳图（Κλεόφαντος），人名。

苏 你知道吗，塞米司托克勒教他的儿子成为一名专业骑手，他能直立在马背上，能站在马背上扔标枪，他还有其他许多马上绝技，他父亲教他，使他在其他许多需要好教师教的事情上成为内行。你有没有听上一辈的人讲过？

友 听过。

苏 【c】所以无人能够批评他的儿子，说他天生的本能就是坏的。

友 不能，至少根据你的说法不能这样说。

苏 我们再来看。你有无听人说过——无论是年轻人还是老人——塞米司托克勒之子克莱俄芳图是一个聪明人和好人，就像他父亲那样？

友 从来没有。

苏 那么我们能否假定，如果美德确实能教，那么他想把这些事情教给儿子，但不想在他本人拥有的智慧方面使他的儿子变得比他的邻居更好？

友 【d】很不像是这个样子。

苏 然而，他就是你认为的这种美德的教师。让我们来看另外一个人，阿里斯底德，他抚养吕西玛库成长。在需要教师的事情上，他给了他的儿子最好的雅典人的教育，但他并没有使他的儿子比其他人更好。你和我都知道这件事，因为我们曾经和他待在一起。

友 是的。

苏 你也知道伯里克利，他抚养他的儿子【e】帕拉卢斯① 和克珊西普②——实际上，我想你爱他们中的一个。如你所知，伯里克利教他们骑术——他们就像任何雅典人一样好——人文艺术和体育；他使他们精通各种需要教师的技艺；然而他不想使他们成为好人，是吗？

友 但是他们也许会成为好人，苏格拉底，要是他们不是年纪轻轻就死去的话。

苏 你在帮你男友的忙，这样做相当公正。如果美德是可教的，使

① 帕拉卢斯（Πάραλος），人名。

② 克珊西普（Ξάνθιππος），伯里克利之子。

人变好是可能的，那么伯里克利肯定已经使他的儿子拥有像他那样的美德，而不是只在人文艺术或体育方面成为行家。【378】但美德似乎是不可教的，因为修昔底德也养了两个儿子，美勒西亚和斯特芳[①]，你所说的伯里克利的儿子的话不能用到他们身上，因为你非常明白他们一个活得很长，另一个活得更长。确实，他们的父亲很好地教育他们，尤其是使他们成为雅典最优秀的摔跤手。他让一个儿子去找克珊西亚[②]，另一个去找欧多鲁斯[③]，他们不是当时最优秀的摔跤手吗？

友 是的。

苏 【b】所以很清楚，当他能使他的儿子变好而无需任何花费的时候，他决不会教他们必须花钱才能学的东西——如果美德能教，他难道不会教他们变好吗？

友 他似乎会教。

苏 也许修昔底德是个普通人，他在雅典人和他们的同盟者中间朋友不多？不，他出生在一个伟大的家族，能在雅典和其他希腊城邦做大事。【c】所以，如果美德能教，如果他本人因公务繁忙而没有时间，他会找到某个人——无论在当地还是在国外——使他的儿子变好。不，我的朋友，美德似乎是能教的。

友 不对，美德可能不能教。

苏 好吧，如果美德不能教，那么人生来就是善的吗？如果按下列方式考察，我们也许能找到结论。我们认为，好马有具体的本性吗？

友 有。

苏 【d】有些人拥有某种技艺，凭这种技艺他们知道好马的本性，知道哪些马适合赛跑，哪些马勇敢，哪些马怯懦，是这样吗？

友 是的。

苏 那么这种技艺是什么？它有名称吗？

---

① 斯特芳（Στέφανος），人名。

② 克珊西亚（Ξανθίας），人名。

③ 欧多鲁斯（Εὐδώρους），人名。

友 马术。

苏 猎狗也与此相仿，有某种技艺，人凭着这种技艺能察觉狗的本性的好与坏？

友 有。

苏 它是什么？

友 猎术。

苏 金子和银子怎么样？我们认为，有许多兑换金钱的人通过观察就能区分好钱和坏钱，是吗？

友 【e】有这样的人。

苏 你叫他们什么？

友 试金者。

苏 还有，教练员通过观察人体特征就能知道好坏，就能在年轻人身上看到他们最有价值的特征，就能知道他们在哪些方面最有希望获得成功。

友 没错。

苏 好马、好狗，等等，或者好人，对城邦来说这些事物中的哪一样是最重要的？

友 【379】好人。

苏 是吗？你不是认为，只要人有内在的美德方面的好的特点，人们就会尽力承认它们？

友 是这样的。

苏 用来判断好人的天性的这种技艺是哪一种技艺，你能告诉我吗？

友 不，我不能。

苏 然而，这种技艺肯定有价值，拥有这种技艺的人也很有价值，【b】因为他们可以告诉我们哪位年轻人，当他仍旧还是个儿童的时候，就能变好。我们会把他们送到卫城里看管起来，就像银子，只会更加小心，用公费供养他们，不让他们受到任何伤害，避免打仗或其他危险。他们会被储藏起来，等他们成年了，当城市的保卫者和施恩者。

但是，说真话，我敢说，要成为有美德的人，既非凭本性，亦非凭教育。

友 【c】苏格拉底，如果既非凭本性，又非凭教育，你怎么能假定他们会变得有美德？

苏 我认为这个问题不容易解释。然而我猜，拥有美德很有可能是一种神的馈赠，人变好，就像神的先知和说神谕者所做的那样。因为变成先知和说神谕者既不是凭本性也不是凭技艺；它是通过众神的激励，变成他们所是的那种人。同理，【d】好人对他们的城邦宣布事情的结果和将要发生的事，在神的激励下，他们比那些算命的讲得更好，讲得更清楚。我在想，甚至连女人都说这种男人是神圣的，他是神的人。荷马经常使用这种赞美，其他诗人也一样。确实，当神希望一个城邦变得繁荣昌盛，他就把好人放在这个城邦里，每当一个城邦走向衰落，神就从这个城邦里把好人弄走。所以美德似乎既不是可教的，也不是天生的，而是由神恩赐给那些拥有者的。

神翠鸟

提　要

有许多古代手稿将本篇列为柏拉图的对话，但后来又被归为公元后2世纪的演说家和对话作者琉善（Lucian）的作品。16世纪法国学者斯特芳（Henri Étienne,Stephanus）编纂柏拉图全集时没有收录这篇对话。因此，本篇的边码与其他对话不同，系约翰·库珀主编的《柏拉图全集》(Plato,complete Works,ed.by John M.cooper,Hackett Publishing company,Indianapolis,cambridge,1997.）中标注的边码。本篇译成中文约2千字。

苏格拉底与他忠诚的朋友凯勒丰去海边散步，路上听到了神翠鸟的叫声。苏格拉底对凯勒丰讲述了有关神翠鸟的神话故事，但是凯勒丰怀疑这则故事的真实性。苏格拉底争辩说，这种怀疑是没有根据的，我们人类根本无法得知神力的巨大，所以不应动辄拒绝承认人变形为动物这种奇迹。在对话的结尾处，苏格拉底赞扬妻子对丈夫的挚爱，希望他的两位妻子也像神翠鸟一样对丈夫忠诚。

柏拉图的《斐德罗篇》(258e—259d）提到过人变成蝉。思考宇宙、天穹、自然和神力之间的联系，强调人的知识的有限性，强调人和其他动物的亲缘性，是晚期柏拉图主义的特征。这篇短小的对话可能创作于公元前150年到公元50年之间。文章的用词和构思相当文雅，带有后世对柏拉图学园文风进行批评时所说的“亚细亚风格”。

正 文

谈话人：凯勒丰、苏格拉底

凯 【1】苏格拉底，通往海岬下的沙滩的路上传来的是什么声音？它如此甜美！什么样的生灵能发出这样的声音？生活在海里的动物肯定是不出声的。

苏 凯勒丰，这是一种海鸟，名叫神翠鸟[①]，经常发出悲泣和哀号。关于这种鸟，有一个古老的传说，是从古时候作为神话一直传下来的。他们说赫楞[②]之子埃俄罗斯[③]的女儿深深地爱着她的丈夫，为丈夫之死悲哀不已，她的丈夫是斯拉吉[④]的凯依克斯[⑤]，晨星欧弗鲁斯[⑥]之子——英俊的父亲生养的一位英俊的儿子。后来，出于某种神意，她长出鸟一样的翅膀，在海面飞翔，搜寻她的丈夫，因为她走遍了整个大地，都没能找到她的丈夫。

凯 【2】你讲的是翠鸟吗？我以前从来没有听到过这种声音；它确实让我有点惊异。不管怎么说，它的声音确实有点悲哀。这种鸟有多大，苏格拉底？

苏 不很大。然而众神由于她对丈夫的挚爱而赋予她巨大的荣耀。因为翠鸟在冬至期间筑巢时，天气会变得很平静，今天就是一个特别好的例子。你没看到今天的天气有多么晴朗，整个海面风平浪静，就像一面镜子，是吗？

---

① 神翠鸟（Ἀλκυών），亦称翠鸟或鱼狗，是一种传说中的“太平鸟”，巢居海上，冬至期间产卵时海浪平静。“翠鸟日”指冬至前后十四日，在此期间海上风平浪静。

② 赫楞（Ἕλλην），希腊人的祖先。

③ 埃俄罗斯（Αἴολοσ），人名。

④ 斯拉吉（Τρᾴχις），地名。

⑤ 凯依克斯（Κέυξ），人名。

⑥ 欧弗鲁斯（Εοςφόρος），星辰名。

凯 你说得对，今天确实像是一个“翠鸟日”，昨天也很像。但是，苏格拉底，以众神的名义起誓，我们怎么能够相信这些古代的传说是真的呢，鸟变成女人，或者女人变成鸟？所有这类事情似乎都是完全不可能的。

苏 【3】啊，亲爱的凯勒丰，我们对什么可能与什么不可能的判断似乎太短视了——我们按照凡人的最佳能力去评价，而人的能力恰恰是无知、不可靠和盲目。许多事情在我们看来似乎是可能的或不可能的，许多东西似乎可以获得或不可获得——这种情况的发生经常是由于我们缺乏经验，由于我们心灵的幼稚和愚蠢。因为实际上，所有人，甚至非常老的人，都像儿童一样愚蠢，因为我们的生命确实非常短暂，若与永恒相比，不会比儿童的年龄更长。我的好朋友，对众神和神性的力量一无所知的人，或者对整个自然的力量一无所知的人，如何能够辨别这种事情的可能与不可能呢？

你注意到了吗，凯勒丰，前天的风暴有多大？有些人想到闪电、雷鸣和飓风的力量而惊恐万分，有些人可能会以为整个人类居住的世界就要崩溃了。【4】但是没过多久，天气又突然好转，从那时起一直晴朗到现在。所以你认为，改变狂风暴雨的天气、使整个宇宙重归宁静，比起重新塑造一个女人的形体，把它变成鸟，哪件事情更重大，哪件事情需要更加辛苦的工作？哪怕我们的儿童也能用泥土或蜡轻易地塑造出各种形状的东西来，用同样的材料。神拥有伟大的力量，我们的力量根本无法与之相比，所以对神来说，这种事情实际上很容易。我们要是问，整个上天比你本人大多少，你会怎么说？

凯 【5】苏格拉底，这种事情有谁能够想象或发现答案？甚至可以说这种问题根本不是人能够回答的。

苏 我们在人之间相互进行比较的时候，不是看到他们的能力或无能有巨大差别吗？成年人与只有五天或十天的婴儿相比，他们在实际生活的各种事务中所具有的能力远远超过婴儿，这些事务要通过我们精巧的技艺来完成，也要通过我们的身体和灵魂来完成；而如我所说，婴儿的心里甚至都不会想到这些事情。【6】与婴儿相比，一个身体完全长成的人的力量远远优于他们，一个成年人可以轻易地征服成千上万的婴儿；人生的最初阶段确实是完全无助的，不能做任何事情，这是自然所使然。所以，当一个人似乎都能够具有远远优于另外一个人的能力时，我们怎么能够设想把整个上天会对那些能够把握这类事情的人显现的力量拿来与我们的力量相比？也许确实有许多人会认为这样说是有道理的，正如宇宙的大小远远超过苏格拉底或凯勒丰的形体，所以它的力量、智慧和理智也会远远超过我们。

【7】对你、我以及许多像我们这样的人来说，许多事情是不可能的，但对其他一些人来说却很容易。当人们不懂的时候，要那些不会吹笛子的人吹笛子，或者要不识字的人阅读或书写，要比把女人变成鸟或把鸟变成女人更不可能。大自然放进蜂窝里的动物没有脚，也没有翅膀，但是后来大自然给了它脚和翅膀，用各种美丽的颜色打扮它，产生了能聪明地产出蜂蜜的蜜蜂；在不说话、无生命的卵中，大自然塑造出许多有翅膀、会行走，或在水中居住的动物，它们会使用（如某人所说）以太这种伟大的、神圣的技艺。【8】我们都是凡人，是微不足道的，我们看不清大大小小的事情，只能在黑暗中摸索；所以，我们不可能对不朽者的伟大力量做出任何可靠的判断，就好像我们涉及翠鸟或夜莺①。

啊，唱哀歌的翠鸟啊，我要把有关你的歌声的著名传说告诉我的孩子，我怎么从我的祖先那里接受下来，我就怎么对他们讲，我要不断地对我的妻子们说，克珊西帕和密尔托②，赞颂你的虔诚和你对丈夫的挚爱，特别要强调你从众神那里得到的荣耀。凯勒丰，你也会这样做吗？

凯 苏格拉底，这样做肯定是恰当的，这样说无疑是对夫妻之间关系的一种双重鼓励。

苏 好，现在该对翠鸟说声再见了，我们要从法勒伦角③去城里。

凯 当然了，我们走吧。

---

① 希腊神话中说普洛克涅变成了燕子，菲罗墨拉变成了夜莺。

② 密尔托（Μυρτός），人名。

③ 法勒伦（Φαληρεύμ），地名。

定义集

提　要

这是一本哲学术语的汇编，共收录185个词条，译成中文约5千字。它的具体编纂时间和编纂者无法得知。据学者们推测，它可能是由公元前4世纪的某些学园派成员完成的。

下定义是理性思维的重要方法。古希腊哲学家从苏格拉底开始就探讨事物的定义。他相信，知道了伦理概念的正确定义有助于矫正人们的道德行为。柏拉图在他的对话中尝试着用集合与划分的方法来获取定义。柏拉图学园里的许多哲学家也对定义感兴趣。学园派的首领斯彪西波写过一本《定义》。亚里士多德、塞奥弗拉斯特、克律西波等人也写过定义方面的论文。比较学园派与亚里士多德学派、斯多亚学派定义的异同，可以确定的是，集子里的许多定义简单地摘自柏拉图对话，有些定义被亚里士多德援引和批评过。这个集子中没有亚里士多德学派和斯多亚学派影响的痕迹。因此，可以说汇集在这本集子里的定义大体上反映了公元前4世纪学园派的思想。

这个集子是由两个独立的部分合成的。第一部分的术语按照哲学的三个部分来编排。自然哲学（411a—c）、伦理学（411d—414a）、关于知识和语言的哲学（414a—e）。第二部分（从414e的词条“功用”开始）则没有这样的内在结构。第二部分收录的部分词条与第一部分相同。

正　文

Ἀίδιον（aidion）永久、永恒：【411】在所有时间都存在，包括过去和现在，不能被摧毁的。

Θεός（theos）神：在幸福方面能够自足的、不朽的、活生生的存在者；作为善本性的永恒的存在者。

Γένεσις（genesis）生成：发生，产生；成为存在者；变成存在者。

Ἥλιος（helios）太阳：唯一能被同一人从早到晚看见的天上的火；【b】白天最亮的星；最大的永恒的活生生的造物。

Κρόνος（chronos）时间：对太阳运行的度量。

Ἡμέρα（hemera）白天：太阳的行程，从升起到降落；与夜晚相反的光明。

Ἕως（heos）黎明：白天的开始；太阳最初的光。

Μεσημβρία（mesembria）中午：物体影子最短的时候。

Δείλη（deile）日落：白天的结束。

Νὺξ（nux）夜晚：与白天相对的黑暗；没有太阳的时候。

Τύχη（tuche）幸运：从不清楚到清楚的过程；超自然事件自动发生的原因。

Γῆρας（geras）老年：【c】有生命的东西由于时间流逝而出现的衰退。

Πνεῦμα（pneuma）风：空气在大地上的运动。

Ἀὴρ（aer）气：一种元素，由于这种元素的存在而产生空间位移。

Οὐρανὸς（ouranos）天空：除了最高的气本身之外围绕所有可见事物的东西。

Ψυχὴ（psuche）灵魂：一种自动的东西；生灵的生命过程的原因。

Δύναμις（dunamis）能力：因其自身而可以产生某种结果的东西。

Ὄψις（opsis）视力、视觉：能够看见事物的状态。

Ὀστοῦν（ostoun）骨头：由于热而硬化了的骨髓。

Στοιχεῖον（stoicheion）元素：构成复合物的东西或复合物分解后的东西。

Ἀρετὴ（arete）美德：最好的品性；凡人的某种状态，因其自身而值得赞扬；某种状态，其拥有者因处于这种状态而被说成是好的；对法律的恰当遵守；某种品性，具有这种品性的人因此而被说成是完全卓越的；某种状态，能对法律产生出忠诚。

Φρόνησις（phronesis）实践的智慧：某种凭其自身就能产生出人的幸福的能力；关于什么是好什么是坏的知识；能产生幸福的知识；某种品性，凭此品性判断做什么和不做什么。

Δικιοσύνη（dikaiosune）正义：灵魂与其自身的一致，【e】构成灵魂的各个部分之间的相互尊重与关切；按其应得对每个人进行分配的状况；财产所有者按照对他显得正当的方式进行选择的状态；守法的生活方式的潜在状态；社会的平等；守法的状态。

Σωφροσύνη（sophrosune）节制：灵魂对通常发生的欲望和快乐的自控；灵魂的和谐与良好的约束，涉及通常的快乐和痛苦；灵魂在统治和被统治方面的和谐一致；正常的个人的独立性；灵魂的良好约束；【412】在什么是可敬的、什么是可鄙的这些方面灵魂达成的合理的一致意见；某种状态，处于这种状态的人对应做什么进行选择和保持谨慎态度。

Ἀνδρεία（andreia）勇敢：灵魂不因害怕而发生动摇的状态；军事方面的自信；有关战争事实的知识；灵魂的自我约束，涉及什么是可怕的；在顺从智慧方面的大胆；面对死亡事实时的果敢；在危险处境中保持正确思考的状态；用来对冲危险的力量；美德方面的刚毅的力量；在受到吓唬或鼓励时灵魂保持正确思考和冷静；【b】对战争的恐怖和经验保持无畏的信念；坚守法律的状态。

Ἐγκράτεια（enkrateia）自制：自我节制、忍受痛苦的能力；服从正确的思考；坚守正确思考的能力。

Αὐτάρκεια（autarkeia）自足：对善物的完全占有；某种自主的状态。

Ἐπιείκεια（epieikeia）公正：放弃一个人的权益；适度达成约定；理性灵魂在什么是可敬的、什么是可鄙的方面达成良好的约束。

Καρτερία（karteria）刚毅：为了可敬的东西而忍受痛苦；为了可敬的东西而忍受辛劳。

Θάρσος（tharsos）自信：预见不到任何坏的事物；不因某些坏事物的呈现而受干扰。

Ἀλυπία（alupia）无痛的：不承受痛苦的状态。

Φιλοπονία（philoponia）勤勉的：努力去完成一个人想要做的事情的状态；自愿的坚毅；在劳动方面无可指摘的状态。

Αἰδώς（aidos）谨慎：依据正确以及似乎最好的东西而自愿地克制鲁莽的行为；自愿地坚持最好的东西；小心地避免公正的批评。

Ἐλευθερία（eleutheria）自由：【d】对自己的生活进行控制；在各方面拥有唯一的权威；在生活中做自己喜欢的事情的力量；在使用和占有财产方面不吝惜。

Ἐλευθεριότης（eleutheriotes）慷慨：在挣钱方面的适宜状态；适度的花费和节约。

Πρᾳότης（praiotes）温和：克制因愤怒而引起的冲动；灵魂的和谐。

Κοσμιότης（kosmiotes）礼节：自愿顺从似乎是最好的东西；对身体的姿势进行约束。

Εὐδαιμονία（eudaimonia）幸福：生活中的成功；各种善物的良好构成；充分而又良好地生活的能力；德性方面的完善；【e】充分的生活来源。

Μεγαλοπρέπεια（megaloprepeia）宏伟：依据最庄重的人的正确理性所确定的应当尊敬的东西。

Ἀγχίνοια（anchinoia）机敏：使其拥有者在各种情况下都能实现既定目标的灵魂的能力；洞察力。

Χρηστότης（chrestotes）诚实：道德上的真诚，加上理智；品性的卓越。

Καλοκαγαθία（kalokagathia）道德完善：决定做最好的事情的

状态。

Μεγαλοψυχια（megalopsuchia）宽厚：待人接物方面的高尚；灵魂的宏大，加上理性。

Φιλανθρωπία（philanthropia）对人的热爱、仁慈：对人友好的品性和状态；乐意助人的状态；感恩的特性；记住别人的好，再加上帮助人。

Εὐσέβεια（eusebeia）虔诚：涉及神事时的公正；【413】自愿伺奉神的能力；把荣耀归于神的正确的观念；知道把荣耀归于神。

Ἀγαθὸν（agathon）好、善：因其自身的缘故而是或在。

Ἀφοβία（aphobia）无畏：不害怕的状态。

Ἀπάθεια（apatheia）不动情：不受情欲支配的状态。

Εἰρήνη（eirene）和平：与军事冲突相关的平静的时期。

Ῥᾳθυμια（raithumia）懒惰：灵魂的惰性状态；在激情的方面没有欲望。

Δεινότης（deinotes）机灵：使其拥有者能够实现具体目标的性情。

Φιλία（philia）友谊：对什么是可敬的和正义的持有一致的意见；按相同的生活方式做出决定；对道德判断和行为持有同样的看法；【b】生活方式的一致；共享仁慈的基础；共享提供和接受恩惠。

Εὐγένεια（eugeneia）高尚：高贵的品性；在言语和行动方面灵魂具有的良好教养。

Αἵρεσις（hairesis）选择：正确的评价。

Εὔνοια（eunoia）仁慈：对其他人的亲切和友好。

Οἰκειότης（oikeiotes）亲戚：共有相同的血统。

Ὁμόνοια（homonoia）一致：在心中共有一切；想法和设定保持和谐。

Ἀγαπησις（agapesis）满足：接受所有东西。

Πολιτικὴ（politike）政治技能：关于什么是可敬的和有用的事物的知识；【c】关于如何在城邦中产生公正的知识。

Ἑταιρία（hetairia）友爱：同龄人由于相互结伴而形成的友谊。

Εὐβουλία（euboulia）审慎：推理的内在德性。

Πίστις（pistis）信念：坚持对事物如其所呈现的那样的看法；品性的坚定。

Ἀλήθεια（aletheia）真，真实性：用肯定和否定表达出来的正确状态；关于真相的知识。

Βούλησις（boulesis）愿望：以正确的推理为基础得出来的心愿；合理的欲望；自然的欲望，以理性为基础。

Συμβούλευσις（sumboutleusis）建议：对他人提出有关其行为以及应当怎么做的意见。

Εὐκαιρία（eukairia）好时机：做某事或拥有某事物的正确时间。

Εὐλάβεια（eulabeia）警惕：【d】提防坏事物；对安全的确保。

Τάξις（taxis）秩序：构成一个整体的所有成分在功能上的相同；一个社会应有的均衡；一个整体的共有成分的原因；学习方面应有的均衡。

Πρόσεξις（prosexis）关注：灵魂为了学习某事物而付出的努力。

Εὐφυία（euphuia）才能：学习方面的快捷；天资；天赋。

Εὐμάθεια（eumatheia）机灵：快捷地学习的心灵能力。

Δίκη（dike）审判：对发生的争执进行权威性的判决；就有无不公正进行争论。

Εὐνομία（eunomia）守法：【e】遵守良好的法律。

Εὐφροσύνη（euphrosune）欢乐：乐意做有节制的人所做的事。

Τιμὴ（time）荣耀：对合乎美德的行为给予奖赏；由于美德而被赋予尊严；庄严地承受；对一个人的尊严的培育。

Προθυμια（prothumia）热忱：积极意愿的显现。

Χάρις（charis）慈善：自愿对他人进行救助；在某个恰当时刻放弃某些东西。

Ὁμόνοια（homonoia）和谐：统治者与被统治者就如何进行统治和被统治拥有共同的观点。

Πολιτεία（politeia）城邦：许多人为了成功地过上一种自足的生活而组成的共同体；由许多人组成的共同体，依据法律进行统治。

Πρόνοια（pronoia）远见：【414】为将要发生的事件做准备。

Βουλὴ（boule）商量：考察哪些事情在将来是有利的。

Νίκη（nike）胜利：在竞争中取得成功的能力。

Εὐπορία（euporia）独创性：超过既有观点的良好判断。

Δωρεὰ（dorea）礼物：交换恩惠。

Καιρὸς（kairos）机会：获取某些有益事物的理想时间；适宜获得某些善物的时间。

Μνήμη（mneme）记忆：灵魂护卫居于灵魂中的真相的状态。

Ἔννοια（ennoia）深思：强烈的思考。

Νόησις（noesis）直觉：知识的起点。

Ἁγνεία（hagneia）虔诚：在涉及神事方面不犯错误；【b】以正常的方式荣耀神。

Μαντία（manteia）预言：不加证明地启示事件的知识。

Μαντικὴ（mantike）占卜：对凡人的当前和未来进行周密思考的知识。

Σοφία（sophia）智慧：非假说的知识；始终存在的知识；对事物的原因进行深入思考的知识。

Φιλοσοφία（philosophia）哲学：对始终存在的知识的欲求；深入思考真理的状态；依据正确的理性对灵魂进行培育。

Ἐπιστήμη（episteme）知识：通过推理不能瓦解的灵魂的观念；【c】领悟通过理性不能瓦解的事物的能力；通过思考不能瓦解的真正的论证。

Δόξα（doxa）意见：可以被推理说服的想法；推理中的波动；由理性导向真假判断的思考。

Αἴσθησις（aisthesis）知觉：灵魂的波动；心灵借助身体进行的运动；为了人的利益做出的宣喻，由此在灵魂中产生一种非理性的能力，通过身体承认事物。

Ἕξις（hexis）状态：某种类别的灵魂的意向。

Φωνὴ（phone）声音：【d】思想通过嘴放射出来的东西。

Λόγος（logos）言语：能用字母表示每一存在物的人的声音；由名

词和动词组成的语音，但没有音乐。

Ὄνομα（onoma）名词：非复合的语言的声音，用来表述事物以及一切非因其自身而存在的东西。

Διλεκτος（dialektos）言语：语言的表达，人发出的字母的声音；用于表述的共同符号，但没有音乐。

Συλλαβὴ（sullabe）音节：可以写下来的人的声音。

Ὅρος（horos）定义：说出来的某种东西，由种和属差组成。

Τεκμήριον（tekmerion）根据：【e】非自明的证据。

Ἀπόδειξις（apodeixis）证明：通过推理得出结论的真正的论证；通过先前已知的东西推出某些东西的论证。

Στοιχεῖον φωνῆς（stoicheion phones）音素：非复合的声音，是与其他声音相区别的原因。

Ὠφέλιμον（ophelimon）功用：使某事物好的原因。

Συμφέρον（sumpheron）有益、有利：能产生善物的东西。

Ἀγαθὸν（agathon）好、善：使存在者得以保存的东西；一切事物所趋向的那个原因，由此产生应当作出什么样的选择。

Σῶφρον（sophron）自控：灵魂组成部分的有序。

Δίκαιον（dikaion）正义：导致公平的法律规定。

Ἑκούσιον（hekousion）意愿：【415】能使事物自动的东西；为事物本身而选择的东西；通过思考获得的东西。

Ἐλεύθερον（eleutheron）自由：对自身的统治。

Μέτριον（metrion）中庸：在过分与不足之间，满足于严格的约束。

Μέτρον（metron）尺度：测量过分与不足的手段。

Ἆθρον ἀρετῆς（athlon aretes）美德的奖赏：因其自身而值得选择的回报。

Ἀθανασία（athanasia）不朽：有生命的基质的永久延续。

Ὅσιον（hosion）神圣：事奉神，与神达成一致。

Ἑορτὴ（heorte）节日：由法律规定的时间。

Ἄνθρωπος（anthropos）人：无翅、两足、指甲平滑的动物；唯一能获得理性知识的存在者。

Θυσία（thusia）献祭：【b】把牺牲献给神。

Εὐχὴ（euche）祈祷：凡人向神提出要求，请求赐予善物。

Βασιλεὺς（basileus）国王：法律上超越一切义务的官员；政治组织的首领。

Ἀρχὴ（arche）首领：负责一切的人。

Ἐξουσία（exousia）法律权威：由法律授予的谨慎处理事务的权力。

Νομοθέτης（nomothetes）立法者：使一个城邦得以治理的那些法律的制定者。

Νόμος（nomos）法律：众人的政治判断，不限于某个时候。

Ὑπόθεσις（hypothesis）前提、假设：无法证明的第一原则；在讨论中对要点进行总结。

Ψήφισμα（psephisma）政令：限于某个时间段的政治决定。

Πολιτικὸς（politikos）政治家：【c】知道如何组织城邦的人。

Πόλις（polis）城邦：遵循共同决定的一群人的居住地；处于相同法律下的一群人。

Πόλεως ἀρετὴ（poleos arete）城邦的美德：良好体制的建立。

Πολεμικὴ（polemike）军事技艺：拥有战争经验。

Συμμαχία（summachia）军事同盟：战争中各派结成的共同体。

Σωτηρία（soteria）保存：保证安全和健全。

Τύραννος（turannos）独裁者：按照自己的意见统治城邦的官员。

Σοφιστὴς（sophistes）智者：猎取富家年轻子弟，向他们收取学费的人。

Πλοῦτος（ploutos）富有、财富：【d】拥有充足的财产，过着幸福的生活；大量的可以带来幸福的财产。

Παρακαταθήκη（parakatatheke）存储：托付某些东西。

Κάθαρσις（katharsis）净化：把坏东西从好东西里面分离出来。

Νικᾶν（nikan）胜利：在冲突中占上风。

Ἀγαθὸς ἄνθρωπος（agathos anthropos）好人、善人：能够为人取

得善物的人。

Σώφρων（sophron）自控：有着适度欲望的人。

Ἐγκρατὴς（enkrates）自制：灵魂的某些部分与正确的理性发生矛盾时能加以控制。

Σπουδαῖος（spoudaios）卓越：全善之人；拥有与人相应的美德的人。

Σύννοια（sunnoia）忧虑：【e】一种非理性的不安宁的思想。

Δυσμαθία（dusmathia）愚蠢、愚笨：在学习方面迟钝。

Δεσποτεία（despoteia）统治奴隶的人、僭主：不对任何人承担义务的权威。

Ἀφιλοσοφία（aphilosophia）无哲学：那些仇恨哲学论证的人的状态。

Φόβος（phobos）恐惧：灵魂等待某些坏事降临时的惊骇。

Θυμὸς（thumos）欲望：灵魂非理性部分的激烈冲突，理性和思想无法使之有序。

Ἔκπληξις（ekplexis）惊骇：在等待某些坏事情降临时的恐惧。

Κολακεία（kolakeia）奉承：为了快乐而不考虑选择最好的人为伴；为了快乐而与人过度交往的状态。

Ὀργὴ（orge）愤怒：灵魂的欲望部分为了报复而发出的强烈要求。

Ὕβρις（hubris）攻击：不公正地推动某人去羞辱他人。

Ἀκρασία（akrasia）无节制：【416】一种强烈的状态，缺乏理性的正确引导而趋向于那些似乎快乐的东西。

Ὄκνος（oknos）懒惰：逃避劳动；因怯懦而不活动。

Ἀρχὴ（arche）起源：存在者的第一因。

Διαβολὴ（diabole）诽谤：通过言语而与朋友产生分离。

Καιρὸς（kairos）时机：适宜做或不做某事的时间。

Ἀδικία（adikia）不正义：藐视法律的状况。

Ἔνδεια（endeia）贫穷：缺乏财产。

Αἰσχύνη（aischune）羞耻：害怕得到坏名声。

Ἀλαζονεία（alazoneia）自负：缺乏善的人假装拥有善的状态。

Ἁμαρτία（hamartia）谬误：反对正确的推理。

Φθόνος（phthonos）妒忌：对朋友现在或过去拥有的财产或名声感到痛苦。

Ἀναισχυντία（anaischuntia）无耻：灵魂为了某种利益而接受耻辱。

Θρασύτης（thrasutes）鲁莽：在面对不应当面对的危险时过分大胆。

Φιλοτιμία（philotimia）虚荣：灵魂的一种状态，不加思考，无节制地浪费。

Κακοφυία（kakophuia）恶的本性：天然的恶，天生的错误；生来就有的疾病。

Ἐλπὶς（elpis）希望：对善的期待。

Μανία（mania）疯狂：真观念被摧毁时的状况。

Λαλιὰ（lalia）多嘴：在言语方面缺乏自制。

Ἐναντιότης（enantiotes）相反：同属一个种的事物之间的最大差距。

Ἀκουσιον（akousion）不由自主：未经思考就做了某事。

Παιδεία（paideia）教育：伺奉灵魂的能力。

Παίδευσις（paideusis）教导：教育的行为。

Νομοθετικὴ（nomothetike）立法技能：关于如何产生一个好城邦的知识。

Νουθέτησις（nouthetesis）告诫：用语言责备；使某人不犯错误的言语。

Βοήθεια（boetheia）帮助：防止某些坏事发生，要么是当前的，要么是将要发生的。

Κόλασις（kolasis）严惩：对灵魂过去所犯错误的处理。

Δύυνμις（dunamis）能力：言行上的优越；使其拥有者能够做某事的状态；天生的力量。

Σῴζειν（soizein）拯救：保持安全和健全。

书　信

提　要

柏拉图的传世书信共计13封，其真伪历来就有争议。一些西方学者详细考证过这些书信。大部分学者认定第7封和第8封是柏拉图的真作，其他书信的真伪不能确定。现有书信的编排顺序由古代编纂人编定，没有按照年代顺序排列。有学者建议柏拉图书信的实际顺序应为：13,2,11,10,4,3,7,8,6,1,5,9,12。公元1世纪的塞拉绪罗在编定柏拉图作品篇目时，将这些书信合为一种，列为第九组四联剧的第四篇，称其性质是"伦理性的"。[①] 译成中文约4万2千字。

柏拉图曾三次访问西西里。第一次是公元前387年，他在塔壬同等地游历时，应叙拉古城邦僭主狄奥尼修一世（约公元前432—前367年）之召请，访问西西里。柏拉图在访问期间因谈论僭主政体的弊端，激怒了狄奥尼修一世，被迫离开。狄奥尼修一世于公元前367年逝世，此时他的姻兄狄昂（约公元前408—前353年）担任叙拉古首席大臣，召请柏拉图第二次来叙拉古，训练狄奥尼修二世成为哲学家、政治家。柏拉图以60岁高龄第二次来西西里。后来狄昂与狄奥尼修二世发生矛盾，被驱逐出境。柏拉图的生命也遭到威胁，后来在某些人的斡旋和当地发生战争的情况下，被允许暂时返回雅典，但要柏拉图保证战争结束后重返叙拉古。公元前361年，柏拉图践约第三次去西西里，调处狄奥尼修二世和狄昂间的矛盾，但仍无结果。柏拉图于公元前360年重返雅典。

① 参阅第欧根尼·拉尔修：《名哲言行录》3：59。

现存柏拉图书信中有四封（1，2，3，13）的收信人是西西里的叙拉古僭主狄奥尼修二世。写信人在这些书信中讲述了柏拉图两次到访西西里的缘由和经过，旨在向希腊世界辨明柏拉图与狄奥尼修二世在政治上的关系，即所谓睿智和强权的相互结合。

第4封信十分简短，收信人是叙拉古宫廷首席大臣的狄翁。柏拉图于公元前360年返回雅典。此后，流亡在外的狄翁经过三年的筹备，于公元前357年集结雇佣军讨伐狄奥尼修。短短三个月，狄翁推翻了狄奥尼修的统治，威震希腊世界。此后狄翁困于叙拉古旧制颠覆以后的内乱，直至公元前354年被杀。

第5封信的收信人是马其顿国王腓力二世的长兄、佩尔狄卡三世。信中谈及民主制、寡头制、君主制等政治体制。

第6封信的收信人是小亚细亚某个城邦的僭主赫尔米亚，以及柏拉图学园的成员厄拉斯托和科里司库，信的主题仍旧是哲学与政治权力的结合。

第7封和第8封信的收信人是狄翁的家人和朋友。信件内容涉及柏拉图的生平、思想和政治实践。有学者说："在这些书信中，我们获悉柏拉图的风格，柏拉图的思想，柏拉图的真正灵魂。"①

第9封和第12封信的收信人是塔壬同城邦的最高军事长官阿尔基塔。柏拉图第一次访问西西里期间与他结识；柏拉图第二次访问西西里期间曾促使阿尔基塔与狄奥尼修结盟；柏拉图第三次访问西西里时遇到危险，阿尔基塔曾出手搭救柏拉图。

第10封信非常简短，收信人阿里斯托多鲁可能是柏拉图学园的一名学生。

第11封信的收信人是拉奥达玛。他可能是一位外邦数学家和政治家、柏拉图学园的学生。柏拉图在信中拒绝了前去帮他为新殖民地立法的请求，提醒他要注意立法的难度。

① L.A.Post,Thirteen epistles of Plato: Introduction,Translation and Notes,Oxford,1925, p.61.

正 文

第 1 封

柏拉图致狄奥尼修[1]，祝万事顺遂！

【309】在那个时期，我和你一道监管你的帝国，享有你的信任，超过其他所有人，你由此得到了好处，而我却得到诽谤。尽管令人恼火，我悲哀地忍受着诽谤，因为我知道人们不会认为我真心同意你那些残忍的暴行。与你共同治理城邦的官员都可以为我作证，【b】我本人也曾和他们并肩战斗，保护过他们中的许多人，使他们免受大的伤害。尽管我握有最高权柄，多次使你的城邦安然无恙，但却被你如此无礼地打发；哪怕是一名乞丐，要是他曾在你们身边待过那么长时间，你们也不应该这样把他赶走，喝令他乘船离开。

从今往后，我要以远离世人的方式为自己盘算，而你，"身为一名僭主，将孤独地生活。"至于那块光彩夺目的黄金，【c】也就是你送给我的盘缠，送这封信的巴基乌斯[2]会替我归还，因为它既不足以支付我的旅行开支，我也不会将它用于其他需要。更何况，这样的礼物对你这位送礼人来说是极大的耻辱，对我来说接受它也会给我带来几乎同等的耻辱，因此我拒绝接受。不过，接受它还是把它给出去对你来说没什么区别。所以你还是把它收回去，用来关心你的另一位同伴吧，就像当初关心我一样。【d】因为，我本人已经受够了你的关心。我现在要引用一下欧里庇得斯的话，这样做也是适宜的：当各种变故某一天落到你的头

① 狄奥尼修（Διονυσίους），叙拉古僭主，狄奥尼修二世，公元前367年继位。第3封书信中称收信人为"狄奥尼修和多利斯之子"（313a），而狄奥尼修一世的父亲叫赫谟克拉底。

② 巴基乌斯（Βακχεῖος），柏拉图的送信人。

上，“你会祈求这样的一个人在你身边。”① 我还想提醒你，其他悲剧家在讲到僭主被杀的时候，大都会让僭主呼喊：【310】“我没有朋友，惨呐，我完了！”②

但是，从来没有一位悲剧家会让僭主由于缺少黄金而灭亡。下面这首诗，那些有智慧的人觉得并不坏：“闪亮的黄金不是最稀罕的，在无望的、可朽者的生活中；也不是钻石或银榻，尽管它在人面前接受检验时耀眼夺目；广袤的沃土产出累累果实，却不如善者的和谐理智那么自足。”③

【b】再见吧，你必须知道，你在许多事情上错过了我们。这样，你才会更好地对待其他人。

第2封

柏拉图致狄奥尼修，祝万事顺遂！

听阿基德谟④ 说，你不仅希望我对你保持缄默，而且希望我的朋友们也不说任何冒犯你的话，不做任何冒犯你的事，只有狄翁⑤ 例外。“只有狄翁例外”，【c】这个说法表明我并不统领我的朋友；因为，如果当初我这样统领你、狄翁以及其他人，那么如我所宣称的那样，这对我们大家都更好，也对其他所有希腊人更好。如今，我的权力仅止于让我遵循自己的教导。我之所以这样说，乃是因为克拉提斯托卢⑥ 和波吕克塞努⑦ 报告你的事情完全不可靠。【d】据说他们中间有一位向你报告，

① 欧里庇得斯：《残篇》956。

② 阿德斯普：《残篇》347。

③ 阿德斯普：《残篇》138。

④ 阿基德谟（Ἀρχεδήμους），狄奥尼修二世的信使，参阅《书信》3.319a；7.339a，349d。

⑤ 狄翁（Δίων），政治家，公元前408—前353年。狄奥尼修一世去世时（公元前367年）担任叙拉古首席大臣，邀请柏拉图访问叙拉古。

⑥ 克拉提斯托卢（Κρατιστόλους），人名。

⑦ 波吕克塞努（Πολυξένους），人名。

说他在奥林比亚听到我的一些同伴辱骂你；或许他的耳朵比我敏锐，因为我本人没有听到这些话。我认为你应当这么办：派人来向我询问，我会说实话，既不会犹豫，也不会感到难为情。

你我之间的关系是这样的，可以说，没有一个希腊人不知道我们俩，【e】而且我们之间的交往也不是什么秘密。但你不要忘记，这种事情将来也不会是什么秘密，听说这些事的人很多，因为我们之间的交往既不短暂，也不低调。可是我现在这样说有什么意思呢？让我从头开始讲起。

睿智和强权的相互吸引是一条自然法则，二者始终相互追逐，相互寻求，相互结合。此外，这也始终是人们感兴趣的话题，无论是自己谈论，还是听别人谈论，或者在诗歌中谈论。【311】比如，谈论希厄隆[①]或拉栖代蒙人鲍萨尼亚[②]的时候，人们乐意提到他们与西摩尼得的交往，说西摩尼得对他们说过什么和做过什么。还有，人们习惯一并歌颂科林斯的佩里安德和米利都的泰勒斯、伯里克利和阿那克萨戈拉、睿智的克娄苏[③]、梭伦和统治者居鲁士。【b】正是仿照这些例子，诗人们把克瑞翁和提瑞西亚[④]、波吕伊都斯[⑤]和弥诺斯、阿伽门农和涅斯托耳、奥德修斯和帕拉墨得斯[⑥]撮合在一起。在我看来，古人就是这样把普罗米修斯[⑦]和宙斯撮合在一起的。诗人们歌颂这些人，说他们有些彼此相争，有些彼此结下友谊，还有些在一个时候彼此相争，一个时候结下友谊，在有些问题上意见不合，在有些问题上意见一致。我说这些话是为了表明，【c】我们死后，那些关于我们的言论也不会停止。因此，我们必须在意这些言论，我们似乎必须为将来操心。因为依据某种本性，最

① 希厄隆（Ἱέρωνος），人名。

② 鲍萨尼亚（Παυσανίους），人名。

③ 克娄苏（Κροίσω），人名。

④ 提瑞西亚（Τειρεσίαν），神话人物。

⑤ 波吕伊都斯（Πολύειδους），神话人物。

⑥ 帕拉墨得斯（Παλαμήδης），神话人物。

⑦ 普罗米修斯（Προμηθεῖυς），神话人物。

卑劣的人完全不考虑将来，而最优秀的人所做的一切都是为了流芳百世。另外，我把这些视为明证，死者对世上的事有某种知觉。【d】那些最优秀的灵魂能预见到这一情形，那些最邪恶的灵魂则予以否认，那些属神的男人们的预见要比那些不属神的男人的预见更加权威。

我本人认为，如果我说的这些人有可能矫正他们之间的交往，那么他们会极为热情地去做，以便留下比现在更好的口碑。众神在上，如果说我们从前的交往有什么不愉快，我们今后仍旧有可能通过言辞和行动来加以矫正。【e】这是因为，我认为，如果我们品行端正，有关哲学的真知和言辞会更好；如果我们品行恶劣，结果就恰好相反。实际上，我们所做的事情不会有比关心这一点更虔诚的了，也不会有比忽视这一点更不虔诚的了。

至于这一点应当如何公正地实现，我要说一说。去西西里的时候，我在那些从事哲学的人里面享有极高的威望。【312】我之所以去叙拉古，是想让你和我一道做见证，让哲学可以因为我而在大多数人那里获得荣耀。但结果并非如我所愿。各中的原因不像大多数人会说的那样，而是由于你表现出对我不信任，想方设法要把我打发走，让其他人来取代我。你还对我进行调查，因为你不信任我，在我看来，许多人为此而大声喧嚷，说你瞧不起我，【b】所以专注于做其他事情。这些话已经广泛流传开来。

至于以后怎么做才算公正，你且听着，我正要回答你的问题：我和你应当如何相互对待，如果你完全瞧不起哲学，那么你无须理会我；如果你从其他人那里听到，或者发现有比从我这里听到的学说更好的学说，那你就要荣耀它们。但若我们的学说令你满意，你就应当最大地荣耀我。所以现在，就像从一开始那样，如果是你在引领，那么我将跟随。这是因为，【c】若我受到你的荣耀，我就会荣耀你；若我没有受到荣耀，我也就缄默不言。此外，若你率先荣耀我，你会被认为是荣耀了哲学。你也考察过其他人，这一事实本身会给你带来好名声，让许多人认为你是哲学家。但若你不荣耀我，而我荣耀你，我就会被人认为是贪慕钱财。我们知道，这样的行为在所有人那里都不会有好名声。总之，若你荣耀我，我们俩都能得到声誉；【d】但若我荣耀你，我们俩都会得到耻辱。对此我就说到这里。

那个天球[①]不太对。等阿基德谟到了，他会向你说明。此外，有关那个问题——比这更有价值也更加神圣的问题——他也会尽力解释，因为你对这个问题困惑不解，所以派他前来。据他说，你对有关"第一位"的论证不满，认为对它的论证不够充分。我必须以打哑谜的方式向你解释。万一这块写字板"在海上或陆上的层层叠叠中遭遇不测"，【e】读它的人就不明白了。这个问题是这样的。一切事物取决于万物之王，它是一切事物的目的和一切善行的原因。第二序列的事物取决于"第二位"的原则，第三序列的事物取决于"第三位"的原则。人的灵魂渴望学习它们是什么样的。它凝视着那些与自身有某些亲缘关系的事物，然而其中无一是完善的。【313】关于万物之王以及我提到的这些事情，可能完全不是这样的——接下来灵魂会说——"那么，它们是什么样的呢？"狄奥尼修和多利斯[②]之子啊，所有恶事物的原因就在于这个问题，就在于灵魂思考这一问题的阵痛。如果谁不能消除这种阵痛，他就永远不能真正地抵达真理。

在花园的月桂树下，你曾经亲口对我说，这个问题你已经想明白了，【b】而且这是你自己的发现。而我说，你要是真的弄明白了，那就免了我的许多口舌。不过，我还从来没有碰到过什么人，能做出这样的发现，而我可是为了这一问题付出了许多努力。你也许听别人讲过这个问题，也可能是由于神意而撞上了这个问题，于是就认为自己已经牢固掌握了有关这个问题的证明，但只是没能拴住它们。结果这个问题就以不同的表象向你冲击。【c】尽管它根本不是这个样子的，这种情况也不仅仅发生在你身上，你要知道，凡是第一次听我讲这些事情的人无一不处在这种状态之下。只是，有些人遇到的困难大些，有些人遇到的困难

① 可能是一个球体模型，柏拉图学园里有天文学家，制作模型以再现日月星辰的运行。

② 多利斯（Δωρίς），人名，狄奥尼修二世之母。

小些，但都难以摆脱，几乎没有人能不遇到任何困难。

鉴于已经发生了的这些事情和当前的情况，在我看来，我们已经非常接近你来信所问问题的答案：我们应当如何彼此相待。因为，你检验我的学说——跟其他人交谈，【d】将我的学说与其他人的学说相对照，并检验我的学说内容本身——如果这一检验是真的，那么这些学说现在就会生长在你身上。你和这些学说以及和我们也会亲如家人。怎样才能实现这些事情以及我们所说的一切呢？你这次派阿基德谟前来是对的。至于今后，等他回去以后把我的话转告你，你或许还会遇到其他一些难题。如果是这样的话——若你能正确考虑——你可以再派阿基德谟到我这里来，【e】而他也会像个商贩一样再次返回。如果你反复这样做两三次，并充分考察我送给你的这些话，要是当前令你困惑的事情没有变得截然不同，那么我会惊讶不已。所以，你就放心这样做吧！因为，你所能派遣的，或者阿基德谟所能贩运的，没有比这样的货物更美好、【314】更能讨神喜欢了。

但是，你要当心，千万别让这些话传到没有教养的人那里去。因为在我看来，对许多人而言，他们听到的话几乎没有什么能比这些更为荒唐可笑。而对那些禀赋良好的人来说，他们听到的也几乎没有什么能比这种学说更为神奇、更有启发性。经过多年的经常言说和反复倾听，在付出许多努力之后，它们才会像金子一样艰难地得到纯化。至于其中所发生的奇妙之处，你且听着。很多人听过这些话，他们善于学习，【b】也善于记忆，能在各方面进行彻底检验以作出判断，而他们已经年老，并且听了不下三十年。他们现在都说，那些曾经被认为最不可信的学说，现在显得最为可信和最为清楚，而那些曾经被认为最为可信的观点，现在却显得恰恰相反。你要注意这些事情，当心不要在什么时候由于现在不恰当地流传而感到懊悔。最保险的是不写作而用心记。【c】因为写下来的东西不可能不流传开来。正因如此，我本人从未就这些内容写过什么。不会有什么柏拉图的著作，根本不会有。现在那些所谓的柏拉图著作属于那变得美和年轻的苏格拉底。再见吧，你要听我的话，反复读了这封信以后，现在就把它烧掉。关于这一点，我就说到这里。

关于波吕克塞努，你对我派他去你那里感到惊讶。【d】关于他，关于吕科佛隆[①]，以及你身边的其他人，我现在和我之前说的一样：就辩论而言，你在禀赋和言说方法上都远远超过他们；他们中没有一个人情愿接受驳斥——就像有些人认为的那样——都是不情愿的。不过，你对他们的态度和馈赠似乎已经非常适度。对于他们这样的人，说这些话已经太多了。【e】至于腓力司逊[②]，如果你要任用他，那就放心任用；但若可以的话，把他借给斯彪西波，并且派他过来。斯彪西波也会向你提出这样的请求。腓力司逊答应我，如果你派他来，他会非常乐意来雅典。你释放了来自采石场的那个人，这事做得好，而应他的家人和阿里斯通[③]之子赫格西普[④]提出的请求，也容易办到。因为你来信对我说，要是有人对他或这些人行不义，你一旦得知，便绝不允许。我还必须真实地向你报告吕西克利德[⑤]的情况。因为，在这些从西西里来到雅典的人中间，唯有他没有对你我之间的交往改变过看法。【315】他始终为所发生的事情说好话，并试图使之更好。

第 3 封

柏拉图致狄奥尼修，祝您快乐！

【b】我这么写，应该是找对了最好的问候语吧？或者说，我还不如按照我个人的习惯写上“祝万事顺遂”，正如我通常写信给朋友时的致意方式。因为，据当时亲眼目睹的人说，你曾用这句话问候德尔斐的那位神。据说你还写过：“快乐吧，并使当僭主的生活快乐始终。”【c】至于我，在招呼一个凡人的时候——更别说一位神了——我绝对不愿意这

① 吕科佛隆（Λυκόφρον），人名。

② 腓力司逊（Φιλιστίων），人名。

③ 阿里斯通（Ἀρίστων），人名。

④ 赫格西普（Ἡγησίππους），人名。

⑤ 吕西克利德（Λυσικλείδους），人名。

样命令他。就神而言，我不会违背神的本性强求神，因为神的本性远远超越快乐和痛苦。就人而言，快乐和痛苦通常会带来伤害，在灵魂中产生迟钝、遗忘、愚蠢、狂妄。关于问候语我就说这些。至于你，等你读完这封信，你愿意怎么接受，就怎么接受吧。

有不少人声称，你对去你那里的使者中的一些人说：【d】有一次，我听你说起打算殖民西西里的希腊城邦，并且要减轻叙拉古人的负担，把僭政变为王政。我当时劝阻你做这些事，如你所声称的那样，尽管你满腔热情；而今，我却教导狄翁做同样的事，并且试图借用你的这些构想来夺取你的政权。【e】你是否从这些话中得到过什么好处，你自己清楚；但无论如何，你伤害了我，因为你说的与事实截然相反。

我已经受够了菲力司提德和其他一些人在雇佣军和叙拉古民众中对我的诽谤，这都是由于我待在卫城里面；而城外那些人呢，一旦出了什么差错，他们就全都归咎于我，说你对我言听计从。你自己知道得最清楚，【316】一开始的时候，我自愿和你一起处理某些政务——当时我还认为能成就一些事情——但我适度处理的只是一些琐事，还有一些法律导言的撰写，其中不包括你或别人所添加的内容。因为我听说，后来你们中间有些人修改过这些导言；不过，对于能够明辨我的品性的人来说，我写的和你们改的很容易分清。但是，如我刚才所说，我不再需要在叙拉古人面前对我进行诽谤，倘若你说的那些话使其他人相信；我需要的毋宁是一场申辩，【b】反驳先前发生的诽谤，以及随之而来的现在愈加过分和恶毒的诽谤。对于二者，我必须进行双重申辩：首先要申明，我有理由避免和你共同处理城邦事务；其次要申明，我没有像你所说的那样给你提过建议，阻挠你——你说你打算殖民那些希腊城邦，【c】而我却成了你的绊脚石。所以，你先听听我所说的先前诽谤的缘起吧。

当初我来叙拉古是应你和狄翁的召请。狄翁接受过我的考验，早已成为我的异乡朋友，而且他的年岁已经使他成熟而沉稳——这些品质是但凡有理智的人必须具备的，若是他们想要为你当时手中那些重要事务出谋划策，而你却极为年轻，你对那些需要有经验的事情几乎没有经验。【d】后来，要么是人，要么是神，要么是某种机缘，和你一道流放了狄翁？而你成了孤家寡人。难道你认为，我当时在政事上和你有过什么合作吗？当我失去了我这位睿智的同道，看到留下来的是一个被众多恶人围绕的糊涂虫：他自认为在统治，但实际上并没有统治，而是被这些人统治着？在这样的情况下，我该怎么办呢？难道不是必定要做我所做的事情吗——一方面，从今以后远离政事，【e】提防那些出于妒忌的诽谤；另一方面，尽全力使你们彼此之间成为亲密朋友，尽管你们彼此分离而且不和，你本人就是一个见证，我在为这一目标努力，从未松懈。不过，我俩仍旧勉强达成协议：【317】我出海返乡，因为你们城邦深陷战事；等和平到来，我和狄翁会再去叙拉古，你会召请我们。我第一次去叙拉古，以及我平安回家的经过就是这样。

等和平到来，你第二次召请我。但你没有遵守约定，而是写信让我独自前来，并说你只邀请我一个人，说你以后会派人再来请狄翁。正是由于这个原因，我拒绝前往，结果引来了狄翁的抱怨，因为他认为，【b】我应当听从你的召请前往叙拉古。一年后，来了一艘三层桨的战船，还有你的几封信。这些信的开头都写着，如果我能去叙拉古，那么有关狄翁的所有事情都会按我的心意办，如果我不去，那就会事与愿违。我真不好意思说，【c】当时你和为你作说客的其他人从意大利和西西里送来了多少封信，并送给我的多少位家人和熟人——这些信全都奉劝我去，并请求我无论如何要听从你，以狄翁为首的所有人都觉得，我应当出海，不要丧气。然而，我以年纪为理由推托他们，并坚称你抵抗不住那些诽谤我们、想使我们之间为敌的人。因为我当时看到，就如我现在看到的那样，无论是平民还是君主，但凡拥有数额过大、过多的财产，【d】一般说来，财富越多，滋生出来的诽谤者、以卑鄙手段追求快乐的党徒就越多，越可怕，财富和其他权力所产生的邪恶，没有比这更大的了。

尽管如此，我还是抛下所有的顾虑来了，我当时的考虑是，不能让我的任何一位朋友怪罪我说，由于我的怠慢，【e】他们的一切计划原本可以不落空，结果却破灭了。等我到了以后——当然，你知道后来所发生的一切——按照你信中的约定，我当然要求你首先召回狄翁，把他当作自己人，我指出了这一和解的可能。如果你当时听从我的意见，接受和解，对于你和叙拉古人，以及其他希腊人，结果兴许好过现在所发生的状况。就像我的意见所预示的那样。再者，我要求狄翁的财产由他的家人掌管，【318】不能分给那些人，你知道那些人是谁。还有，我认为每年按惯例要交给狄翁的收益应当送过去，应当送得更多一些，而不能变少，既然由我坐镇。然而，这些要求无一得以实现，于是我便要求离开。后来，你劝说我再待一年，声称你会变卖狄翁的所有财产，其中一半送到科林斯去，另一半留给狄翁的孩子。【b】我可以说清楚你许过多少空洞的诺言，但因为太多了，我就简略一些吧。你变卖了狄翁的所有财产，但没有征得狄翁的同意，尽管你声称未经他的同意你不会变卖。令人惊叹的家伙啊，你以最放肆的方式为你的许诺添上了最后一笔。因为，你耍了一个伎俩——既不高尚又不巧妙，既不公正又无益处——试图把我吓走。你以为这样一来我就不会寻求让你归还这些财产了，尽管我并不清楚当时发生的事情。【c】在你流放赫拉克利德[①]的时候，无论是叙拉古人还是我，都认为这样做不公正。由于我和塞奥多特[②]、欧律比乌一道请求你不要这样做，而你却以此为充足理由，说你早就看出我根本不在为你着想，而是为狄翁以及狄翁的朋友和家人着想，还说既然塞奥多特和赫拉克利德受到指控，而他们是狄翁的家人，【d】所以我便竭尽全力不让他们受到处罚。

我与你在政事上的合作就是这些。如果你看到我对你还有其他任何疏远，你便应当设想，所有这些都是出于相同的理由。你别感到惊讶！要是我慑服于你的统治，背叛那些因你而遭厄运的老朋友和异乡人——可以这么说，他一点儿也不比你差——【e】却选择你这个行不义者，做你命令我做的一切，显然是为了钱财，那么任何有理智的人都会认为我是个卑鄙小人。没有人会说我的改变会有其他什么原因，如果我变了的话，所发生的事情就会是这样，由于你，这些事造成了我与你之间的

① 赫拉克利德（Ἡράκλειδης），人名。

② 塞奥多特（Θεοδότης），人名。

"狼的友谊"，以及老死不相往来。

我下面要说的传闻几乎紧接着我刚才说的传闻而来。我说过，我必须为自己做第二轮申辩。【319】请你注意，并请你全神贯注，要是你觉得我在说谎，而没有说实话。我可以断定，大约就在我从叙拉古启程前二十天，当时阿基德谟和阿里斯托克利图[①]也在花园里，你就像现在这样抱怨我，说我对赫拉克利德和其他所有人的关心胜过对你的关心。当着这些人的面，你质问我是否记得，在我刚来的时候，【b】我命令你殖民那些希腊城邦。我承认我记得，并且说我现在依旧认为这么做是最好的。狄奥尼修啊，下面这些事情也必须说一说，因为我问你，我究竟是只向你提了这一点建议，抑或还有别的什么事情。你当时极其愤怒而又傲慢地回答了我。正如你所期望的，由于你当时的傲慢，梦想现在成了现实。如果我没记错，【c】你当时讪笑着说："我要先受教育，然后你再命令我做或者不做这一切。"我说，你记得真清楚。你说，"是受几何学的教育，还是怎样？"当时我没有说出已到嘴边的话，因为我担心，就为了这样一句话，我所期望的回航之路会由宽阔变得狭窄。

可是，我为什么要说这一切呢？切勿对我进行诽谤，说我不许你殖民那些被蛮族人毁灭的希腊城邦，【d】也不许你减轻叙拉古人之苦，把僭政转变为王政。你能诬告我的罪名没有比这些与我更不匹配的了。如若何处能举行一场卓越的审判，除了我说的这些事，我还可以给出更为确实的证言来反驳你，说我曾经命令你做这些事，而你却不愿意做这些事。这些计划如若实行，对你和叙拉古人，以及所有西西里人，都是最好的，【e】要清楚说明这一点并不困难。然而，伙计啊，如果你否认你说过这些话，那么我甘愿受罚；但若你承认，你接下来就应该相信斯特昔科鲁[②]是有智慧的，你可以模仿他的悔罪诗，收回你的谎言，改说真话。

① 阿里斯托克利图（Ἀριστοκρίτους），人名。

② 斯特昔科鲁（Στησίχορος），西西里诗人，约公元前6世纪，因在诗中诋毁海伦，被夺去视力，作了悔罪诗后，恢复视力。参阅柏拉图：《斐德罗篇》243a—b。

第 4 封

柏拉图致叙拉古人狄翁，祝万事顺遂！

【320】我觉得，对于最近发生的这些行动①，显而易见，我一直抱着热切的希望，而且也非常急切地期盼这些行动终结。这更多地是出于对高尚事业的爱慕之心，而不是出于什么别的考虑。【b】因为我认为，那些确有能力且能如此行事的人理当得到相应的名望。

有神的保佑，当前的行动进展顺利，但最重要的竞赛还没有到来。这是因为，在勇敢、敏捷、力量方面的出众其他人也可以达到，而在真实、公正、威严，【c】以及在所有这些方面的优雅得体，谁都会赞同说，那些努力寻求荣耀的人当然会超越其他人。我现在要说的意思很清楚，但是我们还是需要提醒自己，那些人——你一定认识他们——应当超越其他人，远胜于大人超越儿童。因此，我们必须清楚地表明，我们就是我们声称所是的那种人，尤其是有赖于神，这些事情将很容易办到。

【d】这是因为，对其他人来说，若想为人所知，他们必须周游列邦；而你当前的情况是这样的：遍布全地的人们——这样说或许太过分了——都在关注一个地方，都在关注你。既然被所有人关注，你就要准备好，证明莱喀古斯和居鲁士已成过往，证明任何其他具有杰出品性和治国才能而被认为出众的人已成过往，尤其是这儿的许多人，【e】甚至所有人都在说，一旦铲除狄奥尼修，这项事业很有可能会毁于你、赫拉克利德、塞奥多特，以及其他豪杰的爱荣誉之心。但愿没有人是这样的，可要是有谁万一真的变成这样，你就要表现得像个医生，【321】这样你们才会越来越好。

也许在你看来，我说的这些事情很可笑，因为你本人并不知道这些事。可我在剧场中看到，竞赛者受到孩子们的鼓励，也受到朋友们的鼓励，可想而知，他们是真诚的，善意的，是在为你们加油助威。因此，

① 指狄翁于公元前 357 年集结雇佣军讨伐狄奥尼修，推翻狄奥尼修的统治。

你们自己也要展开竞赛，而且要多给我们写信，如果有需要的话。

这里的情形和你们在时差不多。你们要写信，【b】说一说你们做了什么或者正在做什么。因为我们虽然听到很多，但对真相一无所知。这会儿，来自塞奥多特和赫拉克利德的信件已经到了拉栖代蒙和伊齐那，但正如我说，我们听到很多，但对真相一无所知。有些人认为你还不够勤奋，对此你要留意。所以，你不要忘了：取悦众人才有可能大有作为，【c】而刚愎自用伴随着孤独。祝你好运！

第5封

柏拉图致佩尔狄卡①，祝万事顺遂！

按你信中所说，我提议由欧福莱乌②去帮你打理事务，为你的事尽心尽力。此外，我理应向你提出异乡人之间所谓的“神圣的建议”，【d】涉及你提到过的其他事情，也涉及你当前应当如何使用欧福莱乌。这个人有许多方面都有用处，尤其是在你现在有所欠缺的那个方面，因为你年轻，也因为在这个方面针对年轻人的建议不多。

政治体制就像动物，各有各的语言，一种是民主制的，一种是寡头制的，还有一种是君主制的。【e】许多人声称自己懂得这些语言，但除了极少数人，他们远远不能理解这些语言。无论哪一种政治体制，如果它向神和人说出自己的语言，并使其行为和语言一致，它就会永远兴盛和平安；但若它模仿另一种语言，它就会灭亡。对于这些，你会发现欧福莱乌对你不是一般的有用，尽管他在其他方面也很能干。【322】因为我期待，在你的那些随从中间，他绝不会是能帮你找到最少的君主制言辞的人，所以，如果在这些事情上任用他，你自己会受益，还会带给他极大的好处。

---

① 佩尔狄卡（Περδίκας），人名，佩尔狄卡三世，马其顿国王（公元前364—前359年在位），腓力二世的长兄。

② 欧福莱乌（Εὐφραίως），人名。

如果有人听到这些话以后说："看起来，柏拉图声称知道什么对民主制有利，然而，尽管他可以在民众中发言，给民众提供最好的建议，但他从来都没有站起来说过话。"——对此我要说的是："柏拉图在他的国家出生得太晚，他发现民众已经老了，【b】受前人的影响，已经习惯做许多与他的建议不同的事情；就好比向父亲提建议，向民众提建议是所有事情中令他最为快乐的，如果他不认为这是在白白地冒险，而且不是没有任何效果的话。我认为，他在给我提建议时也会这么办，要是我们看上去不可救药，他就会对我们说永远再见，【c】他会远远地回避给我提建议，就我的事情给我提建议。"祝你好运！

第 6 封

柏拉图致赫尔米亚[①]、厄拉斯托[②]、科里司库[③]，祝万事顺遂！

【c】在我看来，众神中有一位神，友善且慷慨地为你们准备了一份好运，如果你们能好好地迎接它的话，因为你们彼此住得很近，而且你们自身都有所欠缺，【d】因而能够在最重要的事情上相互帮助。这是因为，对赫尔米亚来说，无论是大量的车骑，还是众多其他的军事同盟，或者添加大笔财富，都不如稳妥地拥有品性健全的朋友更能在各方面扩充自己的力量。对厄拉斯托和科里司库来说，除了有关型相的智慧，那最高尚的智慧，我认为——尽管我已老朽——他们还需要防御那些恶人和不义之人的智慧，【e】以及提高自我保护的能力。他们经验不足，因为他们的生活长期以来是和我们这些温和善良且没有坏心的人一起度过的。正因如此，我说他们还需要这些东西，以便他们不会被迫忽略那种真正的智慧，过分关心这种属人的和必不可少的智慧。但在我看来，赫尔米亚拥有这样一种能力，这既得益于他的天性——尽管我还没有和他

① 赫尔米亚（Ἑρμεία），小亚细亚某城邦僭主。

② 厄拉斯托（Ἐράστως），柏拉图学园成员。

③ 科里司库（Κορίσκως），柏拉图学园成员。

见面——【323】也得益于经验带来的技艺。

可我这样说是什么意思呢？赫尔米亚啊，我比你更了解厄拉斯托和科里司库，我向你诉说、揭示和作证：你不容易找到比这些近邻更值得信赖的品性，我建议你用所有正当的方式接近这些人，而不要把此事看得无关紧要。对于科里司库和厄拉斯托，我建议你们反过来要紧跟赫尔米亚，通过相互依附，【b】努力进入友爱的结合。不过，万一你们中间有谁似乎是在以某种方式拆散这一结合——因为属人之物并不完全可靠——你们要往我和我的朋友们这里送信，说明你们埋怨的理由。因为我相信，来自我们这里的言辞以其公正和威严——如果你们之间的裂痕不是太严重的话——将会比其他任何咒语更能把你们再次联结和捆绑起来，恢复先前的友爱和关系。【c】如果所有人——我们和你们——都致力于这种哲学，尽我们所能，在每个人能力所及的范围内，那么现在的这些预言将成为主宰。但若我们不这样做，那么我也不会说这些话。因为我发布的是吉利的神谕，而且我认为我们将要做的一切是吉利的，如果神乐意的话。

你们三个人都必须阅读这封信，尤其是要聚在一起读；如果不能，那就两个两个一起读，尽量在一起读，尽可能经常读。你们还必须以此信为约，【d】当作一条至高的法——这是理所应当的——同时应当以一种不无品位的严肃和作为严肃之魅的戏谑起誓，向那位统率一切存在者和将要存在者的神起誓，并向那位统帅和至高的父起誓：如果我们真正致力于哲学，我们所有人就会清楚地认识他，就像那些蒙福的人所能做到的一样。

第 7 封

柏拉图致狄翁的各位家人和同伴，祝万事顺遂！

你们来信说，我应当认为你们的想法和狄翁相同，不仅如此，你们还催促我加入你们，【324】以行动和言辞尽我所能，可是我的回答是：如果你们的意见和期盼与狄翁相同，我就同意加入你们；如若不然，我就要多加斟酌。至于狄翁的想法和期盼是什么，我大致上能说一说，而且我不是在揣测，而是知道得很清楚。初到叙拉古的时候，我几近四十岁，狄翁那时的年纪则和现在的希帕里努[①]相仿，【b】而且他从那时起就一直秉持着一个意见：他觉得叙拉古人应该享有自由，接受最优秀的法律的治理，所以，如果某位神让希帕里努与狄翁齐心，就政治体制持有相同的意见，那也根本不是什么稀罕事。至于这一意见是如何形成的，年轻人和已不年轻的人都值得一听，而我会试着从头开始向你们细述，因为眼下正是时候。

年轻的时候，我的经历和许多人一样。我期待着，一旦可以自己做主，我就立刻投身城邦的公务。【c】然而，城邦事务中有这样一些机缘落到了我的身上。

当时的政治体制遭人诟病，引发了一场政变。领导并操控政变的有五十一人，其中十一人在城内，十人在庇莱厄斯[②]——分别管理市场和处理城邦需要打理的事务——【d】另外三十人[③]被任命为全权将领。这些人里面碰巧有几位是我的亲戚和熟人，而且，他们随即就邀请我参加这些我适宜参与的事情。因为年轻，我的反应一点儿也不奇怪。我期待这些人的治理会把城邦从一种不正义的生活引向正义的道路，因此我密切关注他们，看他们做些什么。我的确看到，这些人不久就表明先前的政治体制是一个黄金时代。【e】别的事就不说了，我年长的朋友苏格拉底——我几乎可以毫不惭愧地说，他是当时最正义的人——他们派他和其他人一道去抓一位公民，命令他把此人抓来处死，【325】这样就能拉苏格拉底入伙，不管他是否愿意；但是苏格拉底拒绝听命，宁愿冒着承受一切后果的危险，也不愿成为他们不虔诚行为的同伙。看到这一切以及其他此类并非琐细的事情，我心生反感，于是就从当时那些邪恶中

① 希帕里努（Ἱππαρῖνος），狄奥尼修一世与阿里丝托玛柯生的儿子，拥护狄翁。

② 庇莱厄斯（Πειραιῶς），地名，雅典最重要的港口。

③ 三十僭主（τριᾱκάς），伯罗奔尼撒战争后，斯巴达取胜，在雅典扶植成立寡头制政府，公元前404年，雅典成立由三十僭主掌权的政府，掌权八个月。

抽身而退。

可是没过多久，三十人以及当时的整个政治体制垮台了。【b】参与公务和政务的渴望再次撩拨着我的心，但已经没有那么强烈。在那些动荡不安的日子里，发生了许多令人反感的事情，一些人在政变期间大肆报复仇敌也不罕见；不过，当时那些从流亡中归来的人还是表现得极为宽容和温和。可是，由于某种机缘，一些掌权者又把我们的同伴苏格拉底告上法庭，给他加上不虔诚的罪名，对他进行指控，【c】这是最不适合苏格拉底的指控。因为，正是以不敬神的罪名，一些人起诉他，另一些人则作出判决，把他处死；然而，正是他们处死的这个人当初不愿意参与抓捕他们的一位朋友，而当时他们自己也不幸地受到流放。

我观察着这些事情和这些处理政务的人，而且，我越是审视各种法律和习俗，随着我年岁渐长，我越觉得正确地处理政务非常困难。【d】如果没有朋友和可靠的同伴，就无法办事——要在身边找到这样的人很难，只因我们的城邦已经不再依照祖传的风俗和习惯进行治理；而要轻易地获得其他新朋友和可靠的伙伴绝无可能——成文法和风俗受到破坏，并且以令人惊讶的速度日益堕落，结果是，【e】尽管我当初对从政满腔热忱，但当我注意到这些情况，看到一切都已发生变动，我终于晕头转向了。一方面，我没有停止思考这些事情，【326】考虑整个体制如何才能变好，另一方面也在等待时机，但我最终想到，现今所有城邦的统治都很糟糕——它们的法律状况几乎无可救药，若无某种机缘神奇准备的话——而且我不得不说：要赞颂正确的哲学，凭借正确的哲学，才能看清一切城邦的正义和个人的正义；【b】除非正确地和真诚地爱智慧的那些人掌握了政治权力，或者城邦中当权的那些人出于某种神意真正地爱智慧，否则人这个族类将无法摆脱各种邪恶。

正是带着这一想法，我来到意大利和西西里，这是我第一次到达那里。可是，初来乍到的我一点儿也不喜欢当地所谓的幸福生活——全都是意大利式的和叙拉古式的筵席，白天要大吃大喝两顿，夜晚绝不独守空房——【c】以及伴随这种生活方式的各种习惯。在这样的习俗中，天底下没有哪一个从年轻时就养成这种生活习惯的人能够有朝一日变得睿智——再奇怪的人的本性也不会有这样的混合——也必定不会有朝一日变得节制，其他美德也一样；也没有哪个城邦会消停下来，无论它遵循什么样的法律，倘若人们认为应当无所节制地挥霍一切，【d】而且应当相信什么都不做，除了吃喝玩乐，苦苦追求“阿佛洛狄忒的快乐”；那么这样的城邦必定会在僭主制、寡头制和民主制之间轮流更替——永远不会停止，这些城邦的当权者也必然不会容许听到一个正义和公平的政治体制的名称。

想着这些事情以及怀着原先的那些想法，我辗转到了叙拉古，【e】这或许是由于某种机缘，但看来确实是由于某种更高的理智的设计，才为现今发生在狄翁和叙拉古身上的事情埋下肇因；恐怕还会有更多的事情发生呢，除非你们听从我现在给出的第二次建议。可是，【327】我怎么会说我当初到西西里就成了一切事情的肇因呢？在与当时还年轻的狄翁交往时，我用言辞向他揭示了我认为对人们最好的东西，并鼓励他努力践行，我可能并没有意识到自己浑然不觉地以某种方式促成了僭政以后的倾覆。因为，无论是在其他方面，还是对我当时所讲的内容，狄翁都极其善于学习，他如此敏锐而急切地聆听，【b】在我碰到的年轻人中间还从未有过像他这样的，而且，他愿意余生过一种不同于大多数意大利人和西西里人的生活，因为他热爱美德胜过热爱快乐和其他骄奢。正因如此，狄翁的生活方式越来越令那些遵照僭主的成规生活的人难以忍受，直到老狄奥尼修过世。

此后，狄翁想到，他通过正确教导而获得的那个想法不会只在他自己身上产生；【c】他也看到，同样的想法也在其他人身上产生，尽管不是许多人，但的确在一些人身上产生了，因此他相信，在众神襄助之下，狄奥尼修很有可能成为这些人中的一员；要是此事能够做成，狄奥尼修和其他叙拉古人的生活就将变得无与伦比的幸福。此外，他觉得我应该想尽一切办法尽快赶到叙拉古和他联手，【d】因为他想起与我的谈话轻易促成了他对那种最美和最好的生活的向往。眼下，要是他的努力能在狄奥尼修身上成功，他便怀着一些宏大的希望，即不经杀戮、死亡以及现今所发生的邪恶，便在全地建造起一种幸福而又真实的生活。抱着这些正确的想法，狄翁说服狄奥尼修召请我，他自己也来信恳求我尽一切可能尽快前来，【e】以免其他什么人遇到狄奥尼修，先行使狄奥尼修从最好的生活转向其他生活。以下就是他的恳求——要是细说，那可就长了。他说："我们还等什么呢？还有比当前这些神意的安排更有利的时机么？"他详细讲述了意大利和西西里的邦国、【328】他自己在那里拥有的权柄、狄奥尼修的年轻与期待；他说，狄奥尼修会热切地渴望哲学和教养，他自己的侄子和其他亲戚也会轻易受到我一直教导的这种学说的影响，从而极大地激励狄奥尼修；所以，唯有趁现在才能实现所有希望：【b】哲人与强大城邦的统治者结合为一。

他这样来鼓舞我，还说了许多其他类似的话。至于我的意见，我有些担心年轻人的品性究竟会变成什么样——因为年轻人的欲望变得快，并且经常变得与原来相反；但我也知道，狄翁灵魂的品性生来沉静，而且已经到了节制成熟的年纪。因此，我考虑再三，踌躇着是否应该接受召请出行，最终我还是倾向于认为，【c】无论谁想要着手实现这些关于法律和政治体制的构想，现在就必须尝试，因为我只要能说服一个人，我就能成就所有的善功。就是带着这样的想法和冲动，我离家启航，但我的动机并不像某些人所说的那样，而是根本上出于对自己的羞耻，以免有一天会觉得自己只是一名彻头彻尾的空谈家，永远不会自觉地参与任何行动，也免得有一天我可能会被人认为首先被叛了与狄翁的主客之谊和伙伴关系，【d】因为他当时的处境确实相当危险。要是他遭受什么不幸，或者被狄奥尼修和其他仇敌驱逐，受到流放的他就会来找我们，当面质问说：

"柏拉图啊，我这个流亡者到你这里来，不是因为我没有重甲兵，也不是因为我缺少骑兵来击退敌人，而是因为缺少言辞和劝说的能力，我本人清楚，你最能以言辞和劝说驱使年轻人追求善和正义，从而每次都能使他们彼此结成友谊和伙伴关系。【e】正是由于你没有在这些方面帮助我，如今我出走叙拉古，栖身此地。不过，我的遭遇不会给你带来什么耻辱，然而哲学——你一直在赞美的哲学，你说那受到所有人菲薄的哲学——现在它不是和我一道遭到背叛了吗？就你的行为而言。【329】

要是我们凑巧住在麦加拉，你多半会前来帮助我们，响应我对你的召请，否则你就得认为自己是所有人里面最可鄙的一个。所以，你埋怨路途多么遥远、出海多么费时和劳顿，现在你以为你就能逃脱卑怯的名声吗？绝无可能！"

如果他这样说，对此我能给出什么得体的回答呢？不能。于是，我去了，【b】顺应理性和正义的要求；出于这些理由，我放下了自己那些并非不体面的清闲，屈身于看起来与我的学说和我本人皆不相合的僭政之下。我这一去，也就从异乡人的保护神宙斯那里解脱了，并使自己免受哲学的指责，这是因为，要是我由于颓废、胆怯而蒙羞，哲学恐怕也会蒙羞。

等我一到那里——我不应该长篇大论——我就发现，狄奥尼修身边处处是内讧，【c】充斥着对狄翁的诽谤。虽然我尽力保护狄翁，但我能做的实在有限。大概到了第四个月，狄奥尼修指控狄翁试图谋反，把他送上一艘小船，无礼地流放了他。后来，我们这些狄翁的朋友全都担心狄奥尼修会指控我们中的哪个人是狄翁的同谋，并加害于我们。关于我，叙拉古流传的一则消息称，我已被狄奥尼修处死，因为我是当时整起事端的祸因。【d】狄奥尼修察觉到了我们所有人的心绪，也担心从我们的恐惧中会滋生更大的事端，于是就热情地拉拢所有人，还特别安抚我，劝我振作起来，并且万般恳求我留下：因为，我从他身边逃开对他来说不是一件光彩的事，我留下来他才光彩，正是由于这个原因，他才假装热切地恳求。可是我们知道，僭主们的恳求经常混杂着强迫。【e】他设法阻挠我出海，把我带进卫城，安顿在一个地方，禁止任何一位船主把我从那里带走，除非他亲自派人过来命令他们把我带走；任何一位商贩，或者把守当地各条出口的长官，也不会坐视我只身离开，他们会立即逮捕我，送交狄奥尼修，尤其是当时已经流传着与早前截然相反的消息，【330】称狄奥尼修非同一般地依恋柏拉图。可实际情况是怎么样呢？我必须道出实情。随着时间的推移，通过了解我的生活方式和品性，他确实越来越依恋我，但他想要我赞扬他胜过我赞扬狄翁，想要我特别把他看作高于狄翁的朋友，而且他匪夷所思地热衷于达到这一目的。实现这一目的的最佳方式——如果他当真想要实现的话——【b】就是学习和聆听关于哲学的言辞，从而亲近我，跟从我，但他却退缩于此，听信诽谤者的各种谣言，唯恐自己一旦受到束缚，狄翁会趁机成就一切。然而，我强忍住这一切，依然坚持我来时的初衷，期待他或许会渴望过一种哲人的生活：但他的顽固抗拒获胜了。

我到达西西里并在那里度过的最初那段日子，【c】情况就是这样。此后，我离乡远行，应狄奥尼修的热情召请，再次访问那里。我的理由以及我的所作所为非常合理和正当，在建议你们当前情况下应当怎么办以后，我再来一一说明，以便回复那些一再询问我为什么愿意第二次去那里访问的人，免得我把附带的事当成了要说的正事。我要说的就是下面这些：

如果一个病人的生活方式有损健康，【d】我们只能首先建议他改变生活方式，此外没有其他办法。要是他愿意听从我们的建议，那就进一步给他别的劝告；要是他不愿意，那么无论谁逃避给这样的病人提建议，我就视其为勇士和良医，谁坚持给他提建议，我会反过来视其为懦夫和外行。对城邦来说也一样，无论它有一个主人还是多个主人；如果城邦想要得到某个有益的建议，而且使其政制稳妥地走在正道上，【e】那么向这些人提建议就是理智之子的分内事。倘若这些人完全背离正确的政治体制，也不愿意遵循它的轨迹，而且预先警告那位提建议者不要插手政治，也不要做任何变革，【331】否则就要处死他——如果这些人喝令提建议者为自己的意愿和欲望效劳，要他们建议如何用最简便、最快捷的方法来持久地满足自己的意愿和欲望，那么在我看来，上前提供此类建议的人是懦夫，望而却步的人才是男子汉。

这就是我持有的想法，每当有人就他生活中最重要的事情来向我寻求建议——比如怎么挣钱、【b】怎么保养身体、怎么呵护灵魂——如果我觉得他日常生活井井有条，或者愿意听从我对所问之事的建议，那么我会热心地给他提建议，不会敷衍了事。但若一个人根本就没有向我寻求建议，或者显然没有接受建议的诚意，那么我就不会主动找这种人给他提建议，也不会强迫他，哪怕他是我自己的儿子。至于奴隶，我会给他提建议，但若他不听从，我就强迫他听从；【c】可要是强迫一位父亲或母亲，我就觉得不敬了，除非他们已经精神错乱。如果他们过着某种陈腐的生活，而且这种生活合他们的心意，尽管不合我的心意，我也不应以无用的斥责激起他们的怨恨，更不应以阿谀奉承来迎合他们，想方设法满足他们的欲望——我宁愿死，也不愿沉迷于这些欲望。神志清明者应当对自己的城邦抱着同样的想法。【d】假如他认为城邦治理得不好，那就直言吧，如果说出来不是枉费口舌，也不会丧命；但是，他万万不可对自己的父母之邦使用暴力，改变政制，假如不经流放和杀戮就无法实现最好的政制的话，所以让他静默下来，为自己的和城邦的福祉祈祷吧。

依照这一原则，我会向你们提建议，如同我曾经和狄翁一道给狄奥尼修提建议。首先，你们每一天都要对自己的生活严格自律，【e】并能赢得忠实的朋友和同伴，以免遭受狄奥尼修的父亲那样的命运。他的父亲占领了许多曾被野蛮人洗劫过的西西里大城邦，并向那里殖民，但却不能在每一个城邦建立可靠的统治，因为他找不到真正的同伴。【332】无论在来自某个地方的异族人中间，还是在亲兄弟中间——是他亲自抚养了这些兄弟，把他们从平民变成权贵、从贫穷变得异常阔气。他不能以劝说、教导、恩惠和血亲关系把这些人中的任何一位变成权力的同盟者，因此他比大流士[①]差了七倍，大流士相信和依靠的既不是他的亲兄弟，也不是他自己抚养的人，而只是那些帮助他制服了米底亚人和阉人的同盟者。【b】他分给这些同盟者七份封地，每一份都比整个西西里还要大，而且他发现他们很忠实可靠，既不会攻打他，也不会相互讨伐。他树立了一个榜样，即一位好立法者和好君王应该是这样的：因为他通过制定法律而使波斯帝国一直存留至今，安然无恙。此外还有雅典人，他们占领了众多受到蛮族人侵扰、但尚有居民的希腊城邦，尽管并未殖民这些城邦。【c】但是，他们的统治还是维系了七十年，因为他们在各个城邦都有朋友。可是老狄奥尼修呢，虽然把整个西西里联合成了一个

① 大流士（Δαρεῖος），波斯国王。

城邦，但由于他的“智慧”，他不能相信任何人，只能勉强保住性命。因为他缺少可信赖的朋友，而对于美德和恶德而言，最鲜明的标志莫过于是否缺少这样的朋友。

这些就是我和狄翁向狄奥尼修提出的建议。由于他父亲的疏忽，【d】他不仅没有接触过什么教养，也没有什么恰当的交往。我们建议，他首先要有获得这些教育的愿望，而一旦开始为此努力，他就要在家人以及同龄人中为自己赢得其他齐心追求美德的朋友，最重要的是，他要成为自己齐心追求美德的朋友，因为他在这方面惊人地欠缺。我们没有把话说得那么明白——因为这么做不太安全——而是说的很隐晦，并且坚决主张，每个这样做的人将会拯救自己和他率领的所有人，【e】而要是不转向这条道路，结局就会截然相反。一旦他踏上我们所说的这条道路，并把自己变得神智清明和有节制，那么，要是他想要殖民那些荒弃的西西里城邦，用法律和政制把它们联结在一起，使得这些城邦对他和彼此之间如同一家，共同抗击蛮族人，【333】那么他就不仅能两倍扩大其父的疆域，而且能扩大许多倍；因为，如果这些能够实现，就能轻松地奴役迦太基人——比当初格隆[①]对他们的奴役更加有力，而不是像现在这样，他的父亲反倒要按约定向这些野蛮人纳贡。

这些就是我们对狄奥尼修的劝说和鼓励，而各方面的传言却说我们图谋推翻他。这些消息最后操控了狄奥尼修，导致狄翁受到流放，而我们也陷入恐惧。【b】不过——为了说完在那个短暂时期所发生的众多变故——狄翁从伯罗奔尼撒和雅典回来以后，以行动斥责了狄奥尼修，然而，在狄翁两度解放城邦又两度将城邦交还给叙拉古人以后，叙拉古人对狄翁的态度和对狄奥尼修没有什么两样。当狄翁对狄奥尼修进行教育和训练、使他成为一名称职的君主、愿意终生支持他的时候，狄奥尼修听信了那些谣言，【c】说狄翁当时所做的一切都是阴谋推翻这个政府的

① 格隆（Γέλων），叙拉古僭主。公元前485年，叙拉古的寡头党向当时担任骑兵指挥官的格隆求助，由此格隆成为叙拉古的僭主，在他统治时期，叙拉古战胜迦太基人，把统治权扩大到整个西西里。

一部分。他们说，狄翁的计划是使狄奥尼修的智力屈服于教育的咒语，使他失去对政治的兴趣，从而把权力转移到狄翁手中。到时候狄翁会用欺骗的手段把狄奥尼修赶下台，攫取王位。这样的小道消息在叙拉古人中间到处流传。不久以后，它们又一次传到狄奥尼修耳中，于是最可怕、最可耻的事情就发生了。

现在我必须向那些敦促我插手解决当前局势的人作一些解释。【d】我本人是一名雅典人，是狄翁的朋友和同盟者，我去见了那名僭主，试图调解他们之间的关系。在我与造谣者的斗争中，我失败了。然而，狄奥尼修试图用荣誉和金钱劝说我再次帮助他，要用我的证言和友谊来表明放逐狄翁是正确的，这个时候他完全失败了。此后，当狄翁返回他的祖国时，【e】他的同伴中有两人像我一样，是来自雅典的兄弟。然而，他与他们的友谊不是建立在哲学的基础上，而是建立在社会交往的基础上，这种朋友是当前流行的所谓朋友。他们的同伴关系是相互表示亲善的结果，也是加入不同秘仪的结果，陪伴狄翁回国的这两名兄弟就属于这种情况。他们的友谊建立在这种关系上，为狄翁的远征提供帮助。到达西西里以后，【334】他们看到狄翁成为在西西里人中间流传的谣言的牺牲品。狄翁解放了西西里人，但西西里人却把他说成试图谋反，自己想当僭主，他们不仅对他们本应表示欢迎的人作了伪证，而且实际上用自己的双手谋杀了他，就好像他们手持武器站在一旁，为凶手提供帮助。

我现在并非对他们的可耻与邪恶一无所知，也不想评论它，因为从今以后会有许多人发出这种谴责。【b】然而，若是雅典人也说有这样的人是雅典的耻辱，那么我就要说话了。因为我认为，拒绝背叛这个人的也是雅典人，如果他当时这样做，那么他可以获得财富和无数的荣誉。他忠于他的朋友并非出自一种低品格的友谊，而是出于一种对自由训练的共同参与，有理智的人只有在这种训练中才能取得自信，而不是由于灵魂或肉体的亲缘关系。所以，【c】杀害狄翁的这两个人并不足以成为这座城邦的耻辱，好像他们曾几何时成了值得一提的人物似的。

我说过的所有这些话都是为了向狄翁的朋友和亲人建议。除了这些，我还要第三次向你们重复同样的建议和主张。西西里不应当接受任何人主的奴役，其他城邦亦如此，而应当听命于法——这就是我的主张。因为，无论是对奴役者还是对被奴役者，【d】无论对他们自己还是对他们的后代子孙，这样的奴役都不是好事：进行这样的尝试是自取灭亡，禀性渺小和卑劣的灵魂才会热衷于争夺这种好处，因为它们根本不知道那些来世和今生属神和属人的善和正义。这些就是我试图劝说的内容，起初第一次是劝狄翁，第二次是劝狄奥尼修，现在轮到第三次来劝你们。看在宙斯这第三位拯救者的份上，你们要听我的劝，还要瞧瞧狄奥尼修和狄翁：前一位不听劝，因而现今活得并不高尚；【e】后一位听劝，因而死得高尚。因为，为了寻求那些对自己和对城邦最美的东西，一个人承受了可能要承受的一切，这完全是正确的和高尚的。因为，我们中间没有谁能逃避死亡，即使有人能不死，也不会如大多数人所认为的那样变得幸福。因为，没有灵魂的生命也就谈不上什么坏和好，【335】坏和好属于每一个灵魂，无论灵魂与身体连在一起，还是分离开来。必须永远真的相信那些古老而神圣的学说，这些学说告诉我们灵魂不朽，一旦灵魂摆脱了身体，灵魂就要受审判，并接受最严厉的惩罚。因此，我们必须认为，与犯下极大的罪行和不义相比，承受这些罪行和不义的坏处更小。【b】那个贪财而灵魂贫乏的人不听这些——即使听到，他也只会任意地讥笑——毫不羞耻地到处抢掠一切，好比野兽，只要他觉得有什么能让自己大吃大喝，或者饱享那种奴性的、低俗的快乐——以阿佛洛狄忒来称谓这种快乐实属不当；就像是瞎子，他看不到每一桩不义之举永远伴随着多么大的坏处，因为那些抢掠来的东西夹带着不虔诚，行不义者必然要受这种不虔诚的拖累，无论他在大地上奔波，【c】还是在地下经历那些毫无颜面而又凄惨透顶的旅程。

我说了这样一些话和其他类似的话来劝说狄翁，而对杀害他的那些凶手，我本人理当予以怒斥，正如我理当怒斥狄奥尼修一样。因为这两个方面极大地伤害了我，甚至可以说，也极大地伤害了所有其他人：这些凶手毁灭了一个愿意践行正义的人，而狄奥尼修尽管握有最大的权力，【d】但他根本不愿在整个国家践行正义。要是哲学与权力在他的国家真正结合的话，万丈光芒将会照耀所有希腊人和蛮族人，并在所有人心中充分确立那个真意见：没有哪个城邦或人能变得幸福，除非他凭借睿智在正义的指引下度过一生，无论是他自身拥有睿智和正义，还是由于虔诚者的统治而在品性上得到恰当的培育和教养。【e】狄奥尼修造成了这些伤害；对我来说，其他伤害与此相比都算不了什么。

然而，杀害狄翁的凶手并不知道他造成的伤害和狄奥尼修一样。因为，我非常了解狄翁——就一个人能够对其他人下断言的方面来说——倘若狄翁执掌邦国，【336】他无论如何都不会转向其他统治方式，而是会像下面这样：首先转向叙拉古，他自己的祖国，解除她所受的奴役，洁净并赋予她自由的装扮，然后他会尽一切手段，以适宜的和最好的法律来管束城邦公民；接下来，他急切想要做的就是殖民整个西西里，把西西里从野蛮人手中解放出来，驱逐一部分野蛮人，再比希厄隆更加轻松地驯服余下的蛮族人。【b】如果一个正义、勇敢、节制且爱智慧的人完成了这些业绩，大多数人就会获得有关美德的同一意见，甚至可以说，要是狄奥尼修听劝，所有人都会获得一致的意见，并因此得到拯救。可如今，也许某位精灵或复仇女神光临，带来了不守法、不信神，最糟糕的是，带来了源于无知的胆大妄为——从无知中，波及所有人的所有邪恶生根发芽，并将最终给那些亲手种下这些邪恶的人结出最苦涩的果实——就是这种无知在第二次的时候颠覆并毁灭了一切。

【c】眼下，为了有个好兆头，我们在这第三次，要说一些吉利话。无论如何，我还是建议你们这些狄翁的朋友，要效仿他对祖国的热爱和节制的生活方式，并依照更好的征兆努力完成他的遗愿——他的遗愿是什么，你们已经听我讲清楚了——你们中间要是有谁不能遵照祖辈的习惯，过多立斯式的生活，【d】反而追求过一种杀害狄翁的凶手那样的生活和西西里人的生活，那就不要召他入伙，也别指望他哪天会干出什么忠诚有益的事情；为了整个西西里的殖民与公平，你们还要请别人来帮忙，从西西里本地和伯罗奔尼撒各地请人，而且也不要害怕雅典；因为，那里的人在美德上胜过所有人，而且他们憎恶那些杀害异乡人之徒的胆大妄为。

不过，假如以上这些事情晚些时候才能实现，【e】而内乱中每天涌现的众多的各种争执正在逼迫你们，那么，凡上天赐予过一丁点儿正确意见的人都应当知道：内乱中各方所遭受的不幸不会止息，直到在争斗中胜出的一方不再恶意地流放和杀戮平民，【337】也不再转而报复仇敌，而是克制自己，制定不偏不私的法律，不把自己的快乐放在失败的一方身上，从而以敬畏和恐惧这双重力量迫使失败的一方遵守这些法律——恐惧，是由于胜利的一方在实力上明显超过他们；敬畏，是因为胜利的一方显得超越快乐，更愿意也更能够顺服于法。若不如此，【b】深陷内乱的城邦便永远不能消除不幸，在自身处于这种状态的城邦中，种种纷争、敌意、仇恨和怀疑会连绵不断。

胜出的一方始终应当——无论他们何时渴望安宁——亲自从希腊人中选出他们听说是最优秀的人：这些人首先要到了一定的年纪，家中有妻儿，上面有德高望重的列祖列宗，而且都有殷实的家产——【c】对于一座万人城邦，五十个这样的人就足够了：应当百般恳求这些人，把他们从家里请来，并许以至高的荣誉；请来以后，应当请求并命令他们立法，并要他们起誓绝不偏向胜利者，也绝不偏向失败者，而是给整个城邦平等和共享。立法之后，一切便都取决于下面这一点了。【d】如果胜利者能让自己比失败者更加顺服于法，那么到处都会充满安宁和幸福，各种不幸将随之远离；可要是不能，就别来请我或者其他伙伴来帮助不听从当前这些吩咐的那个人。因为这些吩咐近似于当初狄翁和我为了叙拉古人而试图联手施行的计划，尽管这是一个次好的计划，最好的计划是努力和狄奥尼修本人一道实现惠泽所有人的共善，但比人更加强大的某种机遇击碎了这一计划。【e】不过，借着某种好运和神意，这一次你们要奋力更加顺利地实现这些计划。

我的建议和吩咐以及我初访狄奥尼修的经历就说到这里。至于后面那次旅程和航行的发生有多么合理，同时又有多么适宜，想要听一听的人接下来就可以如愿。

【338】如我所说，在给狄翁的家人和同伴提建议之前，我详细叙述了我在西西里度过的最初那段时光。这些事情过后，我尽我所能劝说狄

奥尼修放我走，对于和平后的安排——因为当时西西里陷入了战事——我们双方达成了约定。狄奥尼修说，一旦觉得政务稳定下来，他便会再次派人来请狄翁和我；【b】他还让狄翁不要想着自己现在受到流放，而想着自己只是迁居而已。既然他这样说，我便答应再来。迎来和平以后，狄奥尼修派人前来请我，却要求狄翁再等一年，并坚持我无论如何都要来。狄翁催促和请求我尽快起程。因为从西西里传来许多消息，说狄奥尼修这会儿再次令人惊讶地渴望哲学，为此，狄翁急切地请求我不要回绝这次召请。我当然清楚，【c】年轻人对哲学常有这样的变化，可我还是觉得，至少在这时候不要理会狄翁和狄奥尼修更为稳妥，于是我答复说自己年纪大了，而且现在的做法也不合当初的约定，不意竟然招致两人的怨恨。

再往后，好像阿尔基塔[①]到了狄奥尼修那里——在离开之前，【d】我的起程时促成了阿尔基塔和塔壬同[②]人与狄奥尼修的宾主之情和友谊——叙拉古还有另外一些人曾经从狄翁那里听到一些事情，有些人又从这些人那里听到一些事情，因此心中充塞一些有关哲学的不实传闻。我认为，这些人试图跟狄奥尼修谈论这方面的内容，以为狄奥尼修完全听说了我本人的种种思想。不过，就学习能力而言，狄奥尼修并非没有天分，此外，他还极其爱荣誉。他们所说的内容也许讨他喜欢，【e】而一旦醒悟自己在我客居时什么都没听到，他便有些羞愧。所以，他开始渴望能听得更加清楚明白，爱荣誉之心也在催迫他——他在我前一次到访时没听到什么，我们在前面已经详细说明原因。因此，自我平安回家并回绝第二次召请以后——如我刚才所说，【339】我觉得狄奥尼修完全是出于爱荣誉而唯恐有人会认为我不愿去他那里是因为有了前面的经验，我瞧不起他的天资和习性，而且反感他的生活方式。

听过所发生的事情以后，我应当讲出真相，谁要是瞧不起我的哲学，反而认为这位僭主有理智，那么我也毫无怨言。狄奥尼修第三次派

① 阿尔基塔（Ἀρχύτης），塔壬同城邦的最高军事长官，柏拉图的朋友。

② 塔壬同（Ταραντῖνος），地名。

了一艘三层桨的战船来接我，好让我旅途安逸；还派来阿尔基塔的一位门生阿基德谟——【b】他认为我在西西里人中间最推重此人——以及西西里的其他名士，这些人全都给我带来同样的话，说狄奥尼修在哲学上有了惊人的进步。他清楚我对狄翁的态度，也知道狄翁同样渴望我起程赴叙拉古，所以他还送来一封很长的信。这封信抓住了这两个要点，开头是这样说的："狄奥尼修致柏拉图"，【c】然后是客套话，接着就直奔主题：

"要是你听我们的，现在就来西西里，那么，首先，有关狄翁的事就完全按照你的意思办——我知道你想要一个合理的解决，我会答应的——要不然，任何有关狄翁的事，无论是其他方面的，还是关乎他本人的，可都不会合乎你的心意。"

他这样述说了一番，【d】其他内容则有些冗长，现在说并不合适。此外，阿尔基塔和其他塔壬同人也陆续来信，赞扬狄奥尼修的哲学，还说若是我这个时候不去，我就会彻底瓦解我当初促成的他们与狄奥尼修之间的友谊，而这段友谊对政治来说可不是小事。我在那段时间收到的召请就是这样，从西西里和意大利来的人要把我拉过去，而雅典这边的人也来说项，【e】像是要把我推出去，于是同样的话又来了：我不应当背叛狄翁，也不应当背叛塔壬同的这些异乡人和同伴。而我自己觉得，一名年轻人听到有关丰功伟绩的谈论，而且本人又善学，从而产生对最好生活的向往，这倒也不奇怪。所以，我应当查明这一点究竟是真是假，绝不能轻易放过，以免自己遭来千古骂名，【340】万一这些传闻真的属实的话。怀着这样的考虑，我起程了——我当时忐忑不安，预感不妙——而我这一去果真是"第三次遇上了拯救者"，因为我之后再次幸运地平安返回。为此，除了要先感谢神，还应当感谢狄奥尼修，因为有许多人曾经想杀我，是他阻拦了他们，并在涉及我的事情上给予了应有的敬畏。

【b】到了那里，我觉得首先应当进行考察，看狄奥尼修是否真的热衷于哲学，还是那些接连不断传到雅典来的消息虚妄不实。考察这类事情有一种办法，不仅并不高尚，而且极其适用于僭主，尤其适用于那些被各种不实传闻充塞的僭主——狄奥尼修在很大程度上就是这样，我一到就察觉到了这一点。

应当向这类人说明这件事整个儿是怎样的，【c】要经历多少困难，吃多少苦头。听了的人要是真的爱智慧，因为拥有禀赋而亲近并配得上这种事，他便会认为，自己听到的是一条必须现在就全力以赴的神奇道路，其他生活就不值得过了。之后，他定当竭尽全力追随引导者在这条道路上前进，绝不松劲，直至抵达整条道路的终点，或者直到获得一种能力，使他不用引导者就能自己引领自己。【d】遵循这些想法，这个人这样生活着：无论做什么事，他总是不顾一切地紧紧依靠哲学，也紧紧依靠使他能够善学、强记，而且能够清醒地在自身中进行思考的生活习惯；与此相反的生活习惯，他终生厌恶。那些并不真的爱智慧的人则被各种意见熏染——就像那些身体受到阳光炙烤的人——一旦看到有多少学问要学，要吃多少苦，【e】每日里还要遵循与这件事相匹配的有节制的生活方式，他们便认定要做这件事对他们自己非常困难，而且他们实际上也无力从事这项工作；【341】但他们中间也有人说服自己相信，他们已经充分聆听了一切，无须再作什么努力。针对那些恣意放荡而又不能刻苦用功的人，这一考察本身既清楚明白，也最稳妥，因为他绝不会怪罪那位引领者，而只会怪罪他自己，毕竟是他自己无力践行这项工作所要求的一切。

我当时对狄奥尼修所说的话就出于这样一种考虑。不过，我并未详细说明一切，【b】狄奥尼修也没有恳求我这样做，这是因为，依靠从其他人那里误听来的那些说法，他佯装自己知道并完全掌握了许多最重要的东西。我甚至听说，此后他就把自己当时所听到的内容写成了文章，而且编得如同是他自己的本事一般，而与他曾经听到的内容毫无关系；可是，我对这些一无所知。但我知道，其他某些人也就同样的内容写了相关的文章，无论他们是什么人，他们并不知道自己。【c】关于所有写过和将会写文章的人——他们全都声称知道我严肃从事的那些工作，无论他们听我还是听其他人讲过，或者是他们自己的发现——至少我能断言的是：依照我的看法，这些人根本不可能对这些事情有所领会。从来就没有关于这些内容的我的著述，也永远不会有，因为它们根本不像其他学问那样可以言说。不过，关于这些事情，经过多次交谈和朝夕相处，突然间，如同光线被跃动的火苗点燃一样，【d】它便在灵魂中生成，此后就一直滋养自己。尽管如此，至少我深知，若要把这些事情写下来或者说出来，那么由我来说是最好的；而且，要是把它们写得很糟糕，会让我极其痛心，如果我觉得这些内容应当详细地写给大多数人，而且这些事情是可以言说的，那么对我们来说，此生还有什么事功比下面所说的事功更加美好呢？写下对人们有莫大助益的东西，【e】并把本性带进光明，呈现给所有人？但我认为，有关这些内容所作的尝试对人们来说不是好事，除了对少数人而言——他们凭借蛛丝马迹就能够自己作出发现，至于其他人，它会使一些人对它充满不正确的轻蔑，而让另一些人充满虚骄而又空洞的期望，【342】就好像他们学到了什么了不起的学问。

关于这些事情，我想再多说一些；说过以后，也许我现在所说的事情会清楚一些。因为有一种真正的学说[①]，它反驳那胆敢就这些事情写作的任何人，虽然我以前多次讲述过这种真正的学说，可是看起来现在仍旧有必要说一说。

每一存在物都有三样东西，关于这个存在物的知识必定要通过这三样东西才能产生，而这第四样东西就是知识本身——此外，还应当补充第五样东西，【b】即那可以认识的并且真正存在的东西本身——第一是名称，第二是描述，第三是影像，第四是知识。如果想要明白我现在说的事情，你需要抓住一个例子，并依此思考所有情形。有一样东西叫作“圆”，它的名称就是我们刚才拼读出来的这个词本身。第二样东西是对它的描述，由名词和动词组成；因为，“每一端点到中心的距离相等”，这或许就是那个以“圆球”、“圆环”和【c】“圆”为名称的事物的描述。第三样东西是可以画下来和擦去的圆、用镟刀镟出和毁去的圆；尽管这些圆都跟圆本身有关，但圆本身不会经受这样的变化，因为它跟这些圆

① 指柏拉图“不成文的学说”。

截然不同。第四样东西是关于这些圆的知识、理智和真意见；必须把它们算作一个整体，既不存在于声音中，也不存在于物体的形状中，而是存在于灵魂中；由此可见，这第四样东西既不同于圆本身的本性，【d】亦不同于前面所说的那三样东西。就亲缘性和相似性而言，在这四样东西中，理智最接近第五样东西，其余几样则离得较远。

同样的道理适用于直形、环形，以及颜色，适用于善、美、正义，适用于一切人工制造物和自然生成物，比如火、水，以及所有此类东西，适用于一切生命体和灵魂中的品性，也适用于一切行为和承受。【e】一个人若不能以某种方式把握这些东西中的前四样，他便永远不能最终分有关于第五样东西的知识。此外，由于言辞的缺陷，这四样东西虽然试图显明每个事物的存在，【343】但也同样多地试图显明每个事物的属性。因此，但凡有理智的人从来不敢把自己的思想付诸言辞的缺陷，尤其不会付诸不可更改的言辞，正如那些以种种记号刻写下来的东西一样。

不过，你应当重新领会我现在所说的内容。现实中用笔画下的或者用镟刀镟出的每一个圆，都充满了第五样东西的反面——因为每一个圆处处触及直——至于圆本身，我们认为，它自身根本没有相反的本性。我们还认为，这些圆的名称一点儿也不稳固，【b】如果把现在所说的“圆”称作“直”、把“直”称作“圆”，那也没有什么关系，而且改换和颠倒称呼的人会觉得和原来一样稳固。描述也是一样的道理：既然描述是由名词和动词组成的，那么它也绝对不是稳固不变的。这四样东西全都模糊不清，怎么说也说不完，但最重要的是，如我们刚才所说，在这二者之中——一为存在，一为属性——【c】灵魂寻求的知识不是属性，而是“是什么”，但这四样东西各自以言辞和行动呈现给灵魂的皆非灵魂所寻求的，它们所言说和所展示的每一样东西总是容易受到感官反驳，从而使所有人几乎都充满了各种困惑与不解。

在某些问题上——由于贫乏的教养，我们不习惯寻求真实，而是满足于各种影像的呈现——我们并没有成为彼此嘲笑的对象，受到那些提问者的追问，【d】他们有能力推究和反驳这四样东西。但在某些问题上，我们会逼迫某个人解答并阐明第五样东西，那个能够颠倒是非而又想要颠倒是非的人就会得势，并会使大部分听众以为，用言辞、文字或者回答作解释的人并不认识他试图书写或者言说的东西；因为这些听众有时候并不知道，应受指责的不是写作者或言说者的灵魂，而是四样东西各自低劣的本性。【e】不过，有一种活动贯穿所有这些事情，它顺着每一样东西上下游走，最终极其艰难地在禀有卓越本性的灵魂中生育出有关具有卓越本性之事物的知识；但要是具有劣等的本性——正如大多数人的灵魂在学习方面以及在所谓的品性方面生长的状态——【344】或是本性已经被败坏，那么连林扣斯[①]也不能使这样的人看见。简言之，假如一个人与这种事情没有亲缘关系，无论是善学还是强记，都永远不能使他看见——因为它根本不会在异质状态中产生；因此，那些与正义者和其他美好事物没有天然纽带又无亲缘关系的人——即使他们对别的东西既善学又强记——或者是那些与之有亲缘关系、但不善学也不强记的人，永远无法最大可能地习得有关美德或邪恶的真相。【b】因为，必须同时习得这些，也必须同时学习整个存在的虚假与真实，对之进行透彻的专门研究，付出许多时间，就像我一开始所说的那样："把这些东西——名称、描述、影像和感觉——放在一起相互摩擦，在友好的辩难和不带妒意的问答中检验它们，如此，关于每一存在者的智慧和理智才会极其艰难地迸射出光芒，【c】而理智要最大程度地耗尽人的力量。"

正是由于这个原因，每一个严肃的人都远远不会就那些严肃的主题进行写作，以免把它们抛入人群，激起众人的妒忌和疑惑。所以，简言之，应当由此认识到，每当某人看到写成的著述——立法者在法律方面的著述也好，任何其他方面的著述也好——这些著述对作者而言并非最严肃的，若作者本人严肃的话，对作者而言最严肃的东西隐藏在他那最美之域的某个地方。如果他把自己真正严肃从事的东西付诸文字，【d】

---

① 林扣斯（Λυγκεὺς），希腊神话人物，娶达那俄斯之女许珀耳涅斯特拉为妻，新婚之夜被杀。

“那么一定是”凡人，而非诸神，“亲手毁灭了你的心”。①

紧随这一叙事和离题话的那个人将会明白：无论是狄奥尼修，还是某个更小或更大的人物，如果他论述了最高和最初的本性，那么按照我的解释，他根本没有健全地聆听或习得他所撰写的内容：这是因为，如果他像我一样敬畏它们，他就不会鲁莽地把它们抛入不和谐、不得体之中。因为他撰写不是为了备忘——因为，【e】一旦用灵魂拥抱它，无论谁都不用担心遗忘；因为它位于最简短的言辞之中——倘若他真的写了，便只是出于可耻的爱荣誉之心，想要把它当成自己的创见，或者表明自己有教养，尽管他实际上配不上这一教养，【345】而只是热衷于具有教养可以得到名气而已。所以，如果狄奥尼修仅凭一次谈话就获得了教养——这也并非不可能——那么它究竟是怎样获得的呢？“宙斯明鉴！”如底比斯人所说。因为，如我所说，我只作过一次详细的说明，此后再也没有过。

如果有谁想要发现当时那些事情究竟是怎样发生的，那么他接下来就应当深思，究竟是什么原因，使我们没有第二次、第三次，乃至于更多次进行详细说明。狄奥尼修只听过一次，【b】但他自己作出了发现，或者他以前跟别人学过，所以他认为自己知道，而且确实知道得很充分，是吗？或者他认为我所说的毫无价值？或者还有第三种可能：他认为我所说的不适合他自己，高过了他自己的能力，而且他确实不能过一种关心智慧和美德的生活，是吗？因此，要是他认为我所说的毫无价值，他就会与众多论调相反的见证者抗辩——在这些问题上，由他们来当仲裁者可能比狄奥尼修权威得多；但要是他认为自己已经发现或者学会了我所说的东西，而且认为它们对于自由灵魂的教养很有价值，【c】那么，除非他是个怪人，否则他怎么能如此肆意侮辱他在这些问题上的引导者和主人？他是怎么污辱我的，我愿意讲一讲。

此后，没隔多久，尽管狄奥尼修先前曾经允许狄翁保留自己的财产并享受收益，但这个时候他不再允许狄翁所托付的人把钱送往伯罗奔尼

① 荷马：《伊利亚特》7：360；12：234。

撒，好像他已经彻底忘了那封信[①]。他说，这些财产的所有者不是狄翁，而是狄翁的儿子，也就是他的外甥，【d】按照法律要由他来监护。在那段时间里发生的事情大体上就是这些；经历了这样的波折，我算是看清了狄奥尼修对哲学的渴望，我完全有理由发火，无论我是否愿意。当时正值夏季，船只纷纷出海。我觉得，我不应当只是责备狄奥尼修，同样还要责备我自己，以及那些带我第三次穿越斯库拉[②]的海峡的人——【e】“我可能要再次经过险恶的卡律布狄斯”；[③]我应当对狄奥尼修说，既然狄翁受到这样的侮辱，我不能再待下去。可是狄奥尼修安抚并请求我留下，因为他觉得，我带着这些消息这么快就离开，对他可不是一件光彩的事；看到说不动我，他就说要给我安排回程。【346】我当时想乘一艘商船出航，我非常气愤，觉得即使受到阻拦也在所不惜，因为我显然没有行一点儿不义，反而遭受了不义。见我完全不同意留下来，他就使出下面的伎俩，确保我在这个航季能留下来。第二天，他来找我，信誓旦旦地说：

“我和你做个了断吧”，他说，“省得我们就狄翁和狄翁的财产争执不休！【b】为了你的缘故，我会对狄翁这样做：我要求他带走自己的财产，去伯罗奔尼撒定居，但不是把他当成流放者，他可以出门到这里来，只要他和我以及你们这些朋友一致同意。但是这些都基于他不再搞阴谋反对我，对此，你跟你的家人们以及狄翁在本地的家人们要做担保，而狄翁也要向你们提供保证。还有，【c】他打算带走的财产应当存在伯罗奔尼撒和雅典，交付你们心仪的人，狄翁享有收益，但未经你们许可不得擅自取用。因为我不太相信，一旦拿到这些财产他还会对我公正——毕竟这些钱数目不小——我反而更相信你和你的家人。所以，你看这样是否能让你满意，满意你就再待一年，【d】下个航季再带着这些财产离开。我敢肯定，要是你为狄翁做了这些事，他会非常感谢你的！”

---

① 参阅 339b—c。

② 斯库拉（Σκύλλα），神话中的六头女妖，居住在意大利墨西那海峡的岩礁上。

③ 卡律布狄斯（Χάρυβδις），参阅荷马：《奥德赛》12 : 428。

听完这番话，虽然有些不快，但我还是说让我考虑考虑，明天告诉他我对此事的决定。我们暂且同意这么办；之后，我独自想来想去，心思甚为烦乱，但我从一开始主要就是这么考虑的：

【e】“罢了！如果狄奥尼修根本不打算兑现任何许诺，我这一走，恐怕他就会致信狄翁，还会指使他的一众爪牙也这么做，信誓旦旦地告诉狄翁他现在对我说的这些，说他愿意尽力，但我却不愿意按他提议的那样做，完全不关心狄翁的事情。此外，如果他还是不愿意送我离开，无须给那些船主下什么命令，【347】只要随意向所有人表明他不想让我出海，又有谁愿意带我这样的船客呢，即使我冲出狄奥尼修的寝宫？”——其他各种不幸之外的不幸是，我当时住在寝宫旁边的花园里，甚至连守门人也不愿意放我离开那里，倘若没有接到狄奥尼修的命令——“不过，要是我待上一年，我就能致信狄翁，说明我当前的处境和我正在做的努力；况且，万一狄奥尼修兑现了他的哪条诺言，【b】那我就将做成一件并不完全滑稽可笑的事情——如果估算准确，狄翁的财产可能不少于一百塔伦特；可万一当前这些征兆应验了，我就不知道该拿自己怎么办了，尽管如此，或许我必须再熬一年，试着用行动检验狄奥尼修的伎俩。”

这样决定以后，第二天我对狄奥尼修说：

【c】“我决定留下！但我要求，”我说，“你不能把我看成狄翁的主人，你得跟我一道给他写信，讲明当前这些决定，并且问他是否满意；要是他不满意，或者还有别的意愿和要求，让他尽快来信说明，到那时你可不能在他的事情上变卦。”

我就说了这些，我们达成的约定也跟刚才讲的差不多。此后，商船纷纷出航，我已不再可能乘船出海。然而就在这个时候，【d】狄奥尼修却想起来对我说，这笔财产一半归狄翁，一半归狄翁的儿子。他说，他要卖掉这笔财产，卖后所得一半会交人带走，另一半则留给狄翁的孩子，这样安排是最公道的。这番话让我惊愕万分，觉得无论再说什么都显得可笑，但我还是说，我们必须等狄翁的来信，并且再次去信告诉他这些事。可是，狄奥尼修随后就无比放肆地卖掉了狄翁的全部财产，

【e】在哪儿卖，怎么卖，以及卖给谁全由他决定，他也始终没有对我说起过这些事；同样，我也没有再和他谈过狄翁的任何事，因为我觉得这样做已经无济于事了。至此，我一直以来都是这样救助哲学和各位朋友。然而，后来我和狄奥尼修的生活变了样：【348】我望着外面，就像一只渴望从笼中飞走的小鸟，而他却想方设法阻拦我、恐吓我，不肯归还狄翁的财产。尽管如此，在整个西西里面前。我们还声称是同伴。

再说，狄奥尼修后来违背其父的规矩，削减老雇佣兵的军饷，结果惹怒了士兵；他们聚在一起，宣布不屈服。【b】于是，狄奥尼修下令关闭卫城各座城门，试图动用暴力，可是士兵们马上冲向城下，吼着一首野蛮的战歌。狄奥尼修怕得要命，答应了他们的全部要求，而且答应轻甲兵中那些聚众闹事的士兵的还要更多。很快就有消息传开，说赫拉克利德是这场骚乱的主谋；听到这一消息，赫拉克利德便逃跑，藏了起来。【c】狄奥尼修派人四处捉拿，但无结果，他将塞奥多特召至花园——碰巧我当时正在花园中散步。他们谈的其他内容，我既不知道也没听到，但我知道也记得塞奥多特当着我的面对狄奥尼修是这样说的：

"柏拉图，"他说，"我正在劝狄奥尼修这么做：要是我能把赫拉克利德带到这里来，在我们面前辩白当前这些对他的指控，那么，如果我们认定他不应再住在西西里，我便要求他带着妻儿乘船去伯罗奔尼撒，【d】并在那里定居，这样他就不会伤害狄奥尼修，并享受他自己财产的收益。其实，我早就派人找过他，眼下还在派人寻找，兴许他会响应我之前的或现在的召唤。但我要恳求狄奥尼修，如果有谁碰到赫拉克利德，无论是在乡下还是在这里，【e】都不许对他乱来，只能让他离开此地，直到狄奥尼修作出进一步的决定。你同意这些么？"他对狄奥尼修说。

"我同意。即使发现他在你家中，"他答道："也不许违背你现在说的话，对他乱来。"

第二天晚上，欧律比乌和塞奥多特俩人急急忙忙来找我，神情极为不安。塞奥多特说："柏拉图，昨天狄奥尼修就赫拉克利德的事对我和你许下了诺言，当时你在场吗？"

“当然在！”我说。

“可是现在，”他说，“轻甲兵正在四处搜寻，捉拿赫拉克利德，而他可能就在附近什么地方。不过，【349】请你务必走一趟，和我们一起去见狄奥尼修。”

于是我们动身，去见了狄奥尼修。他们俩泪流满面，默不作声地呆站着，而我说：“他们担心你违背昨天的承诺，对赫拉克利德下毒手；因为我认为，赫拉克利德已经回来了，曾在附近什么地方显身。”

听了这些话，狄奥尼修顿时火冒三丈，脸上五色杂陈，无比激愤；【b】塞奥多特俯身跪下，抓住他的手，哭着乞求他不要这样做。我插话安慰他说：“放心吧，塞奥多特，狄奥尼修不至于违背昨天的承诺。”

狄奥尼修瞪着我，露出十足的僭主般的神情对我说，“对你，我可没承诺过什么，小的承诺没有，大的承诺也没有！”

“我以众神的名义起誓，”我说，“你至少承诺了不做这个人现在恳求你不要做的事。”

说完这些话，我扭头走了出去。此后，【c】狄奥尼修继续追捕赫拉克利德，塞奥多特就给赫克利德传话，让他逃走。狄奥尼修派遣提西亚斯①带兵围捕赫拉克利德。不过，据说赫拉克利德先行一步，逃往迦太基人的领地，幸免于难。

打那以后，狄奥尼修觉得，既然他一直蓄谋不归还狄翁的财产，便可以此作为与我交恶的可靠理由。于是，他把我赶出卫城，【d】借口说有些女人需要在我住的花园里举行长达十天的献祭；他命令我在此期间待在外面，住到阿基德谟家里去。我在那里的时候，塞奥多特派人来请我，他对当时发生的事情大为光火，连连责怪狄奥尼修。听说我去过塞奥多特那里，【e】狄奥尼修就以此事作为跟我不和的另一个借口——就像前一个借口的姐妹：他派人来责问我是否真的应塞奥多特之请跟他见过面。

“当然喽。”我说。

---

① 提西亚斯（Τεισίας），人名。

"那么好吧。"那人说，"狄奥尼修要我告诉你，你做的这件事不好，因为你一直把狄翁和狄翁的朋友放在心上，却不太在意狄奥尼修。"

打那以后，狄奥尼修再也没有请我去他的寝宫，好像事实已经清楚地表明我是塞奥多特、赫拉克利德的朋友，却是他的仇敌；他还觉得我对他不怀好意，因为狄翁的财产已被挥霍干净。【350】此后，我就住在卫城外面的雇佣军兵营里。其他人，一些来自雅典的水手，也就是我的同胞，来找我，告诉我轻甲兵中有人诽谤我，还有人威胁说，要是在什么地方抓到我，他们一定会杀死我。于是，我就设法逃脱。我给阿尔基塔和塔壬同的其他朋友送信，说明我的处境。他们找了一个可以由城邦派遣使团的理由，【b】派出一艘三十支桨的船，还派了他们之中的拉弥库斯①。拉弥库斯一到，就为我向狄奥尼修求情，说我想要离开，请他无论如何勿加阻拦。狄奥尼修答应了这一请求，给了盘缠就打发我走了。至于狄翁的财产，我没有再索要，也没有谁归还。

到了伯罗奔尼撒的奥林比亚，我遇到正在观看赛会的狄翁，便把所发生的事情告诉他。他随即恳请宙斯为证，【c】号召我以及我的家人和朋友准备报复狄奥尼修。我们是由于受到异乡人的欺骗和愚弄——他当时这么说，也这么想——而他是由于受到不公正的驱逐和流放。听了这些话，我就让他召集我的朋友们帮忙，如果他们愿意的话；"但是"，我说，"你和其他人一道以某种方式强迫我跟狄奥尼修同吃同住，还强迫我跟他共同参与祭仪，当时有那么多谣言，他很有可能相信我跟你图谋推翻他和他的统治，但他并没有杀我，【d】反而对我心存敬畏。再说，我差不多已经过了跟人并肩作战的岁数，加上我是你们之间共同的纽带，万一你们哪天需要彼此的友谊，愿意彼此为善呢；但若你们渴望彼此为恶，那就去找别人吧！"

由于对这场西西里之行和所遭到的不幸极为憎恨，我说了这些话。但他们不听劝，也不听从我所做的调解，结果是我酿成了现今发生在他们身上的一切恶。【e】至少就人事而言，倘若狄奥尼修把财产还给狄

① 拉弥斯库（Λαμίσκους），人名。

翁，或者与他彻底和好，这些恶就绝对不会发生——因为我会用我的意愿和力量轻易地制止狄翁——但现在，他们彼此冲突，至使全地充满种种邪恶。

【351】然而，狄翁的愿望也就是我本来要说的我和其他人应有的愿望；但凡持守中道的人，有关自己的权位和朋友，有关自己的城邦，他都会想到，只要多多行善，就能获得最大的权力和荣誉。但我并不是说，为了充实自己的、同伴的，还有城邦的腰包，一个人可以策动阴谋并召集同谋——这些人没有钱，又管不住自己，由于怯懦而屈从于各种快乐——【b】杀死那些有产业的人，称他们为敌人，夺取他们的财产，并且煽动诸位帮手和同伴一起下手，这样就没有哪个声称没有钱的人会控告他；我也不是说，一个人可以这样造福城邦来获得城邦的尊荣：利用投票决议把少数人的钱财分给大多数人，或者——如果他领导一个统治众多弱邦的大邦——【c】违背正义把这些小邦的钱财分给自己的城邦。这是因为，无论狄翁还是其他什么人，都不会如此自愿地追逐将永远诅咒自己和后世子孙的权力，而会追求无须最少的死亡和流血就能实现的政制，制定最公正和最好的法律。这些也就是狄翁现今做的事，它宁可承受不虔诚，也不愿实行不虔诚，但他还是要好生提防，以免遭受不虔诚，尽管他就在对敌人的胜算达到顶峰时失足跌落。【d】这一遭遇毫不令人惊讶。因为，在应对不虔诚的人时，一个节制又神智清明的虔诚之人从来不会完全被这类人的灵魂蒙骗，然而，如果他碰上了一名好舵手的遭遇，兴许也并不令人惊讶：将至的风暴当然不会逃脱好舵手的注意，但风暴猛烈而出人意料的威力却可能不会引起他的注意，从而会被不知不觉地强行吞没。狄翁就是这样栽了跟头。因为，那些给他下绊子的人是恶人，这当然没有逃脱他的注意，但他们的无知、【e】其他邪门和贪婪到了何种程度，却没有引起他的注意。狄翁正是因此栽了跟头，长眠于墓中，给西西里蒙上了无尽的哀恸。

【352】说完这些，我接下来要提出的建议基本上已经说完，我也就说这些吧。至于我为什么要接着讲第二次西西里之行，乃是因为所发生的事情荒诞不经、有违常理，我觉得必须说一说。所以，如果有谁觉得

我现在变得更加富有情理了，如果有谁认为所发生的那些事情有足够的缘由，那么对我们而言，我现在说的这些话还算是合适的和充足的。

第 8 封

柏拉图致狄翁的各位家人和同伴，祝万事顺遂！

【b】你们究竟应该如何考虑才能真的“万事顺遂”，我将尽我所能试着向你们说明。我希望能提出一些有益的建议，但不是只给你们——主要是给你们，【c】其次也是给所有叙拉古人，再次也是给你们的仇人和敌人，他们中间做了不洁之事的人除外；因为这种行为无药可救，也永远无人能将之涤净。你们要领会我现在说的这些话。

废除僭政以来，你们在西西里全地进行的每一场战斗都是出于同样的原因：一些人想要再次夺取权力，另一些人则想要彻底摆脱僭政。对于这种情形，【d】无论何时，多数人认为正确的建议是，应当提出会对敌人造成尽可能多的伤害、为朋友提供尽可能多好处的建议。可是，带给别人许多伤害却想自己不遭受许多伤害，这绝非易事。要看清这一点并不需要往远处跑，只需要看看现今这里所发生的事情，看一看西西里本地：一些人试图寻衅，另一些人则试图报复那些寻衅者。【e】如果要给别人讲这些故事，恐怕你们永远会是能干的教师。这些事情可以说并不少见；但是，在这些情形中，那些会对所有人——敌人与朋友——提供益处的东西，或者对双方都没有什么伤害的东西，并不容易看到，即使能看到也不容易施行，这样的建议和言辞上的努力类似于祈祷。那么，就让它完全是祈祷吧——【353】无论言说和思考什么，都始终应当从众神开始——我们得到的启示如下，愿它能够实现。

自战争爆发以来，这个家族几乎就一直统治着你们和你们的敌人，你们的父辈拥立这个家族，乃是因为陷入了绝境，那个时候，希腊人的西西里正遭受最深重的危机：被迦太基人毁灭，整个儿沦为野蛮人的地盘。为此，他们当时推选了既年轻又好战的狄奥尼修，【b】让他担当他适合从事的战争事务，还推选年长的希帕里努①为谋师，并将两人称为将要拯救西西里的“全权将领”②——人们所谓的“僭主”。至于西西里得救的原因，有人愿意归于神圣的天命和神，有人愿意归于统治者的美德，还有人愿意归于前述二者以及当时城邦的民众——随你们怎么看吧：无论如何，当时那代人由此得到拯救。

既然他们表明了自己是什么样的人，【c】那么或许所有人都应当感激这些拯救者。不过，如果此后僭政不当地滥用了城邦对它的馈赠，除了它现在遭受的那些惩罚，那就让它再付出其他的代价吧！然而，鉴于当前的情况，怎样惩罚他们才必定会是正确的呢？如果你们能轻而易举地摆脱他们，而且无须经受巨大的危险和艰难，或者如果他们能顺利地再次获得权力，恐怕就不能建议我下面要说的内容了。而今，【d】你们双方都应当思索和回想：你们各自曾经多少次满怀希望地认为，几乎总是差那么一厘一毫就能万事如愿；然而，这一厘一毫每次都成为巨大灾难的原因，而且灾难永无尽头，旧的灾难看似结束了，新的灾难却又随之开始，如此循环往复，【e】整个僭主派和民主派便都有毁灭的危险。倘若这种极为可能又万分不幸的情形真的发生，那么整个西西里大概就会彻底废弃希腊语，转而接受腓尼基人或奥皮奇人③的统治和压迫。对此，所有希腊人都应当满腔热忱地寻找药方。所以，若是谁拥有比我将要说的更加正确也更加良好的药方，如果他将之公布于众，【354】那么称他为“爱希腊的人”便再也正确不过了。

我将试着阐明迄今为止以某种方式向我显现的事情，完全直言不讳，而且秉承一种不偏不倚的正义之词。因为我在以仲裁者的方式言说，就好像在与两个人交谈——一个曾实行僭主统治，另一个曾接受僭主统治——并且向他们每个人提出原有的建议。现今，我对每个僭主的建议是，脱离僭主的头衔和行为，转变为王政，如果能做到的话。

① 希帕里努（Ἱππαρῖνος），狄翁的姐姐阿里丝托玛柯与老狄奥尼修之子。
② 全权将领（αὐτοκράτορας）。
③ 奥皮奇人（Ὀπικι），族名。

【b】这是能够做到的，正如智慧且善良的莱喀古斯用行动所证明的。莱喀古斯看到，阿耳戈斯和墨西涅两地的同室族人从王政转变为听命于僭主，结果毁了他们自己和他们各自的城邦，莱喀古斯为他的城邦和族人担心，引入了一剂良药，亦即长老们的权限以及监察官对王权的有益限制，结果在这么多代人之后，他的城邦得以保全并声名卓著，这正是由于法成了人们至高无上的王，【c】而不是人们成了诸法的僭主。

如今我要奉劝诸位的话是这样的：那些渴慕僭政的人应当回避和及早逃离那些贪得无厌而愚蠢的人的幸福，努力转向王者的样式，臣服于王者之法，从自愿的人们和诸法那里获得最大的荣誉；【d】至于那些追求自由的习性、视奴役的重轭为恶而逃离人，我想建议他们当心，不要因为贪求某种不合时宜的自由而有朝一日落入先辈的恶疾——那时的人们经由极大的政治动乱而罹患这一恶疾，因为他们对自由有着不适度的爱欲。在狄奥尼修和希帕里努掌权之前，当时在西西里的希腊人自认为活得很幸福：他们奢靡放荡，同时又统治着他们的统治者。【e】他们投石处死狄奥尼修之前的十位将军，完全没有依法审判，以为自己可以不听命于任何秉持正义或法律的主人，获得彻底的自由。由此，一连串僭政就落到他们头上。这是因为，奴役和自由无论哪一个过度，哪一个就是极恶，无论哪一个适度，哪一个就是极善，适度的是受神奴役，不适度的是受人奴役；对明智者而言，神是法，【355】对不明智者而言，神是快乐。

有鉴于此，我奉劝狄翁的朋友向全体叙拉古人宣布我提议的这些内容，以此作为狄翁和我共同的建议；狄翁现在对你们说的话——倘若他还活着，而且能够说话——我将代他解说。“那么，”也许有人会说，“关于当前的事态，狄翁会有什么指示呢？”他的回话如下：

“诸位叙拉古人，你们首先要接纳这样的法，【b】你们要明白，这些法不会把你们的心思以及欲望拉向牟利和钱财，而是——有三种德性：灵魂的、身体的、财富的——最为尊崇灵魂的德性，其次是尊崇身体的德性，将之置于尊崇灵魂的德性之下，至于尊崇财富的德性，则列为第三等，也是最末一等，臣属于身体和灵魂。【c】如果一条律令能做到这些，那就是为你们正确制定的法，会使服从它的人真正幸福；而那些认为富人生活幸福的说法，本身就是可悲的——是妇孺蠢话——而且会使听信者变得可悲。我的这些劝告真实不虚，假如你们检验我现在就法所说的内容，你们便会通过实践认识到这一点：在所有问题上，实践显得是最真实的试金石。

“接受这样的法以后，【d】由于西西里危险重重，而你们既未充分征服对手，也未明显被对手征服，所以，走中间路线或许既正当又有益，对你们所有人来说——包括脱离了最严酷统治的你们，以及渴求再次获得权力的他们。他们的先辈曾经拯救希腊人脱离蛮族人——这是他们的最大功绩——由此我们现在才可能讨论政制问题；如果希腊人当时被毁灭，那就绝对不会留下任何讨论和希望了。所以，你们现在要经由王政达到自由，【e】而他们要成为负责任的王者，用法来主宰其他城邦公民以及王者自身，以免他们会行不法之事。

“基于上述一切，你们当怀着诚挚和善良的意愿，在众神帮助下立王。首先立我自己的儿子为王，缘于两重恩情，我自己的和我父亲的恩情——从前是我父亲把城邦从蛮族人手中解放出来，【356】而现今是我两次把城邦从僭主手中解放出来，对此你们自己就是见证人。接下来，立与我父亲同名的、狄奥尼修之子为第二位王，为他现在的援助和虔诚的品性；尽管他父亲是僭主，但他自愿让城邦自由，抛弃短命而不义的僭政，为他自己和家族赢得不朽的荣誉。最后，你们应当邀请第三个人成为叙拉古人的王——一座自愿的城邦的自愿的王——他现在是敌军的首领，【b】也就是狄奥尼修之子狄奥尼修[①]，如果他恐惧命运，并且为祖国、冷清的神庙和坟茔感到痛心，愿意自愿改换成王者的样子，以免由于争胜之心彻底断送一切，成为蛮族人的笑柄。

“有了三位王，无论赋予他们拉科尼亚式的权力[②]，还是削减其权力直到你们一致同意，你们都应当以下面的方式来对待他们。【c】我之前

① 指希帕里努，狄翁的姐姐阿里丝托玛柯与老狄奥尼修生的儿子。

② 即斯巴达的双王制权力。

对你们说过这个方式，尽管如此，你们现在还要再听一遍。如果狄奥尼修和希帕里努家族愿意终止现今的各种灾难，在未来和当下为他们自己和子孙赢得荣耀，如我前述，你们就应当——从本地或外地，或不分本地外地——召请使节来主持和解之事，人选要经他们同意，人数也要经他们同意。【d】这些使节一到，就要首先立法，并建立这样一种体制：当由国王主持圣事以及与从前那些行善之人相配的其他事务，战争与和平的首领则由三十五位护法者担任，并有公民大会和议事会协助。应当由不同的法庭审理不同的案件，但以死刑和流放定罪的案件应由三十五人审理；除去这三十五人，还要从上一年的长官中遴选法官，【e】每个官职上只选一位，而且应当是最优秀、最公正的长官。到了下一年，他们就要审理所有以死刑、监禁和迁居定罪的案件。但是，国王绝不可以担这类案件的法官。【357】他要像祭司一样保持洁净，免受血泊、监禁和流放带来的污染。

“我生前就考虑过这些事情，现在依然如此考虑。想当初，要是我跟你们一起征服了敌人——若异乡人的复仇女神未曾加以阻拦的话——我就会按照我考虑的来实施：之后，倘若事遂人愿，我会殖民西西里的其他地方；驱除现在盘踞在那里的蛮族人，除了某些为了共同的自由而反抗僭政的蛮族人，【b】并让希腊地区原先的居民回到他们的故土定居。我现在建议各位，为了这些目标你们要齐心协力，还要呼召所有人参与这些行动，并把不愿意参与的人视为公敌。要实现这些目标并非不可能。这是因为，如果有些目标碰巧存在于两个灵魂之中，而且经过推算即可发现它们是最好的目标，那么，判定它们不可能的人不太可能是个明白人。【c】我说的“两颗灵魂”分别是狄奥尼修之子希帕里努的灵魂和我儿子的灵魂；因为这两人已经达成一致，而我在想，其他所有关心城邦的叙拉古人也会一致同意的。

“好吧，你们要向众神祈祷和献祭，也要向其他配跟众神一道受飨的神灵祈祷和献祭，要心平气和地尽全力劝说和呼召朋友们和敌人们，不要停下来，【d】直到我们现在所说的这些事情——就像降临在清醒者身上的神圣的梦——会显著并幸运地实现。”

第9封

柏拉图致塔壬同的阿尔基塔[①]，祝万事顺遂！

阿尔基波[②]和菲洛尼德[③]一行已经到了我们这里，【e】带来了你交给他们的这封信，并报告了你那边的情况。关于城邦的事，他们已经办完——因为这根本不是什么难事——至于你的情况，他们也向我们讲了，说你因为无法摆脱公务而心烦意乱。的确，生命中最快乐的莫过于做自己的事，【358】尤其当一个人选择做你所从事的工作时——这几乎对所有人都是显而易见的。不过，你也应当牢记，我们每个人都不是仅仅为自己而生，我们的出生一部分归于祖国，一部分归于父母，一部分归于其他朋友，还有很多交给了掌控我们生命的那些时间；当国家亲自召唤我们承担公务时，不听从这一召唤兴许是荒唐的，【b】因为这样做就等于把位置让给那些糟糕的人，他们参与公务并非出于最高尚的动机。

我就说这么多了。我们现在正在关心厄刻克拉底[④]，今后也会这样做，为了你，为了他的父亲弗利尼翁，也为了这位年轻人自己。

第10封

柏拉图致阿里斯托多鲁[⑤]，祝万事顺遂！

【358c】我听狄翁说，你现在是，而且一直都是和他最为亲近的伙

---

① 阿尔基塔（Ἀρχύτης），塔壬同城邦的最高军事长官，柏拉图第一次访问西西里期间与他结识，第二次访问期间促使阿尔基塔与狄奥尼修结盟，第三次访问西西里时，阿尔基塔曾出手搭救柏拉图。

② 阿尔基波（Ἄρχιππους），人名。

③ 菲洛尼德（Φιλωνίδην），人名。

④ 厄刻克拉底（Ἐχεκράτης），人名。

⑤ 阿里斯托多鲁（Ἀριστοδωρος），身份无从查考，可能是柏拉图学园的一名学生。

伴之一，在追求哲学的人中间，你展现出最有才华的品性。这是因为，只有稳重、可信赖和健全，我本人才称之为真正的哲学，而汲汲于其他事物的那些才智和精明，我认为它们的正确名称是机敏。

多保重，持守你现在的品性！

第 11 封

柏拉图致拉奥达玛①，祝万事顺遂！

【d】我先前给你写信说，就你所说的一切而言，你最好亲自到雅典来一趟。不过，既然你说这是不可能的，那么第二好的办法就是，如果可能的话，我或苏格拉底到你那里去，如你信中所说。不巧的是，【e】苏格拉底正患尿急痛，无法前往，而要是我去你那儿，万一不能完成你请我去做的事，那就丢人了。但是，对于这件事的实现，我本人不抱太大希望——我的理由需要另一封长信来详细说明——此外，由于年纪大了，我的身体已经不适宜长途旅行，也经不起陆上与海上会遇到的各种危险，何况现在的旅途处处充满危险。

不过，【359】我能向你和那些殖民者提出建议，我要说的事情——如赫西奥德所言——“看起来无关紧要，但却难以理解。”因为，如果他们认为，通过制定某种法律就能顺利建立一个政治体制，哪怕没有在城邦中照料日常生活的主人——以便奴隶和自由人在生活中既节制又勇敢——那么他们想错了。不过，【b】如果已经有配得上这种权柄的人，这种事就能实现。如果说还缺一个人来施教，我担心你们中间既没有施教者也没有受教育者，那么你们今后只能向众神祈祷了。事实上，从前那些城邦差不多也都是这样建立起来的，而且后来治理得很好，只是后来由于战争或其他重大事件发生，在这样的危急时刻，出现了握有大权、既美且好的人。

① 拉奥达玛（Λαοδάμας），可能是一名外邦数学家和政治家，柏拉图学园的学生。

所以，【c】你们首先必须对这些目标抱有热烈的渴望，并把它们按照我说的加以理解，千万不要愚蠢地认为自己能够不费吹灰之力地取得成功。祝你好运！

第12封

柏拉图致塔壬同的阿尔基塔，祝万事顺遂！

收到你那边送过来的著作，我们感到非常高兴，【d】并对写下这部作品的人感到无比景仰；在我们看来，这个人没有辱没他那些古老的祖先。因为，据说这些人是弥利安人[①]——他们原本是特洛伊人，后来在拉俄墨冬[②]治下迁移出去——他们是好人，正如流传的故事所说的那样。

你来信说到我的那些著作，它们还没有完全弄好，不过，就照它们现在这个样子，【e】我会给你送过去；关于这些著作的保管，既然我们已经有了彼此约定，我就不需要再叮嘱什么了。

第13封

柏拉图致叙拉古僭主狄奥尼修，祝万事顺遂！

【360】这句话权且充当我给你的这封信的开头，同时也算个符记[③]，以表明这封信出自我手。

那一天，你宴请一群来自罗克里[④]的年轻人，你的卧榻离我很远。你站了起来，走到我面前，对我说了一番热情洋溢的话，说得很精彩，至少我是这么想的。【b】我旁边躺着一位贵人，他也这么认为，于是他

① 弥利安人（Μύριοι），族名。

② 拉俄墨冬（Λαομέδον），人名。

③ 符记（σύμβολον），信物，符号。

④ 罗克里（Λοκρούς），地名。

说："狄奥尼修啊，讲到智慧，你可真是从柏拉图那里受益匪浅啊！"而你当时说："在其他许多方面也一样，自从我请柏拉图来了以后，单是请了他来，我就马上受益了。"你一定要再接再厉，这样我们才能让彼此更多地受益。

正是抱着这样的愿望，我现在给你送去几本有关毕泰戈拉学派和划分法的书，按照我们当初的约定，我还会给你派个人过来，【c】你和阿尔基塔——如果阿尔基塔已经到了你那里——兴许能用得上。此人名叫赫利肯①，是西泽库②地方人，他是欧多克索③的学生，深得其师真传。此外，他也熟识伊索克拉底④的一名学生，以及布律松⑤的伙伴波吕克塞努。除了这些，尤为难得的是，他不是一个说起话来索然无味的人，而且看上去没什么坏脾气，反倒是一个乐天和心地单纯的人。【d】我虽然这么说，却又有些担心，因为我是在表达对一个人的看法，而人是一种并不拙劣但却易变的生灵，只有很少人在很少事情上会有例外。我担心他也会这样，因此我在和他交谈时要对他进行观察，还向他的同乡打听他的情况，但没有人说过他一句坏话。不过，你还是要小心，要亲自对他进行考察。最要紧的事情是，无论何时有了闲暇，【e】你就要跟从他学习，并研究其他智慧；如果你没有闲暇，那就让他教会别人，以便你闲下来的时候再学，这样你就会变得更好，还会博取好名声，你从我这里获得的好处才会源源不断。这件事我就说到这里。

【361】关于你来信要我给你送去的东西，我已经拿到了阿波罗像，由勒普提涅⑥带给你。神像出自一位虽然年轻，但很高明的工匠之手，他的名字叫作勒俄卡瑞斯⑦。他的铺子里还有一件作品我认为非常精美，

---

① 赫利肯（Ἑλίκων），人名。
② 西泽库（Κυζικός），地名。
③ 欧多克索（Εὐδώχος），人名。
④ 伊索克拉底（Ἰσοκράτης），人名。
⑤ 布律松（Βρύσων），人名。
⑥ 勒普提涅（Λεπτίνης），人名。
⑦ 勒俄卡瑞斯（Λεωχάρης），人名。

于是就买了下来，想献给你的妻子，因为无论我身体健康与否，她都以一种对于你我都很得体的方式悉心照料。请把礼物交给她，若你觉得合适。我还给孩子们送去了十二坛甜酒和两罐蜂蜜。【b】我们回来时没赶上储存无花果的季节，而原本储藏的桃金娘果已经烂了。但我们下一回会照看得好些，勒普提涅会告诉你这些果树的情况。

买这些东西以及向城邦缴纳贡税所费的银钱，我是从勒普提涅那里拿的。我还告诉他，我们在琉卡狄亚人的船上的花费是自个儿掏的，总计大约十六明那——我觉得，把这些事情告诉他对我们是适宜的，而且实话实说。所以，我拿到了这笔钱，一部分自己花了，【c】一部分用来购买送去给你们的这些物品。

接下来，你得听我讲讲钱的事，既涉及你在雅典要用的钱，也涉及我要用的钱。我对你说过，我会用你的钱，就像用其他热心朋友的钱一样，可是我会尽量少用，除非我和出钱者觉得不得不用，或者非常好用，或者用得划算。眼下我正好碰上这种情况。我的几个外甥女都已过世，【d】她们死的时候，我没有戴花冠，而你非要我戴不可——她们撇下四个女儿，一个已到结婚年龄，一个八岁，一个三岁多一点，还有一个不满一岁。她们的嫁妆理应由我和我那些热心朋友代为置办，可是，我恐怕活不到她们都出嫁的那一天了，到那个时候，未出嫁的只能靠她们自己了。另外，若是她们的父亲比我富裕，我就不必为她们置办嫁妆，可是实际上，现在就数我过得最好，而且当初是我靠着狄翁和别人帮忙，【e】给她们的母亲办的嫁妆。最年长的是斯彪西波姐姐的女儿，她将要嫁给斯彪西波。为此我至多需要三十明那，这笔礼金对我们正合适。此外，如果我母亲过世，修坟的钱应当不会超过十明那。我当前所需要的开支大致就是这些。不过，要是我为了去见你而产生的任何开销，无论于私于公，我都会照我当初说的那样办：我会尽力压缩开支，【362】而那些在所难免的开销则由你来支付。

下面，我要说说你在雅典的开支情况。首先，如果需要我为你支付合唱队之类的费用，没有哪个异乡朋友可以为你垫支，尽管我们都期望有；其次，一旦发生与你自己的权益利害攸关的事情，乃至于立即付钱对你有利，而拖到你派人来再付钱则对你不利，这样做不仅麻烦，而且也丢你的面子。【b】我本人的经历表明确实有这种事，你信中还索要其他更大件的东西，为了给你送去，我派厄拉斯托去找伊齐那人安德罗美德，因为你一直叮嘱我，如果我有什么需要，都可以向你的这位异乡朋友支钱。可是人家说，以前他曾给你父亲垫支过钱，好不容易才收回，因此这一次他只能出一点，多了免谈。他这么说并不为过，而且是人之常情。于是，我便向勒普提涅要钱。勒普提涅值得赞扬，不是因为他出了钱，而是因为他很爽快，在其他牵涉到你的事情上，【c】他说话和做事都显得够朋友。我应当把诸如此类的事情告诉你，并且说明他们每个人对你的态度。

无论如何，在钱的问题上，我要对你直言不讳，因为这样做是正当的。此外，我还要根据我的体会说一说你周边的人。每次向你报告消息，涉及开支和花销的事他们就不愿报告，担心会招致你的不快。【d】所以，你要让他们习惯这些事，强迫他们向你报告，把这些事情说明白。你本人应当努力知道一切，自己作判断，切勿逃避，因为对统治而言，这样做是对你最好的治法。正当的开支和偿还债务是一件好事，无论是出于其他目的，还是为了获取钱财，这是你本人说过的话，你将来也会这样说。因此，不要让那些声称关心你的人在世人面前诽谤你，这对于你的名誉既不好也不美，要是你被视作一个难打交道的人。

【e】下面我要谈到狄翁。别的事情我目前还不能说些什么，要等到收到你的那些信，就如你说过的那样。不过，关于你不允许我向他提及的那些事情，我既没有向他提起过，也没有和他谈论过，可是我想要搞明白，他究竟会艰难地还是轻松地承受那些事情的发生，而在我看来，如果发生了，他可能不会只是有一点点不愉快。但在其他方面，我认为狄翁在言辞和行动上对你都很温和。

【363】至于克拉提努①——提摩修②的兄弟、我的同伴，让我们

① 克拉提努（Κρατίνως），人名。

② 提摩修（Τιμοθέους），人名。

送他一副重甲兵的胸铠吧，也就是步兵所用的软甲中的一种；再送给克贝[1]的女儿们三件七肘长的衬袍，不用阿谟尔古斯[2]价格昂贵的亚麻，而是用西西里的亚麻。你可能知道克贝这个名字，因为他已被写进那些苏格拉底的谈话；在那篇讨论灵魂的对话中，他和西米亚斯[3]一道与苏格拉底交谈。这个人对我们所有人都非常亲近和友善。

【b】至于那个符记——可以表明哪些书信是我严肃地写下的，哪些不是——我想你记得，可是你还要加以理解，并且要关注它。因为有许多人要我这样写，要公然拒绝他们可并不容易。那些严肃的书信以"神"开头，那些不那么严肃的书信以"众神"开头。

使者们请求我致信于你，这很自然。因为他们极其热心地到处赞美你和我，菲拉格鲁斯[4]也一样，当时他的手有些毛病。【c】从波斯大王那里回来的菲莱德斯[5]也谈起过你。要不是需要一封很长的书信的话，我也要写一写他说的内容，不过，既然如此，你就直接向勒普提涅询问吧。

如果要把胸铠或者我在信中提到的其他东西送来，你就把东西托付给你自己愿意托付的人；如果没有愿意托付的人，那就托付给忒里卢斯[6]吧。因为他总是出航，而且他是我们的朋友，他在其他事情上，以及在哲学上皆有造诣。他是提森[7]的姻亲，在我们起程离开的时候，提森正在担任城防官。

保重吧，你要爱智慧，还要鼓励其他那些更加年轻的人，【d】代我问候那些与你一起研究天球的人。你要交代其他人和阿里斯托克利图，一旦我有什么消息或书信送到你那里，他们应当确保你第一时间得

---

① 克贝（Κέβης），《斐多篇》对话人。

② 阿谟尔古斯（Ἀμόργυς），地名。

③ 西米亚斯（Σιμμίας），《斐多篇》对话人。

④ 菲拉格鲁斯（Φίλαγρος），人名。

⑤ 菲莱德斯（Φιλαίδης），人名。

⑥ 忒里卢斯（Τηρίλλος），人名。

⑦ 提森（Τείσωνος），人名。

知，还应当提醒你注意我说的内容。此外，别忘了偿还勒普提涅垫支的钱，而且要尽快偿付，其他人看到你这么对他，就会更加热心地为我们效劳。

【e】雅特洛克勒[①]——他当时和密洛尼得斯[②]一道被我释放为自由人——现在正和我派来的人一同在海上，他对你很友善，请你把他雇了吧，你可以随意支使他。至于这封信，你要保存原件或是一份备忘，而且你要始终如一。

① 雅特洛克勒（Ἰατροκλῆς），人名。

② 密洛尼得斯（Μυρωνίδους），人名。

诗句集

提　要

据史料记载，年轻时的柏拉图深受诗歌的诱惑，如果没有遇到苏格拉底并且被苏格拉底的言论所吸引，他很有可能会成为一位有造诣的诗人。在献身哲学之前，柏拉图写过酒神颂、抒情诗和悲剧，但没有保存下来。他的对话中有一些非常富有诗意的散文段落，或许可以佐证柏拉图是一名诗人。

汇集于此的柏拉图诗歌共18首，刊于约翰·库珀主编的《柏拉图全集》(Plato, Plato complete Works, ed. John M. cooper, Hackett Publishing company,cambridge, 1997.)。前17首亦刊于赫尔曼·贝克毕编纂的《希腊诗选》(Hermann beckby, ed., the Anthologia Graeca, Munich, 1957.)。

归于柏拉图名下的这些诗句主要是一些对句（两行诗），适宜用作墓志铭或其他铭文。前10首的来源是公元3世纪的罗马传记作家第欧根尼·拉尔修。(diogenes Laertius, Lives of eminent Philosophers, 2vols, translated by R.d.Hicks, the Loeb classical Library, repinted, 1972，III.28–33。）其他8首源自中世纪流传下来的希腊诗集。

正 文

1

凝视星辰的阿斯特尔①，我的星；我愿是苍穹，用无数眼睛把你紧盯。

《希腊诗选》vii,669

2

正如你像晨星②在活人中闪耀，所以死时你像暮星在死者中闪亮。

《希腊诗选》Vii,670

3

赫卡柏③和伊利昂的女人命中注定，出生伊始就要流泪满面；而你狄翁，神谴的贵人，所做之事取得完胜，新的希望更加高尚。现在你光荣地躺在故乡同胞宽阔的怀中，我要说，我的爱怨已然疯狂，噢，狄翁。

《希腊诗选》Vii,99

① 写给一位名叫阿斯特尔（Ἀσὴρ）的年轻人，这位青年与柏拉图作伴研究天文学。参阅第欧根尼拉尔修：《名哲言行录》3：29。

② 晨星和暮星指的都是金星。

③ 赫卡柏（Ἑκάβη），特洛伊国王普里阿摩斯之妻，赫克托耳之母，在战争中失去丈夫和儿子。

4

阿莱克斯[①]现在已不复往昔，我就只说这些；他容貌俊美，到处夺人眼目。啊，我的心上人，你为什么要把骨头拿给狗看？此后，你是否哀痛？如不这样，我们怎会失去斐德罗[②]？

《希腊诗选》vii,100

5

阿凯娜莎[③]，来自科罗封[④]的女伴，她的皱纹里，坐落着热辣的爱恋。噢，你们实在不幸，首航就遭遇这个佳人，你们心中必会燃起难抑的欲火！

《希腊诗选》vii,217

6

只要与阿伽松[⑤]亲热，我的灵魂就跃上嘴唇，难以忍受，飘飘欲仙。

《希腊诗选》v,78

① 阿莱克斯（Ἄλεξις），人名。

② 斐德罗（Φαῖδρος），《斐德罗篇》、《会饮篇》对话人。

③ 阿凯娜莎（Ἀρχέανασσα），人名。

④ 科罗封（Κολόφων），地名。

⑤ 阿伽松（Ἀγάθων），《会饮篇》对话人。

7

我把苹果抛给你，如果你愿意爱我，就请收下它，让我品尝你少女的妩媚；如果你不愿意，也请你抓住它，思虑青春的短暂。

《希腊诗选》v,79

8

我是一只苹果，爱你的人把我抛给你。答应我吧，克珊西帕[①]，你我都会老朽，何不珍惜。

《希腊诗选》v,80

9

我们生为尤卑亚[②]的埃雷特里亚人，但我们现居苏萨[③]附近，唉，我们离故乡有多么遥远！

《希腊诗选》vii,259

10

有人拿走他发现的金子，留下带活结的绳索；金子的主人发现一无所剩，就珍爱这根发现金子用的绳索。

《希腊诗选》ix,44

① 克珊西帕（Ξανθίππη），人名。

② 尤卑亚（Εὔβοια），岛名。

③ 苏萨（Σώσα），地名，埃雷特里亚人于公元前490年被波斯人迁走，苏萨成为波斯国王大流士的首都。

11

我，拉伊丝[①]，曾有大批年轻恋人上门，现在却在希腊受到鄙视和嘲笑，我要把这面铜镜献给帕斐娅[②]；因为我不希望看到我的现在，我也不能看到我的过去。

《希腊诗选》vi,1

12

这个人让外邦人感到快乐，让他的同胞感到亲密；品达，甜美悦耳的缪斯的仆人。

《希腊诗选》vii,35

13

我们离开了爱琴海的汹涌波涛，来到这厄巴塔那[③]平原。再见了，著名的埃雷特里亚，我们从前的祖国。再见了，雅典，尤卑亚的邻居。再见了，亲爱的大海。

《希腊诗选》vii,256

14

我是一位船长之坟；对面是一位农夫之墓。大地和大海之下同为死

① 拉伊丝（Λάις），人名。

② 帕斐娅（Παφέια），即阿佛洛狄忒。这首诗刻在一面镜子上，由拉伊丝献给女神。

③ 厄巴塔那（Ἐκβατάνα），地名。

亡之地。

《希腊诗选》vii,265

15

水手们，祝你们平安，无论是在海上，还是在陆上；我想让你们知道，你们经过的这个坟墓属于一位在海上翻船的人。

《希腊诗选》vii,269

16

有人说有九位缪斯，这样说有多么轻率！看看莱斯堡[①]的萨福[②]吧，她说缪斯有十位。

《希腊诗选》ix,506

17

居里丝[③]在尼都斯[④]看到自己的雕像，她说，“哎呀，普拉克西特勒[⑤]在什么地方看到我赤身裸体？”

《希腊诗选》xvi,162

① 莱斯堡（Λέσβος），岛名。

② 萨福（Σαπφοῦς），希腊女诗人。

③ 居里丝（Κύπρις），即阿佛洛狄忒。著名雕刻家普拉克西特勒在小亚细亚卡里亚地区的尼都斯建有著名的阿佛洛狄忒雕像。

④ 尼都斯（Κνίδος），地名。

⑤ 普拉克西特勒（Πραχιτέλης），人名，雕刻家。

18

美惠三女神为自己寻找不会倒塌的神庙，结果发现了阿里斯托芬[①]的灵魂。

① 阿里斯托芬（Ἀριστοφάνης），《会饮篇》对话人。

索　引

[著作篇名缩写:Epin.《伊庇诺米篇》G.Hp.《大希庇亚篇》Ltr.《书信》Alc.《阿尔基比亚德上篇》2Alc.《阿尔基比亚德下篇》Hppr.《希帕库斯篇》Clt.《克利托丰篇》Thg.《塞亚革斯篇》Min.《弥诺斯篇》Dem.《德谟多库篇》Sis.《西绪福斯篇》Eryx.《厄里西亚篇》Ax.《阿西俄库篇》Riv.《情敌篇》Just.《论公正》Virt.《论美德》Hal.《神翠鸟》Def.《定义集》Epgr.《诗句集》]

A

Academy:Ἀκαδημία 阿卡德谟 Ax.367a

Achaeans:Ἀχαιοι 阿该亚人 Alc.112b

Achaemenes:Ἀχαιμένους 亚凯美涅 Alc.120e

Acheron:Ἀχέρον 阿刻戎 (地名) Ax.371b

Achilles:Ἀχίλλειος 阿喀琉斯 G.Hp.292e

Acragas:Ἀκραγας 阿拉伽斯 (地名) Thg.127e

acropolis of Athens:ἀκρό-πολις 卫城 (雅典的) Eryx.398e

acropolis of Syracuse:ἀκρό-πολις 卫城 (叙拉古的) Ltr.3.315e,7.329e,7.348a,7.349d,7.350a

adultery:μοιχεία 通奸 Eryx.396e—397a

advice/adviser:ὑπτιθεσθαί, σύμβο-υος 咨询、顾问 Alc.106c—107e,108e—109c,113b,116d,125e—126a,127d;2Alc.144e—145c;Def.413c;Dem.380a—382e;Eryx.394e;Ltr.5.322a+,7.330c+;Thg.122a—122c

Aeacus:Αἰακος 埃阿科斯 Alc.121b;Thg.124c

Aegean Sea:Αἰγαῖος πέλἄγος 爱琴海 Epgr.13

Aegina/Aeginetan(place):Αἰγίνη 伊齐那 (地名) Alc.121b;Ltr.4.321b,13.362b

Aegisthus:Αἴγισθος 艾吉苏斯 Thg.124c

Aeolus:Αἴολοσ 埃俄罗斯 Halc.1

Aesop's fables:Αἴσωπος 伊索寓言

Alc.123a
aether:αἰθήρ 以太 Ax.366a;Epin.981c, 984d+;Halc.7
Agamedes:Ἀγαμήδης 阿伽美德 Ax. 367c
Agamemnon:Ἀγαμέμνον 阿伽门农 Ltr.2.311b;Thg.124c
Agathon:Ἀγάθων 阿伽松,《会饮篇》对话人 Epgr.6
Agis,son of Archidamus:Ἆγις 阿吉斯 Alc.124a
agora of Athens:ἀγορά 市场（雅典的）Eryx.400c
agriculture:γεωργία 农业 Alc.131a—131b;Ax.368c;Clt.408e;Epgr.14;Hppr.225b—226a;Just.375b;Riv.134e;Thg.121b,124a,125c
air:ἀέρος/ ἀήρ 气 Def.411c;Epin.981c, 984e+;Sis.389a
Alcibiades,Athenian general:Ἀλκιβιάδης 阿尔基比亚德,《阿尔基比亚德上篇》、《阿尔基比亚德下篇》、《普罗泰戈拉篇》、《会饮篇》对话人；Alc.103a—107b,107e,110a—110c, 112c,113b,118c,119c—119e,121a—121b,122a—122d,123c—124d,127d, 127e,131d,131e,135b,135d—135e; 2Alc.138a,141b,143e,144a,150,151
Alcmeon:Ἀλκμαίων 阿克迈翁 2Alc. 143c
Alexis:Ἀλεξις 阿莱克斯 Epgr.4
Amazon column:Ἀμαξόν 亚马孙柱 Ax.364d—365a
ambition:φϊλοτῖμία 雄心、野心 Alc. 105a—106a,122d;Ltr.7.344c;
Amestris:Ἀμήστρις 亚美忒利丝 Alc. 123c—123e
Ammon:Ἄμμων 阿蒙 2Alc.148e—149b,150a
Amorgus:Ἀμόργυς 阿谟尔古斯（地名）Ltr.13.363a
Amphiaraus:Ἀμφιᾶρεως 安菲阿拉俄斯 Ax.367e—368a
Amphilytus:Ἀμφίλυτος 安斐吕图 Thg.124d
Anacreon:Ἀνακρέον 阿那克瑞翁 Hppr.228c;Thg.125d
Anagyrus:Ἀναγυρό ς 阿那居鲁（地名）Thg.127e
anarchy:ἀναρχία 无政府状态 Ltr. 8.354d+
Anaxagoras:Αναξαγόρας 阿那克萨戈拉 Alc.118c;G.Hp.281c,283a;Ltr. 2.311a;Riv.132a;Sis.389a
ancestors/ancestry:πρόγονος 祖先，先人 Alc.120e—121c;Just.375c;Ltr. 7.337b
Andromedes:Ἀνδρομήδης 安德罗美德 Ltr.13.362b
anger:ὀργὴ 愤怒 Def.412d,415e
animal(s):ξῷον 动物 Ax.365c,367d, 370b,372;2Alc.149a;Clt.409e;Def. 415a;Epin.975a;Eryx.401c;G.Hp.295d; Ltr.5.321d,7.342d
Apemantus:Ἀπημάντος 阿培曼图 G.Hp.286b
Aphrodite:Ἀφροδίτη 阿佛洛狄忒 Epgr. 11,17;Epin.987b;Ltr.7.335b
Apollo:Ἀπολλον 阿波罗 Alc.124b, 129a,132c;Ax.367c,368a;
apparitions:φάντασμα 幽灵 Epin. 984e+

appearance/appearing:ἐκφαίνεσθαι, φαίνεσθαι 表面现象、显得 G.Hp.294a+
Archeanassa:Ἀρχέανασσα 阿凯娜莎 Epgr.5
Archedemus:Ἀρχεδήμους 阿基德谟 Ltr.2.310b,2.312d,2.313d+,3.319a,7.339a,7.349
Archelaus:Ἀρχέλαος 阿凯劳斯 2Alc.141d;Thg.124d
archers/archery:τοξευτής, τοξική 弓箭手 2Alc.145c,145e;Hppr.226c—226d;Riv.135a;Sis.391a—391b
Archidamus:Ἀρχιδάμους 阿基达姆 Alc.124a
Archilochus:Ἀρχιλόχους 阿基洛库斯 Eryx.397e
Archippus:Ἄρχιππους 阿尔基波 Ltr.9.357e
archon(s):ἄρχον 执政官 G.Hp.285e
Archytas:Ἀρχύτης 阿尔基塔 Ltr.7.338c,7.339a,7.339d,7.350a+,9.357e,12.359c,12.359d,13.360b
Areopagus,Council of:Ἀρείουπάγους 战神山 Ax.367a
Ares:Ἄρης 阿瑞斯 Epin.987c
Argive/Argos:Ἀργεῖοι 阿耳戈斯人 Alc.121a;Ax.367c;Ltr.8.354b;Thg.124c
Aristides,the elder:Ἀριστείδης 老阿里斯底德 Thg.130a;Virt.376c—376d,377d
Aristides,the younger:Ἀριστείδης 阿里斯底德（小）Thg.130a—130e
aristocracy/aristocratic:ἀριστοκρατία 贵族政制 Alc.104b,120d—121b,122b,123e;Thg.128a
Aristocritus:Ἀριστοκρίτους 阿里斯托克利图 Ltr.3.319a,13.363d
Aristodorus:Ἀριστοδωρος 阿里斯托多鲁 Ltr.10.358c
Aristogiton:Ἀριστογείτον 阿里司托吉顿 Hppr.229c—229d
Ariston,father of Hegesippus:Ἀρίστων 阿里斯通 Ltr.2.314e
Aristonymus:Ἀριστωνύμυς 阿里司托尼姆 Clt.406a
Aristophanes:Ἀριστοφάνης 阿里斯托芬，《会饮篇》对话人 Epgr.18
arithmetic(al):λογιστικός 算术 Alc.126c;Epin.978b;G.Hp.285c
art(s):τέχνη 技艺 2Alc.145e;Clt.407c;Epin.975c+;Eryx.402d
Artaxerxes:Ἀρταξέξης 阿塔克塞西斯 Alc.121b,123c—123d
Asia:Ἀσιάς 亚细亚（地名）Alc.105c,121a,121c
Assembly,at Athens:ἐκκλησία 公民大会，雅典的 Alc.107a,113b,114b;Ax.368d—368e;G.Hp.282b
astronomer(s):ἀστρονόμος 天文学家 Epin.990b+,991b,992b,992d
astronomy:ἀστρονομία 天文学，星相学 Epin.987a,990a+;Riv.132b
Athena:Ἀθηνᾶ 雅典娜 2Alc.150d;G.Hp.290b+
Athens:Ἀθῆναι 雅典（地名）Ax.364a,364d—365a;Eryx.394,397c,398e;Hppr.229a;Thg.121a
athlete(s):ἀθλητής 运动员 Alc.119b;2Alc.145e;Riv.133e,135e—136a,138e;Thg.123e

athletic competitions and events:γυμν-αστίκός 体育竞赛和事件 Alc.107e; 2Alc.145c—145d;Riv.135e—136a, 138e;Virt.377e,378e
Avengers:τῑμωρός 复仇者 Ax.372
Axiochus:Aξίοχος 阿西俄库,《阿西俄库篇》对话人 Ax.364a—365c, 369a,371d—371e

B

Bacchius:Bακχεῖος 巴基乌斯 Ltr. 1.309c
bad(ness):κακός 坏(恶)Alc.115a—117a,118a,125a—125b,133c,134a—134b,135b—135c;2Alc.141a,141c—144a,146d—146e,147d,149c;Ax. 369e—370a;Clt.407a,409d;Def.411d, 411e—412a,412b,412c,413d,415e, 416;Epin.978a;Eryx.393e,395d—399d,404e,405d—406a;G.Hp.296b+; Hppr.227a—228a,229e—232a;Ltr. 7.335a+,7.351c;Min.314d,321d;Riv. 132c,133b,136b,137a—138a,138d—139a;Sis.390c—391d;Virt.376d—377a,378d
Bakis:βάκις 巴基斯 Thg.124d
barbarian(s):βαρβάροις 野蛮人、外国人 2Alc.141c
beauty/beautiful:κάλλος 美/美的 Alc. 104a,107b,113b,121d,123e,131c—132a;Clt.409c,410b;Def.414a,414e; Epgr.4,5,7;Eryx.395a—395d;Hppr. 227d,231e;Riv.132d,133a,134d
becoming:γενέσθαι,变、变成、变易 Def.411a
being:(μή)εἰμί/εἶναι 是、在、真 Def. 411a,416;Epin.983d+;Sis.390d—391c
belief:πίστῐς 相信,信念 Clt.409e; Epin.978b
beneficial/benefit:σύμφορος,ὠφέλ-εια 有益的,有利的 Alc. 113d—115a, 116c—117e;Clt.409c,410b;Def.414a, 414e;Eryx.394a, 395a—395d,396b;G.Hp.284d,284e+, 296e+,297c,303a;Hppr.227d,231e; Riv.132d,134d
Bias:Bίας 彼亚斯 G.Hp.281c,281e; alluded to, Ax.368b
bigness:μέγεθ 大 G.Hp.294b
Blessed,Islands of the:μακάρων νῆσοι 福岛 Epin.992c
bodies/body:σῶμα 身体(肉体,肉身) Def.411b,411c;Epin.981b+,983c;Ltr. 7.342d;Riv.132b
Boeotia(ns):Bοιωτία 波埃提亚(人) Alc.112c
boy(s):παῖς 儿童、孩子 Alc.110a—110c,121e—122a,135b;Ax.367a; Riv.132a—132b,133a—133b,134a, 135a;Thg.121d—122d,127b—127e, 131a;Virt.378e,379a—379b
Bryson:Bρύσων 布律松 Ltr.13.360c
builder(s)/building:οἰκοδόμος, οἰκοδόμησις 工匠/建筑 Alc.107a; 2Alc.140b—140c;Clt.409b—409d; Epin.975c;Eryx.403d,403e;Riv.135b—135c;Sis.390c;Virt.376c—376d
burial:τάφή 葬礼 G.Hp.291d,292e+

C

Calliades:Kαλλιάδης 卡里亚德 Alc.

119a
Callias,son of Calliades:Καλλίας 卡里亚，卡里亚德之子 Alc.119a
Callias,son of Hipponicus:Καρὶα 卡里亚，希波尼库之子，《普罗泰戈拉篇》对话人 Ax.366c;Eryx.395a
Callicrite:Καλλικρίτη 卡里克利特 Thg.125d—125e
Callirhoe:Καλλιρρόη 卡里洛厄（泉名）Ax.364a
Callistratus:Καλλίστρατος 卡利斯特拉图 Sis.388c
Callixenus:Καλλίξενος 卡里克塞努 Ax.368d
Carthaginian(s):Καρχηδόνιοι 迦太基人 Eryx.399e—400d;Ltr.7.333a, 7.349c,8.353a;Min.315b—315c,316a
cause(s):αἰτία 原因 Def.411a,411b, 414b,414e,416;Epin.983c;G.Hp.296e+
Cave of Zeus:σπήλαιον τοῦ Διός 宙斯的洞穴 Min.319e
Cebes:Κέβης 克贝，《斐多篇》对话人 Ltr.13.363a
centaur:κενταύρους 肯陶洛斯 Ax.369c
Ceos/Ceans:Χῖος，Κεῖος 开奥斯 / 开奥斯人 Eryx 397c;G.Hp.282a;Hppr.228cThg.127e
Ceyx:Κέυξ 凯依克斯 Halc.1
change(s):μεταλλἄγή 变化、变易 Def.411a
chaos:χάος 浑沌 Ax.371e
character(s):τρόπος 品性 Ltr.7.342d
chariot(s)/charioteer:δίφρος/ ἡνιόχος 马车 / 驭手 Thg.123c—123d
Charmides:Χαρμίδης 卡尔米德，《卡尔米德篇》谈话人 Ax.364a;Thg.128e
Charybdis:Χάρυβδις 卡律布狄斯 Ltr.7.345e
children:παῖδες 儿童 / 孩子 Alc.110c, 121d—121e,122c;2Alc.142b—142c; Ax.366d—366e;Clt.407c,408e,409e; G.Hp.286a,291d,292e+;Halc.3—6,8;
chorus(es):χορός 合唱队 Alc.125d—125e;Ltr.2.654a,13.362a;Thg.123e
Cimon:κίμων 喀蒙 Thg.126a
citizen(s):πολίτης 公民 Alc.126c—126d,127c;Ax.369a;Epgr.12;Hppr.228c;Min.320a—320b;Thg.125e—126a;Virt.376d
city/cities:πόλις，πολίτεία 城，城邦 Alc.111c,122e,125c,125d—127c, 133e,134b—135b,135e;Ax.370b;Clt.407d—407e,409d;Def.413b,415b, 415c,416;Eryx.396e;G.Hp.285d;Min.314c—314e,317a,317c,321b;Riv.138b,138e;Thg.124a,125e—126a, 126c,128a;Virt.379c
Cleisthenes:Κλεισθένους 克利斯提尼 Ax.365e
Cleophantus:Κλεόφαντος 克莱俄芳图 Virt.377a—377c
Clinias,brother of Alcibiades:Κλεινίας 克利尼亚 Alc.104b,118e;Ax.364a—364d
Clinias,cousin of Alcibiades:Κλεινίας 克利尼亚，《阿西俄库篇》、《欧绪德谟篇》对话人 Ax.364b+
Clinias,father of Alcibiades:Κλεινίας 克利尼亚 Alc.103a,104b,105d,112c, 113b,121a,131e;2Alc.141b

Clitomachus:Κλειτόμαχος 克利托玛库 Thg.129a

Clitophon:Κλειτοφῶν 克利托丰,《克利托丰篇》、《国家篇》对话人 Clt. 406a—407a,410d—410e

Cnidus:Κνίδος 尼都斯（地名）Epgr.17

Cnossus:Κνωσοῦς 克诺索斯（地名）Min.319b

Cocytus:Κωκυτός 考西图斯河 Ax. 371b

Colophon:Κολόφων 科罗封（地名）Epgr.5

constitution(s):πολιτεία 政治制度 Def. 415c

contract(s):ὁμολογέω/ ὁμολογία 协议 / 契约 Ltr.6.323c+

contrary/contraries/contrariety:ἐναντίως 对立、相反 Def.416

cooking:ἕψησις 烹调 Alc.117c;Epin. 975a+;Min.316e—317b;Thg.125c; Virt.376b—376d

Corinth:Κορίνθια 科林斯（地名）Ltr. 3.318a;Thg.124c

Coriscus:Κορίσκως 科里司库 Ltr. 6.322c,6.322d,6.323a

Coronea:Κορωνεία 科洛奈（地名）Alc.112c

Cosmos (god):Κόσμος 科斯摩斯 Epin. 977b,987b

cosmos:κόσμος 宇宙、秩序 Halc.2,6

Council,at Athens:ἐκκλησία 议会、议事会（雅典的）G.Hp.282c,304a+

council,in model city:συνέδριον 议事会（理想城邦的）Epin.992e

counting:λογισμός 算账、计算 Epin. 978b+;Just.373b—373d

courage(ous):ἀνδρεία 勇敢 Alc. 115b—115e,121e—122a,122c;Ax. 365a;Def.412a,412c,416;Epin.975e

cowardice:δειλία, πονηρία 胆怯 Alc. 115d—115e;Ax.365b;Def.416

craft(s):τέχνη 技艺 Epin,974e+

craftsman/craftsmen:δημιουργός 匠人、艺人 2Alc.145e;Hppr.226c—226d

Cratinus:Κρατίνως 克拉提努 Ltr. 13.363a

Cratistolus:Κρατιστόλους 克拉提斯托卢 Ltr.2.310c

creation:δημιουργία, ἔκγονα 创造，产生 Epin.981+

creatures:θηρίον 被造物、生灵 Epin. 979a,984b+

credit:πιστίς 信任、信誉 Ltr.13.361c, 13.362a+

Creon,king of Thebes:Κρέον 克瑞翁 2Alc.151b—151c;Ltr.2.311b

Cretan(s)/Crete:Κρής, Κρήτη 克里特人 / 克里特 Min.318d—321b

crime(s):ἀδίκημα 罪恶、罪行 2Alc. 143c—144c;Eryx.396e—397a

criminal(s):κἄκοῦργος 罪犯 Ltr. 8.352c

Critias:Κριτίας 克里底亚,《卡尔米德篇》、《克里底亚篇》、《厄里西亚篇》、《普罗泰戈拉篇》、《蒂迈欧篇》对话人 Eryx.392a,397b—397c,399b—399e,403c,405b;Ltr.7.324c+

criticism:ἐξέτασις 批评 G.Hp.286c

Croesus:Κροίσω 克娄苏 Ltr.2.311a

Cronus:Κρόνος 克洛诺斯 Epin.987c; Hppr.229b;Min.315c

currency:νόμισμα 现钱 Dem.383b;

Eryx.400a—400e;Virt.378d
custom:ἔθος, νόμος 习俗、习惯 Just.372a;Min.313b—313c,316b—317c,320a
Cyane:Κυάνη 居亚尼 Thg.125d—125e
Cynosarges:Κυνόσαργες 居诺萨吉斯（体育场名）Ax.364a,372
Cypris (Aphrodite):Κύπρις 居里丝（阿佛洛狄忒）Epgr.17
Cypselus:Κυψέλους 库普塞鲁 Thg.124c
Cyrus:Κῦρος 居鲁士 Alc.105c;Ltr.2.311a,4.320d
Cyzicus:Κυζικός 西泽库（地名）Ltr.13.360c

D

Daedalus:Δαιδάλος 代达罗斯 Alc.121a;G.Hp.282a
daemon(s) (spirits):δαίμων 精灵 Ax.371c;Epin.984d+
Damon:Δάμων 达蒙 Alc.118c;Ax.364a
Danaids:Δαναίδς 达那伊得斯 Ax.371e
dance(s)/dancing:χορεία, ὀρχησῦς 跳舞、舞蹈 Alc.108a,108c,125d;Ax.366a,371d;Clt.407c;Epin.982e
Dardanus:Δαρδάνους 达耳达诺斯 G.Hp.293b
Darius:Δαρεῖος 大流士 Ltr.7.332a+
day(s):ἡμέρα 日子、天 Def.411b
death:θνήσκω 死亡 Alc.115b—115e;Ax.364b—365d,366c,367b—367c,369b—370a,370e,372;Ax.365c—366b,370c—370e;Def.412a;Epgr.14,15;Ltr.7.331d
declamation:ῥαψῳδια 华丽的辞藻 Epin.975d
definition:λόγος 定义、理智、理性、说法、言词 Def.414d;Ltr.7.344b
Delos:Δήλος 德洛斯（地名）Ax.371a
Delphi/Delphic oracle/god of Delphi:Δελφοί 德尔斐（地名）Alc.124a,129a,132c—132d;Epin.988a;Hppr.228e;Ltr.3.315b;Riv.138a
Demeter:Δημήτηρ 得墨忒耳 Ax.371e
demigods:ἡμίθεος 半神 Epin.985b
democracy/democratic:δημοκρατία, δημοκρατικός 民主、民主政制 Ax.368d—369b;Ltr.5.321d,7.326d
Demodocus:Δημοδόκου 德谟多库，《塞亚革斯篇》对话人 Dem.380a;Thg.121a—122a,122e—123a,127b—127e,128c
demos,Athenian:δήμου 德莫（区）Alc.132a
desire(s):ἐπῖθῡμία 欲望、期望 Def.411e,413c,414b,415d;Eryx.405e;Hppr.229e,232b—232c
dialect(s):γλῶσσα 方言 Ltr.7.345a
dialectic(al)/dialectician(s):διαλέγω, διαλετικός 辩证的 / 辩证法家 Epin.991c;G.Hp.301d;Ltr.7.343d+
dialogues:διάλογος 对话 Ltr.2.314c,13.363a
dictator:δικτάτωρ 僭主、暴君 Def.415c
dike:δίκη 正义、公道，Def.413d
Dinomache:Δεινομάχη 狄诺玛克 Alc.104b,105d,123c
Diomedes:Διομήδης 狄奥墨德 2Alc.150d
Dion of Syracuse:Δίων 狄翁（叙拉古的）Epgr.3;Ltr.2.310b+,3.316c+,

3.317e+,3.318e,4.320a,4.320d,7.323e+,7.326e+,7.327a+,7.327c+,7.328b,7.328d,7.329c,7.330a+,7.333a,7.333b,7.334a+,7.334e,7.335c,7.335e,7.336e+,7.336c,7.336d,7.338a,7.338b,7.339b,7.345d,7.346b+,7.347b,7.347c+,7.349e,7.350b+,7.351a+,7.351d+,8.352b,8.355+,8.357a,13.361d,13.362e

Dionysius I:Διονυσίους 狄奥尼修一世 Ltr.2.313a,7.327b,7.332a,7.332c,7.333a,7.348a,8.353a+,8.354d,8.356a,8.356b,8.356c,8.357c,13.362b

Dionysius II:Διονυσίους 狄奥尼修二世 Ltr.1.309a,2.310d,2.312a,2.312c,2.313a+,2.314c,2.314d,3.316c+,3.318b,3.318c,3.319b,4.320d,7.328a,7.329b,7.329d,7.330a+,7.332d+,7.333b+,7.334e,7.335c,7.338a+,7.339b+,7.340a+,7.341a+,7.344d+,7.345b+,7.346a+,7.347e,7.348a,7.348e+,7.349d+,7.350b,8.356b,13.360a,13.360d+,13.361c,13.362a+

Dionysus (the god):Διονυσίῳς 狄奥尼修斯 Ax.371e

Dionysus,a schoolteacher:Διονυσίῳς 狄奥尼修斯 Riv.132a

dithyrambic poetry:διθυραμβώδης 赞美诗 G.Hp.292c;

diviners/divination:χρησμῳδέω 预言 Alc.107b;Def.414b;Min.314b;Thg.131a

Dorian(s)/Doric:Δωριῆς 多利亚人 Ltr.7.336c,7.345a

Doris:Δωρίς 多利斯（人名）Ltr.2.313a

dowries:προίξ 嫁妆 Ltr.13.361d+

Draco:Δράκο 德拉古 Ax.365e

drinking,drinking parties:πόσις 饮酒，宴饮 Ax.371d;Eryx.405e;Min.319e—320a

drunken(ness):πάροινος 醉酒 Min.320a

E

earth:γῆ 大地、土 Ax.371b;Def.411c;Epin.981c

Ecbatana:Ἐκβατάνα 厄巴塔那（地名）Epgr.13

Echecrates,son of Phrynion:Ἐχεκράτης 厄刻克拉底 Ltr.9.358b

eclipse:ἔκλιψις 日蚀 Ax.370b

education:παιδεύω / παίδεία 教育 Alc.106e,111a,118b,119b,120e,121e—122b,123d,124c;Ax.366d—367a;Clt.407c—407d;Def.416;Epin.973d;G.Hp.283e+;Hppr.228c—228e,229c;Min.319c,320b,320c—320e;Riv.135d;Thg.122b,122e,126e,127e,130c;Virt.377b—378a

Egypt/Egyptian(s):Αἴγυπτ Αἴγυπτος 埃及 / 埃及人 Epin.987a

election:αἵρεσις，χειροτονία 选举，选任 Ax.369a

elements:μέρος 要素、原素 Def.411c,414e;Epin.981c,984b+

Eleusis:Ἐλευσῖς 厄琉息斯（地名）Ax.371e

Elis:Ἠλεῖος 埃利斯（地名）G.Hp.281a,287c,288c,292e

Empedocles:Ἐμπεδοκλέα 恩培多克勒 Sis.389a

endurance:καρτερία 坚忍 Alc.122c;Def.412b,412c

enmity:ἔχθος 敌意 Ltr.3.318e,7.337b

envy:φθόνος 妒忌 Def.416;G.Hp.282a
Eosphorus:Εοςφόρος 欧弗鲁斯 Halc.1
Ephebes:Ἐφήβους 爱菲伯斯（雅典军事学校的学员）Ax.366e
Ephesians/Ephesus:Ἐφέσος 爱菲索（地名）Thg.129d
Ephialtes:Ἐφιάλτης 厄菲亚尔特 Ax.368d
ephorate:ἐφρατη 督察 Alc.121b;Ltr.8.354b
Epicharmus:Ἐπιχάρμος 厄庇卡尔谟 Ax.366c;Just.374a
Erasistratus,grandfather of the above:Ἐρασιστράτους 厄拉昔拉图 Eryx.392a
Erastus:Ἐράστως 厄拉斯托 Ltr.6.322c,6.322d,6.323a,13.362b
Erchia:Ἐρχια 厄基亚（地名）Alc.123c
Erebus:Ἔρεβος 厄瑞布斯 Ax.371e
Erectheus:Ἐρεχθέως 厄瑞克透斯 Alc.132a
Eretria(ns):Ἐρετριά 埃雷特里亚/埃雷特里亚人 Epgr.9,13
Erinyes:Ἐρινύης 厄里倪厄斯 Ax.371e
eristic:ἀντιλογικός 争论的/争论者 Eryx.395a;Ltr.7.343d+
error(s):ἁμρτια 谬误、错误 Alc.117d—117e,134a;2Alc.147a;Def.416;Dem.384c—385b,385e—386b;Eryx.393e—394a;G.Hp.296b+
Eryxias:Ἐρυξιας 厄里西亚，《厄里西亚篇》对话人 Eryx.392a,395a,395c,397c,399b—399e,401e
essence:οὐσία 本体、本质 Ltr.7.343b+
eternity:ὁ πᾶς χρόνος 永恒、永生 Def.411a,411b,415a
Ethiopia/Ethiopian(s):Αἰθιοπία 埃塞俄比亚/埃塞俄比亚人 Eryx.400b
Euathlus:Εὔαθλος 欧阿鲁斯 Thg.129a
Euboea:Εὐβοια 尤卑亚（岛名）Epgr.9,13
Eudicus:Εὔδικυς 欧狄库，《小希庇亚篇》、《大希庇亚篇》对话人；G.Hp.286b
Eudorus:Εὐδώρους 欧多鲁斯 Virt.378a
Eudoxus of Cnidus:Εύδώχος 欧多克索 Ltr.13.360c
eunuch(s):εύνοῦχος 阉人 Alc.121d—121e;Ltr.7.332
Euphraeus:Εὐφραίως 欧福莱乌 Ltr.5.321c+
Euripides:Εὐριπίδης 欧里庇得斯 Alc.113c;2Alc.146a,151b;Ax.368a;Ltr.1.309d;Thg.125b—125d
Europa:Εὐρώπα 欧罗巴（地名）Min.318d
Europe:Εὐρώπη 欧罗巴 Alc.105b;2Alc.141b
Euryptolemus:Εὐρυπτόλεμος 欧里托勒谟 Ax.369a
Eurysaces:Εὐρυσάκους 欧律萨凯斯 Alc.121a—121b
evil(s):κἄκός 恶、邪恶 2Alc.138b—138c,148b,149a,150c—150e;Ax.369e—370a;Clt.407d
exercise(s):ἄσκησις，γυμνασία 练习，训练 Clt.407b;Riv.133e—134e;Thg.128e
exile:φῦγη 流放 2Alc.142a,145b;Ltr.7.331d,7.336e
experience:ἐμπειρία 经验、经历 Ltr.6.323a,8.355c

expert/expertise:χειροτέχνης 专家，行家 Alc.118c—119a;Ax.366b;Riv.135b;Thg.121d—122a;Virt.376b,377b,377e
eye(s):ὀφθαλμός 眼睛 Alc.116e,126b,129c—129d,132d—133b;2Alc.139e—140a;Clt.407e;Epgr.1;G.Hp.295c;Just.372a,374e;Min.314a

F

faction:στάσις 派别、派系 Alc.126c;Ltr.7.336e,7.377b,8.352c
faith:πίστῐς 信念 Def.413c
false/falsehood/falsity:ψευδής 假，虚假，错 Def.414c;Dem.383c—383d;Eryx.395b—395c
fame:φήμη 名望 Alc.124b;Ltr.2.311b;Riv.135b
family:γένος 家庭，家族 Alc.115b,120d—121b,126e;Dem.385c,386a—386c;Thg.122b
fate/Fates:χρεών 命运 Epgr.3;Epin.982c;G.Hp.293b;Ltr.7.337d+
father(s):πᾰτήρ 父亲 Eryx.396b—396c;G.Hp.297b;Ltr.6.323d;Thg.122e—123c,125a,126e—127d;Virt.377a—378a
fear:φοβεῖσθαι 害怕、恐惧 Ax.365c;Def.412a,412b,413a,415e,416;Halc.3;Ltr.7.337a
festival(s):πανήγῠρις 节日 Def.415a;Ltr.7.349d
fevers:πῦρετός 发高烧 2Alc.139e—140a
finite:περατοειδής 有限，确定 Sis.389a
fire:αἶθος 火 Epin.981c,982a+;Eryx.402a;Ltr.7.342d
flatterers/flattery:κόλαξ，θωπεύμᾰτα 奉承者 / 奉承 Def.415e;Ltr.3.315b,7.331c
flute,flute-playing:αὐλός αὐλεῖν 笛子 / 演奏笛子 Alc.106e,125c—125d;Halc.7;Hppr.226c—226d;Sis.390d;2Alc.145d,145e;Thg.126e
folly/fool(s):ἠλιθιότης,εὐήθεια 愚蠢、傻瓜 2Alc.140c,142e,150c;Ltr.3.315c,7.336b
food:ἐδωδή 食物 Alc.108e;G.Hp.298e+;Hppr.226a—226b,230a—230b,230e;Min.317e,321c;Riv.134c,134e
foreign(ers):ἀλλότριος，ξένος 外国，外国人 Alc.105b,119a,122e,124b;Epgr.12;Min.315c,316d,320a;Thg.126c;Virt.376d
forgetfulness:λήθη 遗忘 Ltr.3.315c
form(s):εἰδώς，ἰδέα 型相（型、相）G.Hp.289d+,292d
fortune:συντῠχία 幸运 2Alc.146e—147a,148c;Epin.975e;Ltr.8.353d
freedom:ἐλευθερία 自由 Alc.119a,122a,135c;Clt.408b;Def.412d;Riv.135b,135d;Virt.376d
friend(s)/friendship:φῐλία 朋友，友谊 Alc.109d,115b—115c,115e,116a,126c—127d;2Alc.142e—143a;Clt.409d—409e,410b;Def.413a—413b,413c,416;Dem.386a—386c;Eryx.393e;G.Hp.301b+;Hppr.229b,229d—229e;Just.374d;Ltr.6.322d+,7.325d,7.331e+,7.333e+,8.354a,9.358a;Riv.136c,138e;Thg.128d

funeral(s):ἐπικήδειος 埋葬 / 葬礼 G.Hp.291d,292e+

G

games:παιγνιά 游戏 Alc.110b,110e; Eryx.395a—395b;Hppr.229e;Ltr. 13.363d;Min.316c;Sis.387e
Gelon:Γέλων 格隆 Ltr.7.333a
genealogies:γενεαλογία 系谱 G.Hp. 285d
general(s):στρᾰτηγος 将军 Alc.120c; 2Alc.142a—142d;Ax.368d;Epin. 975e;Hppr.226c—226d;Min.321c
generation(s)/genesis:γένεσις 生成 Epin.980+
genus and species:γένος καὶ εἶδος 种与属 Def.414d,416
geometer/geometrical/geometry:γεωμέτρης, γεωμετρικός, γεωμετρία 几何学家, 几何学 G.Hp.285c
girl(s):παρθένος 姑娘, 少女 Epgr.7
Glaucon,father of Charmides:Γλαύκων 格老孔 (卡尔米德之父) Ax.364a; Thg.128e
gluttony:ὀψοφαγία 贪吃、饕餮 Eryx. 405e
Gobryas,Persian sage:Γωβρύης 古里亚斯 (波斯圣人) Ax.371a,372
Gobryas,grandfather of the above: 古里亚斯 (上面这位古里亚斯的祖父) Ax.371a
god(s):Θεός, θεῖον 神 Alc.103a, 105a—105c,105d,105e,108c—108d, 122a,124c,135d;2Alc.138b,141a, 142d,148a,148c—151b;Ax.367b—367d,371b,371e;Clt.407a;Def.411a, 412e—413a,414a—414b,415a,415b; Epgr.3;Epin.977a,978c,980+,983c, 988a+,991d;Eryx.398c—398e;G.Hp. 288b,289a+,293b;Halc.2—4,8;Ltr. 3.315b+,6.323d,8.353b,8.356d,8.357c, 13.363b;Min.314b,318b—319a; Thg.126a,130e;Virt.379c—379d
gold(en):χρῦσός 金 / 金的 Alc.122b—122c;Dem.383b;Epgr.10;Eryx.394c, 402a,402b—404b;G.Hp.289e+,293e, 301a;Hppr.231c—231d;Ltr.1.309c, 6.322d;Min.313a—313b;Virt.378d
good(ness/s):ἀγαθὸν 好 (善) Alc.116; 2Alc.138b,141a—146e,148b—148c, 150c—150e;Def.411a,411d,412e, 413a,414e,415b,415d,416;G.Hp.287c, 296e+,303e+;Hppr.227a—228a;Min. 321d
Gorgias:Γοργίας 高尔吉亚,《高尔吉亚篇》对话人 G.Hp.282b,282d; Thg.127e—128b
government(s):πολιτεία, πράγμασι 政府 Ax.370b;Ltr.5.321d+,7.326a+; Min.317a,317c
grace/Graces:κᾰρῐς 优雅 Epgr.18
grammar:γραμματικὴ 语法 Riv.132a
Greece/Greek(s):Ἑλλάς 希腊 / 希腊人 Alc.104a,104b,105b,111a—111c, 113d,122e,123d—123e,124b;2Alc. 141a,141c,148e—149c;Epgr.11;Epin. 987d+;Eryx.392d,400a;G.Hp.291a, 291d;Ltr.8.353e;Min.315c—316d, 318c—318d,320a;Riv.135c;Thg.126c
greed:φιλοχρηματια、γαστριμαργία 贪财、贪婪 Hppr.225a—227d,232c; Ltr.7.335b

guardians of law:κηδεμών 卫士（法律的）Ltr.8.356d+;Min.320c
gymnasiums:γυμνάσιον 体育场，摔跤学校 Ax.364a,367a,372;Eryx.399a—399b
gymnastics:γυμναστικός 体育锻炼 Alc.108b—108e,118d,128c;Clt.407c,408e—409a,410d;Riv.132d,133d—134c

H

Hades:Ἅιδης 哈得斯 Ax.371a—372
Halcyon:Ἀλκυών 神翠鸟 Halc.1—2,8
happiness:εὐδαίμων 快乐 / 幸福 Alc.134;Clt.410e;Def.411d,415d;Eryx.393e;Ltr.7.326b,7.327b,8.354c+,8.355c
Harmonia:Ἁρμονίας 哈耳摩尼亚 Hppr.229c—229d
harmonies/harmony:σύμφωνος 和音、谐音 Def.411e;G.Hp.285d
hatred:μῖσος 憎恨 Alc.126c;Hppr.227c;Ltr.7.337b
health:ὑγίεια 健康 Alc.108e,111e—112b,126a,135a;2Alc.138d,147a;Clt.409b;Eryx.393c—393d,397b,405a—405d;G.Hp.291d;Hppr.231b;Min.314b,316c—316d
hearing:ἀκοή 听 Alc.126b;Ax.367b;Clt.407e;Eryx.404c—404e;G.Hp.297e+,302b+;Min.313c—314a
heat:θερμός 热 Def.411c;Eryx.401d
heaven(s):οὐράνός 天空，苍穹 Ax.366a,371b;Epgr.1;Epin.988b;Halc.4,6
Hecaerge:Ἑκαέργη 赫凯吉 Ax.371a
Hecuba:Ἑκάβη 赫卡柏 Epgr.3
Hegesippus:Ἡγησίππους 赫格西普 Ltr.2.314e
heirs,and heiresses:κληρονόμος 后裔 Alc.121c—121e;2Alc.138c
Helicon:Ἑλίκων 赫利肯 Ltr.13.360c
Hellas/Hellenes/Hellenic:Ἑλλάς,Ἑλληνις,Ἑλληνική 希腊 / 希腊人 / 希腊式的 Alc.105d,122,124b;2Alc.141c;Epin.988a
Hellen:Ἑλλην 赫楞（希腊人的祖先）Halc.1
helots:ἡλοτς 希洛人（音译“黑劳士”）Alc.122d
Hephaestus:Ἡφαίστος 赫淮斯托斯 Alc.121a
Hera:Ἥραν 赫拉 Ax.367c;Epin.984d
Heracles:Ἡρακλῆς 赫拉克勒斯 Alc.120e,371e;G.Hp.293a
Heraclidae:Ἡρακλείδαις 赫拉克勒斯的子孙 Alc.121a
Heraclides of Syracuse:Ἡράκλειδης 赫拉克利德 Ltr.3.318c,3.319a,4.320e,4.321b,7.348b+
Heraclitus:Ἡράκλειτος 赫拉克利特 G.Hp.289a+
Hermes:Ἑρμῆς 赫耳墨斯 Epin.987b
Hermias:Ἑρμεία 赫尔米亚 Ltr.6.322c+,6.323a
Herms:Ἑρμς 赫耳墨斯柱 Hppr.228d—229b
hero(es):ἥρως 英雄 G.Hp.285d,293b;Min.318e—319d
Heroscamandrus:Ἡροσκαμάνδρους 赫洛卡曼杜 Thg.129b
Hesiod:Ἡσίοδος 赫西奥德 Dem.383c;Ltr.11.359a;Min.318e—319b,320d
Hiero:Ἱέρωνος 希厄隆 Ltr.2.311a,

7.336a
high-mindedness:μεγαλόψυχος 慷慨 Def.412e
Hipparchus:Ἵππαρχος 希帕库斯 Hppr. 228b—229e
Hipparinus I,tyrant of Sicily:Ἱππαρῖνος 希帕里努（一世，西西里僭主）Ltr. 8.353b,8.354d,8.355e+,8.356c
Hipparinus II,son of Dionysius:Ἱππαρῖνος 希帕里努（二世，西西里僭主）Ltr.7.324a+,8.355a,8.356a,8.357c
Hippias,son of Pisistratus:Ἱππίας 希庇亚 Hppr.229b;Thg.124d—124e
Hippias of Elis:Ἱππίας 希庇亚，《大希庇亚篇》、《小希庇亚篇》、《普罗泰戈拉篇》对话人 G.Hp.281a+
Hipponicus:Ἱππονίκου 希波尼库 Ax. 366c;Eryx.395a
holiness/holy:ὅσιος/ὁσία 神圣 / 神圣的 2Alc.149e—150a;Def.415a;Ltr.7.335d; Min.315b—315c
Homer:Ὅμηρος 荷马 Alc.112b;2Alc. 147c—147d;Eryx.403d;Hppr.228b; Min.318e—319e;Virt.379d
honor:τιμή 荣耀、荣誉 Alc.116;Def. 413e,415e,416;Eryx.400c;G.Hp.291d; Ltr.7.337c,7.351a+
hope:προσδοκία 希望 Def.416;Epin. 973c
Horomazes:Ὡρομάζης 霍洛玛泽 Alc. 122a
horsemanship:ἱππῐκή 养马、马术 Alc. 124e;Eryx.396a,403c;G.Hp.284a; Hppr.226a;Thg.126b;Virt.377b,377e, 378d
hospitality:ξένια 好客 Ltr.7.328d, 7.333e
human being(s):ἄνθρωπε 人 Alc.111d, 126e—127b,129e—130c,132d,135b; Ax.367b—367c,367d,370b;Def.415a, 415d;Dem.385c;Epin.985d,988a; Eryx.401c;G.Hp.289b,294a,294d; Halc.3,5—6;Hppr.229c,229e,232c; Ltr.7.334e+,8.354c+,9.358a+,11.359b, 13.360d+;Min.320a;Riv.133b,138a; Thg.121b—121c,123e
hunger:πεινῆν 饥饿 Ax.366d;Eryx. 401d
hunting/hunter(s):κυνηγέσιον 打猎、猎人 Alc.121e;Def.415c;Epin.975c; Virt.378d
husbandmen/husbandry:γεωργος/ ἐργᾰσία 农夫 / 农业 Epin.975b
Hyperboreans:Ὑπερβορέου 希珀波瑞人 Ax.371a
hypotheses/hypothesis/hypothetical: ὑποθέμενος/ὑπόθεσις 前提（假设）Def.414b,415b

I

Iatrocles:Ἰατροκλῆς 雅特洛克勒 Ltr. 13.363e
ignorance/ignorant:ἄνευτέχνης/ οὐκοῖδεν 无知 Alc.117d—118b; 2Alc.143a—144d;Clt.407d;Dem. 381e;Eryx.394e,397e,398a,405a— 405b;G.Hp.294d,296a;Just.375c— 375d;Riv.137e;Sis.388a;Thg.123d
Iliad:Ἰλιάς《伊利亚特》Alc.112b; Hppr.228b
Ilisus:Ἴλισος 伊立苏（河名）Ax.364a
image(s):ἀνδριας，ἀγαλμα 形象 Ltr.

7.342b+
imitation/imitative/imitators:μίμησις/μιμητικός /μιμητής 模仿 / 模仿性的 / 模仿者 Epin.975d
immortal(ity):ἀθανασία 不朽 Ax.365e,370b—370c;Def.415a;Ltr.7.334e+
impiety/impious:οὐνομίζω θεούς 不虔敬 Ax.371e;Min.318e
individual(s):ἰδιώτης 个人 Ltr.7.326a,7.330c+
infants:νήπιος 婴儿 Ax.366d,368a;Halc.5—6
informers:μηνῦτης 告密者 2Alc.142a
inheritance:κληρονομία 遗产 2Alc.138c
initiates/initiation in mysteries:εἰσηγεῖσθαι 入会仪式 / 秘仪入会仪式 Ax.371d—371e;Ltr.7.333e
injustice:ἀδῐκία 不公正、非正义 Alc.109b—110c,111e—113e;Clt.407d;Def.413d,415e,416;Eryx.396e—397a;Just.373a—375d;Min.314d,315e—316a,317c,318d;Riv.138b
inquiry:σκοπέω 探究 Ltr.7.344b
inspiration:ἐνθουσιάζω 灵感 Virt.379c—379d
intelligence/intelligible:γνώμη 智力、理智、知识 Alc.123e,125a 133c,134e;2Alc.146a,146c;Def.412e,413a,413d;Eryx.395a;Halc.6;Ltr.7.344a
intuition:νόησις 直觉 Def.414a
involuntary:ἀκούσιος 不自愿 Clt.407d;Def.416;G.Hp.296b+;Just.373e—374a,375c—375d;Ltr.7.351c
Inykus:Ἴνυκους 伊尼库斯 G.Hp.282e,283c,284b
Ionian(s):Ἰόνια 伊奥尼亚（地名）Thg.129d
iron:σίδηρος 铁 Eryx.400a—400d
irrationals,in mathematics:ἄλογος 无理数 G.Hp.303b
Isocrates:Ἰσοκράτης 伊索克拉底 Ltr.13.360c
Isolochus:Ἰσολόχους 伊索洛库斯 Alc.119a
Italy:Ἰταλία 意大利（地名）Eryx.392d—393a;Ltr.3.317b,7.326b,7.328a
Itonian gates:Ἰτωνίαις 伊托尼亚（城门）Ax.364d—365a
ivory:ἐλέφας 象牙 G.Hp.290b+,290d,301a

J

jealousy:ἐπίφθονος 妒忌 Virt.376d—377a
jesting:σκῶμμα 开玩笑 Ltr.6.323d
joy:ἡδονη，τέρψις 快乐、高兴 Ltr.3.315b
judge(s):δῐκαστής 审判官，法官 Just.373b—373e;Min.320c;Riv.138d
judgment(s):κρίσῐς 审判 Ax.371c;Def.414a,415b,416;Dem.381c—382b,383a—383c;Ltr.6.335a;Min.314e—315a
juries/jury/jurymen:δικαστής 审判官 Dem.383b;Eryx.399b—399c
just(ice):δίκη 正义、公正 Alc.109b—110e,111e—115a,116c—117a,121e—122a,127c,134c,135e;2Alc.149d—150b;Clt.407b—407e,408b,408e—410c;Def.411d—411e,412e,413a,413b,414e,415e;Dem.383a—383b;

Epin.988e;Eryx.396e—397a;G.Hp.287c;Hppr.229a;Just.372a—375c;Ltr.6.323b,7.329a,7.335e+,7.342d;Min.314c—314d,315e—316a,317c,318d;Riv.137d—138e;Virt.376d

K

king(s/ship):βασιλεύς 国王 Alc.120a,120c,120e—122a,123a,124a;2Alc.141d;Def.415b;Hppr.229b;Ltr.2.312e+,3.315d,3.319d,8.354a+;Min.317a—318d,319b—320d;Riv.138b—138d

'Know thyself':Γνῶθι σαυτόν 认识你自己 Alc.124a,129a,130e,132c—132d;Hppr.228e;Riv.138a

know(ing)/knowledge:ἐπιστήμη 知道、知识 Alc.106c—107c,109e—114c,117a—119b,124a,125e,126e—127c,128e—129b,130e—131b,132b—134a,135;2Alc.140e,143c—144c;Clt.409e,410c;Dem.380b—380d,381c,382a—382b;Epin.978b;Eryx.398d,403c,405a—405b;G.Hp.296b+;Halc.7;Hppr.225a—226e;Just.375b—375c;Ltr.7.342+;Min.314b,316c—317c;Riv.133b,137d—138a;Sis.388b—390a,390c;Thg.122e—123e,128b

L

Lais:Λάις 拉伊丝 Epgr.11

lamentation/laments:ὀδυρμός 悲痛 Ax.365a,368b;Halc.1,8

Lamiscus:Λαμίσκους 拉弥斯库 Ltr.7.350a

Lampido:Λαμπιδώ 拉姆披托 Alc.123e—124a

land:γῆ 土地 Alc.122d,123b;Eryx.392d,393b

language:γλῶσσα 语言 Alc.111a—111c;Def.414d;Ltr.7.342e

Laodamas:Λαοδάμας 拉奥达玛 Ltr.11.358d

Laomedon:Λαομέδον 拉俄墨冬 Ltr.12.359d

law courts:δίκαστήριον 法庭 Dem.382d—384a;Def.413d

law(s)/legislation:νόμος 法 / 立法 Law Alc.109c;Def.411d,411e,413e,414e,415a,415b,416;Epin.986c;Eryx.396e;G.Hp.283e+,295d,298b+;Ltr.7.325d,7.334c+,7.336d,7.337a+,8.354c+,8.356d+,11.359a;Min.313a—318d,320a—320c,321b—321d;Riv.137d;Sis.387c

lawful:ὅσιον 合法的 G.Hp.284e+

lawgiver(s):νομοθέτης 立法者 Def.415b;Dem.383b;Ltr.7.337b+;Min.318b—318d,321c—321d

lawlessness:αναρχία 无法无天 2Alc.146b;Ltr.3.315c,7.336b;Min.314d;Riv.137d

Laws,referred to:Νόμος《法篇》(提及) Epin.979b,980c+

lawyer(s):σῦνήγορος 律师 Hppr.225c

learn(ing):μανθάνειν 学习 Alc.106d,109e,110c—110d,112d,113c,113e—114a,118d,120b,123d;Def.413d,415e;Dem.381e;Epin.989c+;Eryx.398d,404c—404d;Hppr.228d;Min.314b,315a—315b,317d,321b;Riv.133c,134d—135b,137b,139a;Sis.388b—390b;Thg.130d;Virt.376b—376c

legislator(s):νομοθέτης 习俗制定者、立法家 Epin.985c+;G.Hp.284d
Leochares:Λεωχάρης 勒俄卡瑞斯 Ltr.13.361a
Leontini:Λεοντῖνος 林地尼（地名）G.Hp.282b;Thg.127e
Leotychides:Λεωτυχίδης 莱奥提基德 Alc.123e
Leptines:Λεπτίνης 勒普提涅 Ltr.7.332a,13.361a,13.361b,13.362b,13.363c,13.363d
Lesbos:Λέσβος 莱斯堡（岛名）Epgr.16
letter(s) (of alphabet):ἐπιστολή, γράμματα 字母 G.Hp.285d
liberty:αλευθερία 自由 Ltr.7.324b,7.336a,8.354d+
lie(s):ψεῦδος 撒谎 Dem.385c;Just.374a—375b,375d
life/living:βίος /ζωή 生命 / 生活 Alc.115d—115e;2Alc.141c,146;Ax.365b,366b—368c,369b,369d,371c—372;Clt.408a;Def.411b,411c,412d,412e,413a—413b,414b;Epgr.2;Epin.973c+,981a,992b+;Eryx.401c—401d;G.Hp.282a,286b,291d+,304b+;Halc.3;Thg.121b
light:φῶς, φέγγος 光 Def.411b
Locri:Λοκρούς 罗克里（地名）Ltr.13.360a
love:φιλεῖν/ φιλία 爱 Alc.122b,127a—127b,131,135d,135e;Epgr.3,5,7,8;Halc.1;Hppr.227a—227c;Ltr.6.322d;Thg.128b
lover(s):ἐραστής 情人、爱人 Alc.131c—132a;2Alc.141d,151c;Epgr.3,5,7,8,11;Hppr.229c—229d;Riv.132a—132c,133a—133b
loyalty:πιστότης 忠诚 Ltr.10.358c
lunacy/lunatic:μᾰνία 疯癫、狂热 Hppr.227b
luxury:ἁβρότης 奢华、奢侈 Ltr.7.326c+,7.327b
Lycabettus:Λυκαβηττὸς 吕卡贝图（山名）Eryx.400b
Lyceum:Λύκαιον 吕克昂（地名）Ax.367a;Eryx.397c
Lycia/Lycian(s):Λυκαία 吕西亚 / 吕西亚人 Min.315c,316a
Lycophron:Λυκόφρον 吕科佛隆 Ltr.2.314d
Lycurgus:Λυκούργους 莱喀古斯 Ltr.4.320d,8.354b;Min.318c—318d
Lynceus:Λυγκεὺς 林扣斯 Ltr.7.344a
lyre:λῠρα 竖琴 Alc.106e,108a—108c,129c—129d;Clt.407c,408a;G.Hp.288c,289d;Hppr.226c—226d;Min.317e;Thg.122e,126e
Lysias:Λυσίας 吕西亚斯 Clt.406a,410e
Lysiclides:Λυσικλείδους 吕西克利德 Ltr.2.315a
Lysimachus,son of Aristides the elder:Λυσίμαχος 吕西玛库,《拉凯斯篇》对话人 Thg.130a;Virt.377d

M

Macedonia:Μακεδονία 马其顿 2Alc.141d;Thg.124d
madman/madness:μάργος /μανίαν/ 疯狂、迷狂 Alc.118e,123e;2Alc.139c—139d,140c,143d;Def.416;Dem.381d
Magianism:Μαγοσία 波斯教巫术 Alc.

122a
magnanimity:γενναιότη 宏伟、宽宏大量 Def.412e
magnificence:μεγαλοψυχια 宽厚 Def.412e
many,the:συχνός 多 Alc.110e—112a,132a;2Alc.145a;Ax.369a;Epin.982d;G.Hp.284e,299b;Ltr.2.312a,2.314a,7.336b,7.341e,7.344c+;Min.318e;Thg.127a
Margites,quoted:Μαργίτης 马吉特斯(引文) 2Alc.147b
Margites:Μαργίτης 马吉特斯 2Alc.147c—147d
marriage:λέχος 婚姻 Halc.8
Marsyas:Μαρσύας 玛息阿 Min.318b
mathematical/mathematician/mathematics:λογιστικός/ λογιστικός/ μαθήματα 数学 / 数学家 Alc.114c;Ax.366e;G.Hp.303b
matricide:μητροκτόνος 弑母者 2Alc.143c,144b—144c
mean,the:μέθον 中间状态 Def.415a;Ltr.8.354e
measure(ment/s):μέτρον 衡量、尺度 Alc.126c—126d;Epin.990d;Just.372a—373d
Medes/Median:Μῆδος 米地亚 / 米地亚人 Ltr.7.332b
medicine:φαρμακευτικός 医药、医学 Alc.135a;Clt.408e—410a;Epin.976a;Eryx.401a—401c,403a,404d—404e;Just.375a;Ltr.6.323b;Min.314b,316c—317b;Thg.123e
Megara:Μέγαρὰ 麦加拉 (地名) Eryx.392b;Ltr.7.329a
Megillus:Μέγιλλως 麦吉卢,《法篇》对话人 Epin.973a,977a
Melesias:Μελησίας 美勒西亚 (《拉凯斯篇》谈话人) Thg.130a;Virt.378a—378c
memory:μνήμη 记忆,记性 Def.412e,414a;Ltr.7.344+
mensuration:μέτρον 度量 Epin.990d
mercenary soldiers:ἐπίκουροι μισθωτοὶ 雇佣兵 Ltr.3.315e,7.348a+,7.350a
merchant(s):ὁλκᾶς 商人 Ax.368b;Ltr.7.329e
Messene:Μεσσήνη 墨西涅 (地名) Alc.122d;Ltr.8.354b
Midias:Μειδίας 弥狄亚斯 Alc.120a
Miletus:Μιλήτος 米利都 (地名) G.Hp.281c
military:πολεμικός 军事 Alc.134b;2Alc.142a;Ax.366e;Def.412a,415c;Hppr.226c;Sis.389c—389d
Miltiades:Μιλτιάδης 米尔提亚得 Ax.368d
mind:νοῦς 心灵 Clt.408b;Def.412e;Ltr.2.312e
Minos:Μίνως 弥诺斯 Ax.371b;Ltr.2.311b;Min.318d—321c
mirrors/mirror-images:κάτοπτρον 镜子、镜像 Alc.132d—133a;Epgr.11
misology:μισόλογος 厌恶理论 Def.415e
mnemonic art:μνήμονικη 记忆术 G.Hp.285e
moderate/moderation:σωφροσύνη 节制、明智 Def.415a,415d,415e;Ltr.7.325b;Riv.134a—134e,136b
modesty:αἰδώς, αἰσχῦνη 节制 Def.

412c
monarchy:μοναρχία 君主 Ltr.5.321d, 5.322a
money:χρήμᾰτα 钱、金钱 Alc.123a, 131b—131c;2Alc.148e;Ax.367b;Def.412d;Dem.383b,384b—384c;Eryx.393b,393c—393d,394b,396e,401d, 402b—404e;G.Hp.283b;Ltr.13.361b, 8.355b;Virt.378d
moon:σελήνη 月亮 Ax.370b;Epin.978d+,990b
mother(s):μήτηρ 母亲 2Alc.143c, 144b—144c;Ltr.13.361e
motion(s):φορά 运动 Def.411c
multitude,the:πολύς 众多 G.Hp.284e
murder(ers):φόνος 凶手、谋杀者 2Alc.143c—144c;Hppr.229c—229d;Thg.124c
Muses:ἡ Μοῦσα 缪斯 Alc.108c—108d;Epgr.12,16;Epin.991b
music(al):μουσῐκή 音乐 Alc.106e, 108a—108e,118d,125d,125e;Ax.364a, 371d—371e;Def.414d;Epin.975d, 978a;Eryx.398a—398c,402d;G.Hp.298a,295d;Halc.8;Just.374a—374b, 375d;Min.317e—318c;Sis.387b,389c;Thg.123e
Myrians:Μύριοι 弥利安人 Ltr.12.359d
Myronides:Μυρωνίδους 密洛尼得斯 Ltr.13.363e
Myrto:Μυρτός 密尔托 Halc.8
mysteries:αἰνιγμός 秘仪 Ax.371d—371e;Epin.986d;Ltr.7.333e
myth(ology):μῦθος 神话、传说 Alc.120e;G.Hp.285d;Halc.1,8

N

names:ὄνομα 名称 Ltr.7.342b+,7.343a+, 7.344b;Thg.122d
natural/nature:φύσις 自然 / 本性 Ax.366a,367b,370d;Def.416;Epin.976b+;Eryx.400c;Sis.390e;virt.376a,377c, 378c—379d
navigation:ναυτιλία 航海 Alc.117c—117d,119d,124e,125d,135a;Epin.976a+;Eryx.394e
necessity:ἀνάγκη 必然性 Epin.982b
Nemea,Nemean games:Νεμέα 奈梅亚（地名）Thg.128e
Neoptolemus:Νεοπτόλεμος 涅俄普托勒摩 G.Hp.286b
Nestor:Νέστορ 涅斯托耳 Eryx.394a;G.Hp.286b;Ltr.2.311b
Nicias:Νικίας 尼昔亚斯，《拉凯斯篇》对话人 Thg.129b
night and day:νύξ καὶ ἡμέρα 夜与日 Def.411b
noble:εὐγένεια 高尚 Def.413b
nocturnal council:νυκτερῐνός ἐκκλησία 午夜议事会 Epin.992e
not-being:μή εἶναι 非存在 Ax.369b—369c;Sis.390e—391c
'Nothing too much' :πάλαι γὰρ δή τὸ μηδὲν 切勿过度 Hppr.228e
nouns:ὄνομα 名词 Def.414d;Ltr.7.342b, 7.343b
number(s):ἄριθμος 数（数目）Alc.114c;Epin.976d+,977c,977e+,990c, 991e;G.Hp.301e+,303b;Just.373b—373d

O

oaths:ὅρκιον 咒语 Ltr.6.323d,7.337c
Odysseus:Ὀδσσεύς 奥德修斯 Alc.112b;Ltr.2.311b
Odyssey:Ὀδσσεί 奥德赛 Alc.112b;Hppr.228b
Oedipus:Οἰδίπους 俄狄甫斯 2Alc.138b—138c,140e—141a
Oenopides:Οἰνοπίδης 欧诺庇德 Riv.132a
office/officials:ἀρχή/κῦριος 职司、官员、官邸 Def.415b,415c;Ltr.7.329e;Thg.127e
old age:γῆρας 老年 Alc.122b;Ax.365b,367b,368a,370d;Def.411c;Epin.974a;G.Hp.291d;Halc.3;Hppr.226a;Riv.133c
oligarchic/oligarchy:ὀλιγαρχια 寡头制 Ltr.5.321d,7.326d
Olympia(n)/Olympic:Ὀλυμπία 奥林比亚 Ltr.2.310d,7.350b
Olympus (legendary musician):Ὀλύμπους 奥林普斯 (乐师) Min.318b
Olympus (sky god):Ὀλύμπους 奥林普斯 (天神) Epin.977b
Opici:Ὀπικι 奥皮奇人 Ltr.8.353e
opinion:δόξᾰ 意见、看法 Alc.117b—117c;2Alc.146a,146c;Def.414c;Epin.982;G.Hp.299b;Ltr.7.342c
Opis:Ὦπίς 奥皮斯 Ax.371a
opposites:ἐναντίος 对立、相反 2Alc.139b
oracle(s):μαντεία 神谕 G.Hp.288b;Thg.124d;Virt.379c,379d
orators/oratory:ῥήτωρ，ῥητορικῶς 演说家，演讲术 Alc.114c—114d;2Alc.144e—145a;Ax.370e;Def.413d
order:ὁρῶντας 秩序 Def.413d;Epin.986b+
Orestes:Ὀρέστης 俄瑞斯忒斯 2Alc.143c—143d,144b—144c
orphans:ὀρφᾰνός 孤儿 Alc.118c,124c

P

pain:λυπέω/ λύπη 痛苦 Alc.122d;Ax.366a,366d,368c,370a,370d,371d,372;Def.411e,412b,412c;Ltr.3.315c
painter(s)/painting:πάνθηρ，δίσπνοια 画家 / 绘画 Epin.975d;Thg.126e
pair(s):σῦνωρίς 对、双 G.Hp.299a+,300e+,301e+,303b
Palamedes:Παλαμήδης 帕拉墨得斯 Ltr.2.311b
Paphos/Paphian:Πάφος，Παφέια 帕斐娅 Epgr.11
Paralus:Πάραλος 帕拉卢斯 Alc.118e;Virt.377d—378a
parents:γεννητής 父母，双亲 Alc.126e;2Alc.142b—142c;G.Hp.291d,292e+;Ltr.9.358a
passion(ate/s):πάθος，ἀκραχολος 激情、愤怒 Def.413a,415e
Pausanias of Sparta:Παυσανίους 鲍萨尼亚 (拉栖代蒙的) Ltr.2.311a
payment:χρήματα 付费、工钱 Alc.119a;Ax.366c;Def.415c;Eryx.394e,402d;G.Hp.281b,282b+,285b,300c;Hppr.228c;Riv.135c;Thg.121d,127a,127c—128a;Virt.378b
peace:εἰρήνη 和平 Alc.107d,107e+,108d,109a;2Alc.144e;Def.413a

Peleus:Πηλέως 珀琉斯 Thg.124c
Peloponnesus:Πελοποννησύς 伯罗奔尼撒（地名）Ltr.7.333b,7.336d,7.343c,7.346c,7.348c,7.350b
Pelops:Πέλοπες 珀罗普斯 G.Hp.293b
Penelope:Πηνελόπη 珀涅罗珀 Alc.112b
Pentelicon:Πεντελικῶν 潘太利（山名）Eryx.394e
people,the:γένεσις 民众 Alc.110e—112a;Ax.369a;Min.318e
Peparethians:Πεπαρηθίοις 培巴累修人 Alc.116d
perception:αἰσθάνομαι/ αἴσθησις 感觉/感官 Ax.369e—370a;Def.411c,414c;Ltr.7.344b;Min.314a—314b
Perdiccas II:Περδίκας 佩尔狄卡二世 Thg.124d
Perdiccas III:Περδίκας 佩尔狄卡三世 Ltr.5.321c+
Periander:Περιάνδρου 佩里安德 Ltr.2.311a;Thg.124c—124e
Pericles:Περικλές 伯里克利 Alc.104b,105b,118c—119a,122b,124c;2Alc.143e—144b;Ltr.2.311a;Thg.126a;Virt.376c—376d,377d—378a
Perseus:Περσῶς 珀耳修斯 Alc.120e
Persia,king of:τὸν μέγαν βασιλέα 波斯大王 Alc.120a,120c,120e—121e,123b—123e;Eryx.393d;Ltr.13.363b
Persia/Persian(s):Πέρσας Περσικός 波斯/波斯人 Alc.120a,120c,121c,121d—122c,123b—123e;Ax.371a;Ltr.7.332a+;Min.316a
persuasion:πειθώ 劝说，说服 Alc.114b—114d;G.Hp.304b
Phaeax:Φαίακος 斐亚克斯 Eryx.392a
Phaedo,referred to:Φαίδων 斐多 Ltr.13.363a
Phaedrus:Φαῖδρος 斐德罗，《斐德罗篇》、《会饮篇》对话人 Epgr.4
Phaenarete:Φαιναρέτη 斐那瑞特 Alc.131e
Phaleron:Φαληρεύμ 法勒伦（地名）Halc.8
Pharsalus/Pharsalian(s):Φαρσαλίοις 法撒鲁斯（地名）Sis.387c,389e—390a
Phidias:Φειδίας 斐狄亚斯 G.Hp.290a+
Phidostratus:Φειδοστράτους 菲多斯拉图 G.Hp.286b
Philaedes:Φιλαίδης 菲莱德斯 Ltr.13.363b
Philagrus:Φίλαγρος 菲拉格鲁斯 Ltr.13.363b
Philaedae:Φιλαϊδῶν 菲莱德亚（地名）Hppr.228b
Philemon:Φιλήμον 斐勒蒙 Thg.129b
Philemonides:Φιλημονίδους 斐勒莫尼德 Thg.129b
Philistides:Φιλιστίδης 菲力司提德 Ltr.3.315e
Philistion:Φιλιστίων 腓力司逊 Ltr.2.314d+
Philonides:Φιλωνίδην 菲洛尼德 Ltr.9.357e
philosopher(s):φιλόσοφος 哲学家 Ax.371c;G.Hp.281d,282c+,283a;Ltr.7.326b,7.328a,7.335d,7.340c+,7.344a;Riv.135a—137b,138d—139a
philosophy:φιλοσοφία 哲学 Ax.370d;

Def.414b;Def.415e;Eryx.399a;Ltr.2.311e,2.312b+,6.323c+,7.326a,7.328e+,7.338d,7.340a+,7.341b,10.358c;Riv.132b—133c,137a—137b,139a

Philostratus:Φιλοστράτους 菲洛斯特拉图 Ltr.7.333e+

Phoenician(s):Φοινικας 腓尼基人 Ltr.8.353e

Phrygia(n):φρυγια 弗里基亚式的、弗里基亚人 Min.318b

Phrynichus:Φρυνίχους 弗律尼库 Min.321a

Phthia:Φθία 弗提亚（神话中的冥府福地）Thg.124c

physical culture and training:σώματος παιδεία，γυμνασία 体育锻炼 Riv.133e—134e;Thg.123e

physician(s):ἰατρός 医生 Alc.108e,107c,131a;2Alc.140b,146e;Clt.409b;Eryx.394e;Just.375a;Ltr.7.330d;Min.316c—316e;Riv.134e,136c—136d,138d;Sis.390d;Virt.376b—376d

picture(s):ζωγράφημα 图画 G.Hp.298a

piety/pious:ὁσίος 虔敬、虔诚 Ax.367c,371c,372;Def.412e—413a,414a—414b;Epin.980a+,989+;Ltr.7.331c

pilot:κῦβερνήτης 舵手，船老大 Alc.117d,125c,125d—126a;2Alc.146e;Clt.410c;Epgr.14;Eryx.394e;Hppr.226b;Riv.136d;Sis.389c—389d;Thg.123b,123d

Piraeus:Πειραιῶς 庇莱厄斯（地名）Ltr.7.324c

Pisistratus:Πεισιστράτους 庇西特拉图 Hppr.228b;Thg.124d

Pittacus:Πιττακὸς 庇塔库斯 G.Hp.281c

planets:πλανήτης 行星 Epgr.2;Epin.986e+;Halc.1

planting/plants:φυτευτήριον，φύλλον 种植 Hppr.225b—226a;Just.375b;Ltr.13.361b;Min.317d;Riv.134e

Plato:Πλάτων 柏拉图 Ltr.1.309b,1.309c,2.310b+,2.311e,2.312b+,2.314a+,2.314c,3.315b,3.315d+,3.316a,3.316b,3.316e,3.317c,3.319c,3.350c+,4.320a,4.321b,5.322a+,6.322d,6.323a,6.323b,6.323c+,7.324b+,7.326a,7.326e+,7.328c,7.329b,7.329c,7.329e,7.330a,7.331a+,7.333a,7.333d,7.338c,7.338d,7.339a,7.339b+,7.341a+,7.341d,7.344d,7.345a,7.345c,7.345d+,7.347a,7.347c,7.348a,7.349b,7.349d,7.350a+,7.350d,8.352b+,8.355a,9.358b,11.358e,12.359c+,13.360b,13.360e,13.361a,13.361c,13.362d+,13.363b,13.363d+

pleasure(s):ήδλνή 快乐 Alc.122a;Ax.365e,366a,370d,371d;Clt.407d;Def.411e,415e,416;Eryx.405e;G.Hp.297e+,299d+,302b+,303d,303e;Ltr.3.315c,7.327b,8.354e

Pleiades:Πλειάδης 普勒阿得斯 Ax.370c

Pluto:Πλούτων 普路托 Ax.371a—371b

poet(s):ποιητής 诗人 2Alc.142e—143a,147b—147d,148b;Ax.367d,371c;Epgr.12;Hppr.228b—229b;Just.374a;Ltr.1.309d+;Min.320e—321a;virt.379d

poetry:ποίησις 诗歌 2Alc.147b—147d;

Min.320e—321a
political/politics:πολιτικός 政治 Alc. 107+,118b—118c,119b—120c,122b, 124,132b,134b—134c;2Alc.146a;Ax. 368c—369a;Clt.408b;Def.413b,415b; G.Hp.296a;Min.314c,317a;Riv.138b—138d;Thg.126a,126c,126d,127a,127e
politician(s):πολιτευόμενοί 政治家、政客 Alc.133e;Def.415c
Polus:Πωλός 波卢斯,《高尔吉亚篇》对话人 Thg.127e—128b
Polyeidus:Πολύειδους 波吕伊都斯 Ltr.2.311b
Polyxenus:Πολυξένους 波吕克塞努 Ltr.2.310c,2.314c,13.360c
Poulytion:Πουλυτίων 波吕提翁 Eryx. 394c—394e,400b
poverty:πενία 贫穷、贫困 Def.416
power(s):δῶναμις 力量,能力 Alc. 105b,134c—135b;Epin.986b+;G.Hp. 295e+,296d,297c;Halc.6;Ltr.2.310e, 7.351a+
Praxiteles:Πραχιτέλης 普拉克西特勒 Epgr.17
prayer(s):προστροπή 祈祷辞 2Alc. 138a—138c,141a,141c—141d,142c—143b,148a—148b,149b—150d;Def. 412a,415b;Eryx.398c—398e;Ltr. 7.331d,8.352e+,8.357c,11.359b;Thg. 131a
predication:λόγια 陈述、谓述 Def.414d
preludes to laws:προοίμιον 前言（法律的）Ltr.3.316a
pre-Socratic philosophy:φιλοσοφία προ-Σώκρατης 苏格拉底以前的哲学 Epin.988c;Sis.389a
Priam:Πριάμος 普利亚姆 2Alc.149d—149e
priest/priestess:Πυθία 祭司 / 女祭司 Ax.367c
Prince of Asia:οὗ ή τῆς Ἀσίας ἀρχὴ γίγνεται 继承亚细亚王位的 Alc. 121c
private:ἴδιος, οἰκεῖος 私人的 Alc.111c; G.Hp.282b
prize(s):ἆθλον 奖励、奖赏 Def.415a
procreation:παιδοποιία 繁殖、生育 Thg.121c
Prodicus:Πρόδικος 普罗狄科,《厄里西亚篇》、《普罗泰戈拉篇》对话人 Ax.366c,369b;Eryx.397c—399c; G.Hp.282c+;Thg.127e—128b
professional(s)/profession(s):δεινος, ἐπιτήδευμα 专业,行家 Eryx.394e; Riv.136c
Prometheus:Προμηθεῖυς 普罗米修斯 Ltr.2.311b
property:χρήμᾰτα 财产、所有物 Alc. 122d,123b,132c;Def.412d,415d;Eryx. 399e—406a;Ltr.7.337b
prophecy/prophets:μαντεία 预言 Alc. 134a—134b;2Alc.149a—149b,150a; Epin.975c;Virt.379c
prosperity:εὐπραξία 繁荣,旺盛 Alc. 115a;Eryx.393e—394a
Protagoras:Πρωταγόρας 普罗泰戈拉,《普罗泰戈拉篇》对话人 G.Hp.282d, 282e;
proverbs:λεγόμενον/ λόγος 谚语 Alc. 121d,124a,129a,132;2Alc.140a;Ax. 365b;Dem.383b—383c;Epin.988b, 991d;Eryx.405c;G.Hp.301c,304e;Ltr.

2.312d,7.334d,7.340a;Riv.134a
public:κοινός 公共的 Alc.111c,118;G.Hp.282b;Ltr.7.325e
punishment:τίνω/ τίσις 惩罚 Ax.367a,371e—372;Riv.138b
purification:κάθαρσις 涤罪 Def.415d
Pythagorean(s):Πυθαγόρειον 毕泰戈拉学派 Ltr.12.359c+;13.360b
Pythian:Πυθώ 庇提亚 Ax.367c
Pythoclides:Πυθοκλείδης 皮索克勒德 Alc.118c
Pythodorus:Πυθοδώρυς 皮索多鲁,《巴门尼德篇》讲述人 Alc.119a

Q

quality:πάθημα 质、性质 Ltr.2.313a,7.343c+

R

rational:εὔλογος 合理的,理智的 Def.415a;G.Hp.303b
read(ing):ἀνάγνωσις 读、阅读 Alc.114c,118c;Clt.407c;Eryx.398a—398e,402d;Halc.7;Thg.122e
realities/reality:τὸ ὄν 实在 / 真在 / 实体 / 本体 G.Hp.294b+,301b+;Ltr.7.342b+,7.342e,7.343b;Min.315a—315b,316b,317d,321b
reason:λόγος 理由、理性 Def.412e,413c,414b—414c,414e,415d,415e,416;Ltr.7.329a
religion:Τά θεῖαα θεῶν θεραπεία 宗教、崇拜 Alc.122a;2Alc.148d—150c;Ax.364c;Epin.985c+,988c;Hppr.229c;Min.315b—316a
reputation:τῑμή 名望、名声 Alc.105c;Def.416
reverence:θεραπεία 敬畏 Ltr.6.323b
revolution:περιτροπή 革命、内乱 Epin.991e;Ltr.7.324c,7.331d
Rhadamanthus:῾Ραδάμανθυς 拉达曼堤斯 Ax.371b;Min.318d,319d,320c,321b—321c
rhapsodes:ῥαψῳδός 吟诵者 Eryx.403c,403d;Hppr.228b
rhetoric:ῥητορική 修辞 Epin.976b
rhythm(s):ῥυθμός 节奏 G.Hp.285d
riding:ἱππάξεσθαι 骑马 Alc.121e;2Alc.145c—145d;Eryx.403c
right(ness/s):αληθής, ὀρθός, δικαιοσύνη 正确,对 Def.412b;Dem.384d
rites/ritual:τελετή 祭仪 Ltr.8.356d
rivalry:ἔρις 竞争 Ltr.4.320e
round (form):κυκλοτερής 圆形 Ltr.7.342b
rule/ruler(s):ἀρχή, κρἄτος, δῠναστεία, ἄρχων 统治 / 统治者 Alc.125b—125e,130a—130b,134c—135b;2Alc.141a—142d;Clt.407e;Def.411e,413e,415b,415c;Dem.383b;Epin.980e;Ltr.11.359b;Thg.123d—124e,125e—126a
runners/running:δρομεύς, δρόμος 跑步者 / 跑步 G.Hp.295c;Riv.135e;Thg.128e—129a

S

sacrifice(s):θυσία/ θυσιάζω 献祭 Alc.121c;2Alc.148e—151a;Def.415b;Min.315b—315c;Thg.131a
Salamis:Σαλαμῖς 萨拉米 (地名) Alc.121b

Sannio:Σαννίω 萨尼奥 Thg.129d
Sappho:Σαπφοῦς 萨福 Epgr.16
school(s)/schoolmasters:διδασκαλεῖον δῐδάσκᾰλος 学校、校长 Alc.110b, 114c;Eryx.398e;G.Hp.301d
science(s):ἐπιστήμη 知识、科学 Alc. 126c,127a;Epin.974d+,992a
sculptors/sculpture:ἀγαλματοποιός, ἀνδριαντοποιία 雕刻匠，雕刻 2Alc.140b—140c;Epin.975d;G.Hp. 282a
Scylla:Σκύλλα 斯库拉 Ax.369c;Ltr. 7.345e
Scythia(ns):ΣΚυθὶα 西徐亚（地名）Σκύθης 西徐亚人 Eryx.400b—400e
sea:θάλασσα 海 Ax.368b,370b;Epgr. 13,14;Halc.1—2
seed:σπέρμα 种子 Min.317d
self-conceit:χαυνότης 自欺 Alc.119d
self-control:ἐγκράτεια, σωφροσύνη 自制、自控 Alc.121e—122a,122c, 131b,133c,134a—134c;Def.411e, 412b,414e,415d,416;Ltr.7.331e, 7.336e+
self-cultivation:ποιεῖσθαι 自我修养 Alc.119b,120c—120d,124b,124d, 127e—129a,132b—132c,135e
self-esteem:ἀποβλέψαι 自尊 Alc. 103b—104c,122c
self-existence:αὐτὸ καθ᾽ αὐτό 自存 Alc.129
self-indulgence:τρυφή 自我放纵 Ltr. 7.326c,7.341a
self-knowledge:γνῶσιν αὐτὴν 自知 Alc.124a,129a,130e—131b,132c—133e;Riv.138a
self-motion:αὐτος κίνησις 自动 Def. 411c
self-sufficiency:αὐτάρκεια 自足 Def. 412b
senate:βουλή 元老院 Ltr.8.354b,8.356d
sensation:αἴσθησις 感觉 Ax.365c—365d,366a,370a
sense(s):αἴσθησις, νόος 感官、感觉 Ltr.7.343c
servitude:δουλεία 奴隶身份 Ltr.8.354e
sex/sexes/sexual:γένος /συνουσία 性 G.Hp.298e+
shadows:εἴδωλον,σκιά 影子 Def.411b
shame:αἰδώς 羞耻 Clt.407d;Def.416; Hppr.225b;Ltr.7.337a;Min.316b
shape(s):εἶδος, μορφή 形、形状 Ltr. 7.342c+
shepherd(s):ποιμήν 牧羊人 Min.318a, 321c
ship(s):ναῦς 船 Alc.107c,117c—117d, 119d,134b,135a;Clt.408b;G.Hp.295d; Hppr.226b,228c;Riv.136d;Thg.123b, 123d
shipmaster(s):ναύκληρος 船主 Ltr. 7.329e,7.347a
Sibyl:Σίβυλ 西彼尔 Thg.124d
Sicilian/Sicily:Σικελία 西西里（地名）Eryx.392a—393b;G.Hp.282d+,283c, 284b;Ltr.2.311e,3.317b,7.326b,7.328a, 7.336a,7.336d,7.339b,7.348a,7.351e, 8.352c,8.353a,8.354d,8.354e;Thg. 129d
sick(ness)/disease(s):νόσος 疾病 Alc. 126a,134e;2Alc.138d,139d—140b, 140d;Ax.366a;Def.416;Eryx.393c—393d,397a—397b,401a—401c,

404d—405e;Hppr.231b;Ltr.7.330c+; Min.314b,316c;Riv.136c,138d;Thg. 123e—124a
sight:ὄψις 视觉 Alc.126b,132d—133b; Ax.367b;Clt.407e;G.Hp.295c,297e, 302b+;Ltr.8.357c;Min.313c—314a
silver:ἄργυρος 银 Alc.122b—122c; Eryx.392d,393b,394c,400e,402b—404b;G.Hp.301a;Hppr.228c,231c—231d;virt.378d,379b
Simmias:Σιμμίας 西米亚斯,《斐多篇》对话人 Ltr.13.363a
Simonides:Σιμωνίδην 西摩尼得 Hppr. 228c;Ltr.2.311a
sin:αμαρτία 罪 2Alc.150a
Sisyphus (of myth):Σίσυφος 西绪福斯 Ax.371e
Sisyphus of Pharsalus:Σίσυφος 西绪福斯,《西绪福斯篇》对话人 Sis.387b
skill(s):τέχνη 技艺 Alc.108b—108d, 124b,125a,125d,126c—126d,128b—128e,131b,133e;2Alc.144d,145c—147a,151b;Clt.408a,408e—410c;Def. 415a;Epin.975b+;Eryx.394e,396a, 398a—398e,402d—403a;G.Hp.281d+; Halc.5;Just.372a—373e;Min.314b; Riv.135b—139a;Sis.390d;Thg.123b—124b;Virt.378d—379a
slander:διαβολή 诽谤 Def.416;Ltr. 3.315e+
slave(s)/slavery:δοῦλος δουλεία 奴隶、奴隶制 Alc.119a,120b,122a,122d, 135c;Clt.408b;Def.415e;Eryx.392d; Riv.138b—138d;Thg.130b;Virt.376d
smith:χαλκεύς 铁匠 Epin.975c
Socrates:Σώκρατης 苏格拉底 Alc. 103,104c—105a,105d—106b,119c, 121a,124c—124d,131d,131e,135d—135e;2Alc.150d;Clt.406a—407a, 407e,408c—408e,409d,410e;Eryx. 395a;G.Hp.281a,283a+,286c,286d, 288a,288d,292d,293d,298b,300c,301b+, 304b,304d+;Halc.8;Hppr.226a;Ltr. 2.314c,7.324d+,7.325b,7.325c;Virt. 377d
'Socratic dialogues':Σώκρατικη διάλογος 苏格拉底对话 Ltr.13.363a
soldier(s):στρατιώτης 士兵 Alc.119e
Solon:Σόλωνος 梭伦 G.Hp.285e;Ltr. 2.311a;Riv.133c
son(s):παῖς 儿子 Alc.118e,121c—121e,123c,124a,126e;2Alc.138c;Clt. 407b;Eryx.396b—396c;Hppr.228b; Ltr.8.355e,8.357c;Thg.121c—123c, 126d—127d;Virt.377a—378a
song(s):μελῳδία,μέλος,ᾆσμα 颂歌 Ltr.7.348b;Min.317d
sophist(s):σοφιστής 智者 Def.415c; Eryx.399c;G.Hp.281d,282b+;Min. 319c;Thg.127e—128b
Sophroniscus:Σωφρονίσκος 索佛隆尼司库 Alc.121a,131e;G.Hp.298b
soul(s):ψῦχή 灵魂 Alc.117b,130a—131e,132c,133b—133c;2Alc.146e—147a,149e—150a,150e;Ax.365a, 365e—366a,366c,370a—372;Clt. 407e—408a,409a,410e;Def.411c,411e, 412a,412d,412e,413a,413b,413d,414a, 414b,414c,414e,415d,415e,416,411d—411e;Epgr.6,18;Epin.974c,980d+,981b+, 983d+,988c+,989b,991d;Halc.5;Just. 372a;Ltr.7.331b,7.335a,7.341d,7.344b,

8.355b;Min.318a,321a,321d;Riv.134d—134e sounds:φωνή 声音 G.Hp.298a;Ltr.7.342c
Sparta/Spartan(s):Σπάρτη 斯巴达 / 斯巴达人 Alc.112c,120a,120c,120e—121b,122c—123b,124a;2Alc.148b—149e,150c;Eryx.400a—400d;G.Hp.283b+ 283e+,286a+;Ltr.8.356b;Min.318c—318d,320a—320b;virt.379d
speech(es):φωνή, λόγος, ῥῆμα 言语,话语 Alc.106b,129b—129c,130d;Clt.407a,408a,410d;Def.414d,416;Dem.383d—384a,385b;G.Hp.304a+;Hppr.225c;Just.373c—373e;Min.313b—313c,315e
Speusippus:Σπευσίππυς 斯彪西波 Ltr.2.314e,13.361e
sphere/spherical:σφαῖρα 半圆、半球 Ltr.2.312d
spirit(s):δαίμων 精灵 Ax.365a;Def.413a;Thg.128d—129e,131a
sports:παίζειν,ἀθόρειν 运动 2Alc.145c;Riv.135e;Thg.122e
stars:ἄστρον/ἄστρα 星辰 Ax.370b;Epgr.1;Epin.981e,982a,982c,983a,983e+,984d,985d+,992b;G.Hp.285c
state(s) (or conditions):κᾰτάστᾰσις 状况、状态 Def.414c
state(s) (political):πάνδημος, δήμιος 城邦 Alc.126,127;2Alc.144e,145c,145e—146c,146e—147a,150a;Def.413e;G.Hp.284d;Ltr.7.326a,7.330c+,7.334c+,7.337d
statement(s):λόγος 讲述 Alc.112e—113b,114e,116d
statesman(ship)/statesmen:ῥήτωρ, πολιτικός 政治家 Alc.119,122,133e—134d;Def.415c
statues:εἰκών 雕像 Epgr.17;Eryx.402a
Stephanus:Στέφανος 斯特芳 Virt.378a—378c
Stesichorus:Στησίχορος 斯特昔科鲁 Ltr.3.319e
Stiria:Στειρια 斯提里亚（地名）Eryx.392a;Hppr.229a
Stoa:στοά 柱廊 Eryx.392a
stories/story:μῦθος 故事 G.Hp.285d
strangers:ξένώς 陌生人 Dem.386a—386b
Stratonicus:Στρατονίκως 斯特拉托尼库 Sis.387b
strength/strong:δύνᾰμις 力量 / 强大 2Alc.147a;Def.416
stupidity:βλακεια 愚蠢 Alc.118a—118b,125a;2Alc.138d—139c,140c—140e,142d—143a,145a,146c,150c;Def.415e;Hppr.225a
suffering:λῦπη 承受痛苦 Ax.366d
suicide:βιάσεται αὑτόν 自杀 Epgr.10
sun:ἥλιος 日 / 太阳 Ax.370b;Def.411a—411b;Epin.983a,990b
Susa:Σώσα 苏萨（地名）Epgr.9
syllables:συλλαβή 音节 Def.414d;G.Hp.285d
Syracusan(s)/Syracuse:Συρακόσιοι, Συρακόση 叙拉古人 / 叙拉古 Eryx.392a,392c—393b;Ltr.2.312a,3.315d,3.317e,3.319d,7.326b,7.326e+,7.328e,7.333b+,7.336a,7.339b,7.346b,8.355+
Syrian:Συρία 叙利亚 Epin.987a,987b

T

talk:διαλεκτος 谈话 Def.416
Talos:Τάλως 塔洛斯 Min.320c
Tanagra:Τανάγρᾳ 唐格拉（地名）Alc.112c
Tantalus:Ταντάλος 坦塔罗斯 Ax.371e;G.Hp.293b
Tarentines/Tarentum:Ταραντῖνος 塔壬同（地名）Ltr.7.338d,7.339d,7.339e,7.350a,9.357d,12.359c
Tartarus:Τάρταρος 塔塔洛斯（地狱）Ax.371e
teachers/teaching:διδάσκᾰλος，παιδευτής，διδαχή，παίδευσις 教师/教 Alc.109d,110d—112d,114a,114c,118c—118d,119a,121e—122a;2Alc.150d;Ax.366e;Clt.407b,408c,409b;Dem.382a;Eryx.402d—402e,404c—404d;Thg.122e,125a;Virt.376a—376d,377b—378c,379b—379d
temper(ament):τρόπος 脾气、怒火 Ltr.4.321b
temperance/temperate:μέτριον，σωφροσύνη 节制，明智 Def.413e,415d
temple(s):ἱερός 神庙 Ax.367c;Ltr.8.356b
Teos:Τήος 忒奥斯（地名）Hppr.228c
Terillus:Τηρίλλος 忒里卢斯 Ltr.13.363c
Thales:Θαλῆς 泰勒斯 G.Hp.281c;Ltr.2.311a
Theages:Θεάγης 塞亚革斯，《塞亚革斯篇》对话人 Thg.121c—123a,127b—127e
theater(s):θέατρον 剧场 Clt.407a;Ltr.4.321a
Theban/Thebes:Θῆβαι Θηβαϊκῆς 底比斯人/底比斯 Ltr.7.345a
theft:κλωπεία 偷窃、盗贼 2Alc.145b
Themistocles:Θεμιστοκλές 塞米司托克勒 Ax.368d;Thg.126a;Virt.376c—376d,377a—377d
Theodotes:Θεοδότης 塞奥多特 Ltr.3.318c,4.320e,4.321b,7.348c+,7.349d+
Theramenes:Θηραμένης 塞拉美涅 Ax.368d
Thespis:Θέσπις 塞斯皮斯 Min.321a
Thessalian/Thessaly:Θετταλία 帖撒利 G.Hp.284a
thinking/thought:ἔννοια 思考/思想 Alc.133c;Def.414a,414d,415a,415e,416;Just.372a;Sis.388b
thirst:δίψᾰ 口渴 Ax.366d;Eryx.401d
Thirty,the:τριᾱκάς 三十僭主 Ltr.7.324c
Thrace/Thracian(s):Θρᾴκη 色雷斯（地名）Alc.122b;Thg.129d
Thrasyllus:Θρασύλλους 塞拉绪罗 Thg.129d
Thrasymachus:Θρασύμαχος 塞拉西马柯，《国家篇》对话人 Clt.406a,410d
Thucydides,son of Melesias:Θουκυδίδης 修昔底德 Thg.130a;virt.376c—376d,378a—378c
Thucydides,grandson of the above:Θουκυδίδης 修昔底德，上面这位的孙子 Thg.130a—130b
Timarchus:Τιμάρχως 提玛库斯 Thg.129a—129c
time:χρόνος 时间 Def.411a,411b,411c
Timotheus:Τιμοθέους 提摩修 Ltr.

13.363a
Tiresias:Τειρεσίαν 提瑞西亚 2Alc.151b;Ltr.2.311b
Tisias,Syracusan soldier:Τεισίας 提西亚斯 Ltr.7.349c
Tison:Τείσωνος 提森 Ltr.13.363c
Tityus:Τιτυός 提堤俄斯 Ax.371e
tomb(s):τάφος 坟墓 Epgr.14,15;Ltr.8.356b,13.361c
Trachis:Τράχις 斯拉吉（地名）Halc.1
trade(rs/s):ἐργασία，ἔμπορος 贸易、商人 Alc.131a—131b;Ax.368a—368b;Riv.135d,136b—137a,138d;Sis.390d
tradition(s):μῦθος 传说 2Alc.148d—149b;G.Hp.284b+;Ltr.7.335a
tragedians/tragedy:τραγῳδός，τραγῳδία 悲剧家 / 悲剧 Clt.407a;Ltr.1.309d+
trainers/training:παιδοτρίβης，μελέτη 教练 / 训练 Alc.107e,119b,119e,131a,132b;Ax.366e;Clt.407b,407e;Min.317e—318a;Riv.132c,134e;Thg.128e;Virt.378e
triremes:τριήρης 三列桨战船 Ltr.3.317b,7.339a
Trojan(s)/Troy:Τροία 特洛伊（地名）Alc.112b;2Alc.149d—149e;Epgr.3;G.Hp.286b;Ltr.12.359d
Trophonius:Τροφώνιος 特洛福尼乌 Ax.367c
Truth,Plain of:ἡ σπουδὴ τὸ ἀληθείας 真理的原野 Ax.371b
truth:ἀληθής/ ἀλήθεια 真相 / 真话 Ax.370d,371b;Def.413c,414a,414b,414c;Dem.383c—383d,384b,385d—386a;Eryx.395b—395c,397d;G.Hp.284e,288d;Just.374b—375a;Ltr.2.313b,4.320b,7.330a,7.339a;Min.314e—315a
tutors:παιδἀγωγός 书童 Alc.121e—122b;Ax.366e
tyranny/tyrannical/tyrant(s):δεσποτεία 僭主制 Def.415c;Hppr.229b;Ltr.1.309b,1.309d+,3.315b,7.326d,7.327b,7.329b,7.329d,7.331e+,7.332c,7.351a+,8.352c+,8.353b,8.353c,8.354a+,8.354e;Riv.138b—138d;Thg.124e—126a

U

ugly:αἰσχρός 丑陋 Alc.107b,132a;Eryx.400c;G.Hp.286c,288e+,290c+,295e
understanding:γνώμη，διάνοια 理智 Ltr.7.342c;Sis.387e—388b,389d—390b,391b
uniform(ity):παραπλήσιος 统一 Epin.982b+
universe:κόσμος，οἰκουμένη 世界，宇宙 Ax.371b
Uranus:Οὐρανός 乌拉诺斯 Epin.977b,978d+
useful:χρήσῐμος 有用 2Alc.145c,146b;Clt.409c;Def.414e;Eryx.396b,400e—406a;G.Hp.295c+,296d;Riv.136b—137a
useless:ἄχρηστος 无用 G.Hp.295e;Riv.136b,136e—137b

V

vengeance:vengeance:τισῐς，τῑμωρία 报复 Def.415e; 亦见 retribution

verbs:ῥῆμα 动词 Def.414d;Ltr.7.342b,7.343b
vice:κακία 邪恶、恶德 Alc.135
victories/victory:νίκη 胜利 2Alc.151b—151c;Def.414a,415d
virtue(s):ἀρετή 德性（美德）Alc.120e,134b—135c;Ax.365a;Clt.407c,408c—409a,410b,410e;Def.411d,412a,412d,412e,413b,413c,413d,415a,415c,415d;Eryx.393a,398c—398d,404c—405b;Hppr.227d—227e,230c—232c;Ltr.7.327b;Virt.376a—376c,377c—378c,379a—379d
vision(s):ὄψις 视觉 Alc.133c;Def.411c;Ltr.8.357c
voluntary:ἐθελοντής 自愿 Clt.407d;Def.415a;Just.373e—374a,375c—375d

W

war:πόλεμος 战争 Alc.107d—107e,108d,109a—109c,112b—112c,115b,120a;2Alc.144e,145b,145e;Ax.367a;Clt.407d;Def.412a,412b,415c;G.Hp.295d;Ltr.3.317a,7.336e+,7.338a
water:ὕδωρ 水 Epin.981c,985b;Ltr.7.342d
wax(en):κήρῖνος 蜡 Halc.4
wealth(y):χρήματα 富裕 Alc.104c,107c,122b—123c,131b—131c,134b;2Alc.147a,149a;Clt.407b—407c;Def.415c,415d;Eryx.392d—397e,399e—400d,402e—403c,406a;G.Hp.291d;Ltr.3.317c+,7.331a;Thg.128a
weaving:ἱστουργία,ὑφαντική 纺织 Alc.128c;Epin.975c
weighing:στατική 称重 Alc.126d;Just.373a—373e;Min.316a
wicked(ness):κακός 邪恶 Alc.134b;2Alc.149e;Ax.371e;Eryx.393a,397e,399a,399b,404c,404e—405b;Hppr.225b,227e,230c—232c;Just.374a,375d;Min.314e,319a
will,weakness of:βούημα ἀσθέιω 意志软弱 Eryx.395a
wine:οἶνος βάκχιος 葡萄酒 Ltr.13.361a;Min.320a
wisdom/wise:σοφία 智慧 / 聪明 Alc.118d,121e—122a,123d,127d,133b;2Alc.138c—139c,140d—140e,143a,143b,145a—145e,146c,147c,148b,150b;Def.411d,412a,414b;Dem.381e;Epin.973b,974c,976c+,977d,979c+,986c+,989+,992b,992d;Eryx.394a—395d,398c;G.Hp.282c+,283a,283b,287c,289b,296a;Halc.6;Hppr.228b—228e,229d;Just.375c;Ltr.1.310a,6.322e+,10.358c;Min.314c;Riv.132d,135b,135d;Virt.376c—376d,377c
witness(es):μάρτῦς 证据，见证 Dem.383a;Eryx.398b;Thg.123a—123b
wives:ἄλοχος 妻子 Alc.121b,124a,126e—127a;Eryx.396e
women:γῦνη 妇女 Alc.126e—127b;G.Hp.286a;Halc.2,4,7;Ltr.7.349d
words:λόγος ῥῆμα 语词 Alc.129b—129c,130d
work:ποιεῖν 造、做、工作 Alc.127a—127c,133e;2Alc.140b,140d;Ax.368b;Def.412c,416
world:κόσμος 世界 Epin.977e
wounding/wounds:τραῦμα 伤口 Ax.

367a
wrestling:πάλαισμα 摔跤 Alc.106e, 107a,107e,108b—108c;2Alc.145c;G. Hp.295c;Riv.132c,135e;Thg.122e, 125c—125d;Virt.378a
writers/writing:συγγραφεύς γραφή 作家、写作 Alc.106e,114c,118c;Clt. 407c;Eryx.398a—398e,402d;Halc.7; Ltr.7.341b+,7.344c+;Thg.122e
wrong/wrongdoer:ἀδικέω /ἀδικητής 作恶 / 做错事 Dem.384c—385b, 385e—386b;Ltr.7.335a,7.351c

X

Xanthias:Ξανθίας 克珊西亚 Virt.378a
Xanthippe,wife of Socrates:Χανθίππη 克珊西帕（苏格拉底之妻）Epgr.8; Halc.8
Xanthippus,father of Pericles:Ξανθίππος 克珊西普，伯里克利之父 Alc.104b
Xanthippus,son of Pericles:Ξάνθιππος 克珊西普，伯里克利之子 Virt.377d—378a
Xerxes:Ξέρξης 薛西斯 Alc.105c,121b, 123c;Ax.371a

Y

young:νέος，νεᾶλης 年轻 2Alc.139c; Ax.367a;Def.415c;Eryx.399a;G.Hp. 286a+;Hppr.226a;Thg.128a;Virt.379a—379b
young Socrates:νέος Σώκρατης 小苏格拉底，《政治家篇》对话人 Ltr. 11.358d,11.358e

Z

Zeno:Ζήνω 芝诺，《巴门尼德篇》对话人；Alc.119a
Zethus:Ζῆθος 泽苏斯 G.Hp.293b
Zeus:Διὸς 宙斯 Alc.109d,120e—121a; 2Alc.143a;Ax.368a,371a;Epin.984d, 987c;Eryx.392a;Min.318d,319b—319e,320d;Thg.121a
Zopyrus:Ζώπυρως 佐皮鲁斯 Alc.122b
Zoroaster:Ζωροάστρους 佐罗亚斯特 Alc.122a